唐江澎 著

好的教育 ①

GOOD
EDUCATION

我说的不过是
常识

（增订版）

江苏凤凰教育出版社
Phoenix Education Publishing, Ltd

感谢您使用本书。您在使用本书时如有建议或发现质量问题,请联系我们。

【内容质量】 电话:4008283622
【印装质量】 电话:4008283610

图书在版编目(CIP)数据

好的教育:我说的不过是常识/唐江澎著.--增订本.--南京:江苏凤凰教育出版社,2021.12(2024.12重印)
ISBN 978-7-5499-9788-6

Ⅰ.①好… Ⅱ.①唐… Ⅲ.①教育—文集 Ⅳ.①G4-53

中国版本图书馆 CIP 数据核字(2022)第 003550 号

书　　名	好的教育:我说的不过是常识(增订版)
作　　者	唐江澎
策　　划	金　玲
责任编辑	俞　婷　刘　煜
责任印制	石贤权
出版发行	江苏凤凰教育出版社(南京市湖南路1号A楼　邮编210009)
苏教网址	http://www.1088.com.cn
照　　排	南京私书坊文化传播有限公司
印　　刷	南京顺和印刷有限责任公司(电话:025-83682876)
厂　　址	南京市江宁区麒麟街道天和路78号
开　　本	787毫米×1092毫米　1/16
印　　张	19
版　　次	2021年12月第1版
印　　次	2024年12月第6次印刷
书　　号	ISBN 978-7-5499-9788-6
定　　价	68.00元
网店地址	http://jsfhjycbs.tmall.com
公 众 号	苏教服务(微信号:jsfhjyfw)
邮购电话	025-85406265,025-85400774
盗版举报	025-83658579

苏教版图书若有印装错误可向出版社调换

序一

中国教育的好声音

王湛

唐江澎同志在今年全国政协会议"委员通道"上，关于"好的教育"应该培养"终身运动者、责任担当者、问题解决者、优雅生活者"（简称"四个者"）的讲话，在众多媒体上广为传布，引发热议。用时下流行的语汇来说，叫"刷屏"了。这一方面反映了社会对教育的高度关注，人们期望听到关于教育有真知灼见的声音；另一方面也表明江澎同志对教育应该培养怎样的人阐发得真切、实在，对大家有启发，人们喜闻乐见。我以为江澎同志的一席话，堪称中国教育的好声音。

什么是好的教育？这是关于教育的根本之问，经典之问，也是当下的热点之问。这个问题成为热点，原因是多方面的。一方面，进入以高质量发展为主要任务的新阶段，高素质人才、好的教育的战略意义格外突显；人民群众追求美好生活，对优质教育的需求格外迫切。培养什么样的人，为谁培养人，怎样培养人，教育必须立足新时代深入思考，用改革发展的实绩予以回答。另一方面，社会竞争加剧，家长和学生普遍感受到的压力传导到教育上，出现了过度竞争的现象。社会培训补习畸形膨胀，学生学业负担加重，许多家长因为孩子的教育问题感到焦虑。于是，人们不由重新思考我们究竟需要什么样的教育，什么是好的教育。此时，江澎同志在全国两会召开这样非常重要的时刻，在全国政协"委员通道"这样一个举国聚焦的平台上，娓娓道出了他对于好的教育的认识：好的教育应该培养青少年学生成为"四个者"。江澎同志的谈话如春风拂面，给热点之问带来了清新而令人感觉温暖的回答。

终身运动者、责任担当者、问题解决者、优雅生活者,是德智体美劳全面发展的人,是具备适应未来社会生活并能创造美好生活所需正确价值观、必备品格和关键能力的人。做终身运动者,强健了体魄,锻造了意志。做责任担当者,首先必须具备家国情怀。问题解决者,具有创新精神和实践能力。追求优雅生活,需要陶冶高尚情操。"四个者"内涵丰富,核心是人的全面发展。江澎同志用"四个者"努力对党的教育方针确定的培养目标进行具体化的阐述,对中国学生发展核心素养进行校本化描述,对全球视野下的学生期望素质进行中国化表述,对民族优秀教育文化传统进行时代化叙述。尤其令人赞许的是,江澎同志把人民群众对"好的教育"的期望进行了大众化的陈述。

毋庸讳言,当下的基础教育与人民群众对"好的教育"的需求还有不小的差距,发展素质教育还面临不少困难和阻力。但是,培养具有家国情怀、责任担当、创新精神和实践能力的一代新人,培养德智体美劳全面发展的建设者和接班人,是中国特色社会主义教育事业始终不渝的初心和勇于担当的使命。江澎同志有关"四个者"的陈述,深切表达了不忘初心、牢记使命的信念和定力。

江澎同志说,自己的这番话"不过是些常识"。是的,他讲的是老百姓都听得懂的"常识之言"。不过,常识往往离真理最近,许多常识本身就是真理。用"四个者"来阐述社会主义基础教育的培养目标,真切生动,是"常识之言",更是真谛之言。这些真谛之言,不是来自理念的演绎,而是实践经验的凝练与升华,是江澎同志和他带领的江苏省锡山高级中学教育工作者团队在长期的育人实践,特别是近年来深化教育综合改革中创造积累的经验的凝练和升华。

近年来,我几次走进江苏省锡山高级中学。我第一次进锡山高中就参观了他们的校史博物馆。在博物馆里,我看到了这所百年老校的沧桑历史;看到了一个世纪以来,爱国爱乡的无锡先贤们,筚路蓝缕,教育救国、教育报国的艰辛之路和他们坚毅不挠的精神;看到了这所学校近百年来坚持把培养学生具有爱国之心、报国之志,具备高尚品德、扎实学问、强健体魄、广泛兴趣作为育人目标的办学实践。真可谓"立德树人,源远流长"。

今天的锡山高中校园,环境美丽优雅而又充满现代气息。我在学校参观过他们的课程基地,观摩过他们的艺术教育和创新教育课程,还几次走进教室听课,参加他们的评课活动。锡山高中坚持高质量实施国家课程,创造性地开发校本课程,尊重学生的爱好,激发学生的兴趣,发挥学生的主体作用,转变育人方式,深化课程改革。锡山高中课程改革的聚焦点是培育学生的核心素养,是让"四个者"的育人目标在课堂、课程和学校丰富多彩的活动中落地生根、开花结果。

"四个者"的育人理念和育人实践,就是在这样一片有着深厚文化积淀,焕发着蓬勃改革活力的教育沃土上成长起来的。这是一个生动的教育故事,而在媒体上向大家讲述这个故事的,是锡山高中的校长唐江澎。江澎同志在锡山高中工作近30年,1998年任副校长,2006年任校长,担任校领导20余年,在校长岗位上已工作15年。他是锡山高中育人故事的主要创造者。因此,他讲述锡山高中培育"四个者"的故事才能如此真切动人。

我和江澎同志的交流,不仅是在锡山高中的校园里听他讲锡山高中的育人故事,听他谈学校教学改革的体会,我们还在国家基础教育课程改革的平台上有过多次合作交流。他作为来自中学教学一线的专家,参与了国家普通高中课程方案、课程标准的修订和国家统编语文教材的审查工作。专家研讨时,江澎同志往往能提出与众不同的精彩意见和建议。他的意见与建议之所以精彩,是因为总是紧贴基础教育教学的实际,从老师好不好用、学生好不好学的角度提出问题和解决问题的建议,鲜活而有说服力。他作为全国政协委员,每年两会期间都为教育呼吁,反映基层教育工作者的愿望,提出加强教育工作的建议。2020年9月,他作为来自中小学一线的唯一的教师代表,出席了习近平总书记主持的教育文化卫生体育领域专家代表座谈会。2020年10月,他被聘为教育部基础教育教学指导委员会副主任委员。江苏同志是在基础教育一线成长起来并始终坚守在基础教育教书育人岗位上的优秀教育家。

党和政府倡导教育家办学。中国基础教育能取得举世瞩目的成就,能为民族复兴大业培养出数以亿计的高素质的建设者和接班人,是逾千万的教育工作者奋斗奉献的结果,也是与许多品德高尚、业务精湛、经验丰富、成就卓著的教育家坚守一线办学育人,创造辉煌业绩、引领改革发展分不开的。这些教育家们创造了许多精彩生动的中国教育故事,当他们讲述这些故事的时候,我们就能听到中国教育的好声音。江苏同志今年在全国政协会议"委员通道"上讲述锡山高中培育"四个者"的故事,我们听到了中国教育的好声音。凤凰出版传媒集团江苏凤凰教育出版社将江苏同志近年来的30多篇演讲稿汇集出版,让我们更多地听他讲锡山高中教育故事的美妙声音,我们应为之鼓掌。我们期待有更多在基层教育一线创造了辉煌业绩的教育工作者,讲述中国基础教育改革发展培育时代新人的故事。他们的讲述必定和江苏同志一样,发出的是具有中国特色、中国风格、中国气派的美妙动听的中国教育好声音。

2021年4月15日

(王湛,国家教育咨询委员会委员,教育部基础教育教学指导委员会主任委员,教育部原副部长,江苏省原副省长)

唐江澎：抵达目标的智慧

决定人一生的，其实就是那么几个选择。脚踏上不同的道路，过的就是迥然不同的人生。谁都愿意去选择，而不是被选择。人这一辈子，其实就是不断改变被选择，赢得主动权的过程。

高考，是人生最初的一次重大选择。唐江澎眼睁睁地看着考出来的高分被自己小儿麻痹的腿疾所拖累，从金光大道上被迫改道，上了崎岖的独木桥。这个过程中，他体会到了文凭的分量：即便是被不拘一格录取到县重点中学做老师，有文凭的大学生和有本事没文凭的自己之间，什么都差着一大截。唐江澎与众不同的地方开始显露出来，他看准了自己的目标——当老师，当一个好老师。

锁定这个目标后，就在现实种种可能性中设计路径，去接近既定目标。当时的条件是能去读电大，他就扎实认真读了三年电大。目标和手段，两者彼此关联，互为表里。读书是手段，拿文凭是手段，服务的目标是做好老师。因为目标明确，手段平实，行动的效率就高。这段经历，让唐江澎极其透彻地理解体会了分数、考试、文凭、目标之间的关系。

人的成长过程，就是不断妥协、不断找到最佳平衡点的过程。现实往往严酷，当它封闭了预想的道路，人被迫去走那条不情愿的路时，唐江澎冷静地判断出目标在哪里，不消沉，在被动中继续寻找创造主动的机会，迂回地接近预设目标。

多少年后，已经成为优秀老师和江苏省锡山高级中学校长的唐江澎,把自己对人生的理解用在教育理念上。

分数不是目标是手段,这么浅显的道理,很多家长却一叶障目不见泰山,一点不谋划孩子的远景,而是陷在分数里。唐江澎拿出年轻时应对高考失利的那套办法:不正面对抗,迂回向前,有时宁肯退让一步甚至几步,为的是长远目标的实现。

保证学生每天运动一小时,他不去硬性规定,而是先坚持把每周两节体育课上好,然后再加两节活动课,当理念达成共识后,变成三节体育课加一节活动课,再从四节课慢慢地朝前推。再比如美育,当毕业班家长沉浸在考前白热化准备氛围中时,唐江澎不温不火地推出一个学期上一堂艺术课,大家接受以后再变成一个月上一节,再进一步,半个月一节,最后固定下来一周一节。因为他太知道一个人的审美能力在未来一生中的重要作用,它也许对高考没用,但对人生有用,所以一定要让学生掌握。

他不是声嘶力竭地大刀阔斧,而是不声不响地小步前行。这是智慧,也是艰苦生活的历练。

这位校长其实挺与众不同,但让人感觉圆润、舒适。他处事模糊、通融、灵活。模糊不是糊涂,他的目标非常清晰,心里更是有原则,但是做起事来尽量模糊。不与外界进行尖锐对立,不会说"每天一节体育课一定必须要做到,否则就会怎么样",而是退让一时,等时机成熟再缓慢回弹到自己的目标,这是通融。而手段灵活、多种多样的目的,是确保接近甚至抵达心中的目标。

这样一个手段灵活但内心坚定的校长,也许才是现实中可以学习和复制的。

(董倩,中央电视台主持人)

序三

一部诗性的教育叙事

也许是教育论著看得多了,不是学院腔就是教辅腔,知道唐江澎的《好的教育》"说的不过是常识",便以为它的行文风格大概也是常识型的,平白如话,如语家常。不料打开书一看,却并不是自己想象的风格。我以为遇到的是一位老师、一位教育家,然而不仅如此,我还遇到了一位演说家、一位格言体作家。《好的教育》是一部教育文集,更是一部好的语文作品。

我一直有个顽固的想法,任何事件最后都是一个语文问题。教育更是如此。我所说的语文已经不是一个学科,而是一个大语文的概念,它关系到这个世界所有事物的语文化,关系到我们的思维、认知、行为过程以及事后的语文呈现。我并不是因为唐江澎是语文老师出身才这样说,语文对任何一个从业者来说都是至关重要的素养、技能、工具,甚至是人格与伦理。坏的教育可能会以坏语文的面貌呈现出来,它充斥着功利、虚伪、欺骗、歧视、暴力与腐朽、落后的价值观,这些都在我们的家庭、学校与社会以语文,包括书面与口头的形式存在与流行。而好的语文一定是善良的、审美的、真诚的、平等的、进步的、现代的,一定承继与传播着人类优秀的价值观,体现对人的尊重、对生命的敬畏与呵护,它也必定以语文,包括书面与口头的形式甚至以交际方式存在于我们的生活中,温暖而优雅。

所以,我们不但在《好的教育》中看到了好的教育,也看到了好的语文。当好的教育与好的语文结合在一起时,这是世界上最美的事。大概任何一个人打开《好的教育》都会忍不住大声地朗诵起来,那些话语的道出,确实是中国教育最好的声音。唐江澎对教育的理解是这样的:"在我看来,好的教育,应该是培养终身运动者、责任担当者、问题解决者和优雅生活者,给孩子们健全而优秀的人格,赢得未来幸福,造福国家社会。"这是唐江澎眼中的他山之石:"以色列母亲对孩子的称谓,表达了一个民族的价值崇尚:崇尚工程师,便崇尚创造;崇尚医生,便崇尚健康;崇尚律师,便崇尚正义。这三种职业最突出的特征,是利他性。"唐江澎不是看不到困难,他甚至一针见血地指出:"对于今天的教育改革来说,比认识更重要的是决心,比方法更重要的是担当,比批评更重要的是行动。"所以,与困难同在的是理想和行动,与失望同在的是信心与乐观,是积跬步而至千里的坚忍不拔:"改革不可能一蹴而就,问题不可能迎刃而解,在长期累积、互为因果的问题面前,我们朝向理想前方,设定有限目标,相信时间的力量,哪怕做出不那么起眼的微小变化,也总能在历史中呈现我们这种作为的价值与意义。"所以,当这样的教育人以他的教育行为和理念说出这样的话时,掌声当然应声而起:"用我全部的生命来理解老师职业的价值和意义,对教师职业有刻骨铭心的爱,促使我努力把真正的教育办出来。"

价值与意义是这本书中出现频次较高的语词,在唐江澎的教育实践中,更是一直在场的话语,是贯穿其中的核心概念。因为只有价值与意义,才可能支撑起一个教育主体的教育哲学,而没有教育哲学支撑的教育不是真正的教育。如果教育哲学出了问题,那更是教育的灾难。虽然我不想做对比,更不想因为谈论唐江澎而否认另一些教育,甚至是对未来生产力的培养工程感到失望,但是又不能不正视我们其实很少能够听到教育人在构建或阐释教育哲学这一现象。更令人失望的情形是,对大大小小许多教育主体来说,教育哲学是一个被遗忘的、空洞的词,是一个只在专家的嘴里和论文中出现而很少能落地生根的学术术语。然而,在唐江澎这里不是。与其说唐江澎在办教育,不如说他在建构自己的教育哲学；与其说他在办"好的教育"，不如说他一直在以行动诠释什么是正确的教育哲学。没有哪个行业与人类行为比教育更需要哲学，因为它事关生命，事关人的成长，事关一个人一生的精神信仰和幸福，事关他的生活、家庭、家族直至整个社会，事关人类文明的赓续，更不要说它事关一个国家的创新创造与所有的未来。

如果说教育缺失了哲学的引领，只关注教育者眼前的利益，或是成了一地鸡毛的事务，自我矮化到了尘土中，那还能算是真正的教育吗？教育是专业的领域，现代教育更是在一大堆科学技术的支持下变成了只有具有特殊资质的人群才能从事的职业。但是，总有比这更重要的，那就是它的灵魂、哲学和价值意义，只有这才是教育行为的最终解释，也是教育行为的终结引领。当一个社会都在为教育焦虑的时候，当教育评价简单到"唯分数论"的时候，当怎么也凝聚不了社会的教育共识的时候，一定是我们遗忘了教育的哲学，或者是教育的价值与意义出了问题。每一个教育主体都应该时时抬起头来，仰望我们头顶的星空。每一个教育主体总要在夜深人静的灯光下反思自己行为的目的与意义。不能总是从眼前的利益着眼，也不能只从即时的因果链中寻找自己教育行为的理由与合法性，更不能随便地使用"价值"与"意义"这样的词与概念，因为许多实用主义、目光短浅的说辞披上了价值的外衣，成了意义的借口和论据。教育是围绕人的成长实施的人与人的交往行为，它的价值只能建立在大写的"人"之上，建立在人的生命之上，这是教育哲学的核心，它的所有意义只有以此为原点才能被演绎，被书写，被实践，哪怕只是一次偶然的教育行为，哪怕它是在下游与末端被呈现，但那条"人"的脉络总是清晰、坚定和有力的。

记得新冠肺炎疫情刚刚暴发的时候，我应约写了一篇《我们需要怎样的抗疫文艺》，唐江澎看到后马上打电话给我，要把我的这篇急就章列入他们正在开展的综合实践课。我后来看到了锡山高中这堂课的实录，心中有说不出的感动。这是怎样的教育意识与教学行为，是怎样的生命意识、自然意识与科学意识,又是多么生动扎实的、真正的大情境、大任务的综合实践课!当我在《好的教育》中读到《用我们的善良和智慧,向世界贡献一个问题解决的行动》的时候,真的有别样的感慨。这是唐江澎在疫情后的开学演讲,也是受教育部新闻发言人约请,在教育部《战"疫"公开课》栏目中向全国居家学习的学生讲的题为《向世界贡献一个问题解决的行动》的公开课的主要内容。正是在这堂课上,唐江澎向孩子们说:"这个世界上人们所能感受的温暖与美好,常常并不在宏大的宣示而在于细节,在于困境之中闪现着人性光芒、可以解决问题的行为细节。""每个人都需要在泪流满面中滋养我们的善性,在泪流满面中坚定我们价值体系中对于正义与伟大的定义和崇尚!"

当很多人还在为缺课而焦虑的时候,当许多人都在忙着线上补课的时候,唐江澎和锡山高中却为孩子们无比及时地上了一堂生命教育的课。这堂课显然远在年度教学之外,但唐江澎依然于其中贯穿了他的教育哲学,他对教育的价值与意义的追求,那就是人,是生命,是善良,是面对生存时的应对之道。这样的例子不胜枚举,特别是锡山高中的那些校本课程,它们不但诠释了唐江澎教育哲学的内涵,也是其教育哲学显现的特色。有人将教育哲学的论文写在纸上,唐江澎把他的教育哲学写在学校、写在课堂、写在孩子成长的道路上。哲学从来就有这样的两条道路,哲学也从来是这样的两种呈现方式,一种是经验的,一种是实践的。我们在唐江澎身上看到了许多先行者艰难跋涉的影子,那些平民的、大地上行走的哲学家,看到了古老的知行观在现代教育人身上生动的体现。《好的教育》是唐江澎的教育哲学之书,但它不是高头讲章,而是一部经验之书,是一部生动的、充满激情与精彩故事的诗性的教育叙事。从结构上来看,从"面对面的答问"到"百年坚守",从"'分的教育'走向'人的教育'",从"青春的刻画"到"教育,让心飞起来",都是实践和现场。无论是面对观众的提问,还是政协会议的履职,无论是面对学生还是老师,无论是一堂课还是五光十色的教育场景,唐江澎始终是在场的,他是一个永远在教育实践中的教育哲学家。

"却顾所来径,苍苍横翠微。"大概每个认识唐江澎的人,到过锡山高中的人都会有这样的想法与疑问:这个教师型的教育哲学家是如何成长起来的? 在他的引领之下,锡山高中又是如何走出一条真正的教育之路的? 这样的提问是有价值的,它并不是一般的成功学的提问。按照现代教育理念,根据亨利·米德的观点,教育者与被教育者是一同成长的,甚至教育者是在更年轻的被教育者的引领之下一同完成了各自不同的成长,教育的授受关系早已不是原先的主动与被动关系,教师与学生是平等的合作者。因此,一个教育者的成长之路不仅是他个人的成长之路,更是他与他的教育同路人共同的成长之路,是一个教育者的教育理念最生动的显现与说明,这也是唐江澎特别在这本书中特辟"教育,让心飞起来"这一板块的原因。于是,我们看到了一个因身体原因而被拒于大学门外的高中生,这样的经历与唐江澎主张教育民主有没有关系? 与他将"终身运动者"排在他著名的"好的教育"的"四者"之首有没有关系? 我们还看到一个高中助教的一堂课被校长偶然发现而真正走上讲台的故事,这与唐江澎人才观的形成有没有关系?

贫困的山区,有疾的身体,曲折的求学之路,从未停止学习的思想旅程,总是在人生的关头遇到了知音……或直接,或间接,唐江澎的生命总是或明或暗地投射到了他的教育道路上。他一方面在孩子们的身上看到了自己的影子,一种生命的共情与人同一心、心同一理的生命认同总是让他对孩子们多了一份爱与情怀,而他又总能以他者的眼光看待今天,看待不同的教育情境中的成长者,警惕自己对孩子们的忽视与取代,谨慎于孩子们的代言,尽最大的可能让孩子们拥有独立的空间,拥有比自己更幸福、更成功的人生,让他们成为比自己更能解决问题的"问题解决者"。我十分看重《好的教育》中的"百年坚守"这一章,可惜因为篇幅的关系,我不能做尽兴的解读。我也曾经做过 20 年的语文教师,我从教的学校也是一所百年老校,因而深知一所学校深厚的传统对于今天的重要性。如果说唐江澎比起其他的教育者有什么特别幸运之处的话,那就是他所在的锡山高中不但是一所百年老校,更有着优良的办学传统,而且更重要的是,它的办学传统即使今天看起来也依然是值得发扬的,甚至还是我们需要追求的理想。当然,这样的幸运最终在于唐江澎,他不但发现了这一传统,更在现代化的教育语境中重新诠释、发扬和实践。在"百年坚守"中,唐江澎先是一位校史整理者,后是一位宝藏发掘者,然后是理念诠释者,再后是现代性转化者,最后又回到传统践行者。唐江澎谈起他的百年老校,真是如数家珍,说起学校创始人匡仲谋老校主,崇敬之情溢于言表,对学校当年立下的"十大训育标准"更是奉为圭臬,至于"成全人"的教育理论早已成为唐江澎教育哲学的核心所在。而当唐江澎一次次惊叹于学校传统的深厚与先进时,又总会警醒自己,当学校的创始人为今天留下这样的财富时,我们又能为未来留下什么,当百年前的学校早已是"人的成全"的教育时,我们又怎能置"人"于不顾,置人的全面发展于不管?所以,传统让唐江澎拥有了教育的财富,更让唐江澎有了创造新的传统的责任与担当。

　　唐江澎用他"好的教育"创作了他好的语文作品,这样的作品值得每个教育参与者阅读与分享。要知道,不仅是教育工作者,我们每个人都不能置身于教育之外,我们都应该创造好的教育,只有《好的教育》,才会有如此好的语文。

（汪政:江苏省作家协会副主席、江苏省文艺评论家协会主席）

目 录

面对面的答问

教育的真谛/003

"教育的真谛"答问背后的坚守/006

我说的不过是一些常识/009

科学提升教学效率/017

让分数带有生命的温度/021

努力把"好的教育"做出来/026

用专业的力量解决教育问题/035

校长的选择/038

中国故事·百年树人路/050

依托真实情境,养成勤劳习惯/055

百年坚守

永远的校主/061

百年的两笔财富/065

"百年坚守"的价值与意义/068

把"人的成全"作为教育的至上追求/081

让课程载体指向"人的成全"/088

走向"为了成长"的评价/098

用学校文化精神濡染人/104

从"分的教育"走向"人的教育"

教育自信力:担当与行动更重要/119

改变教育,在我们的一念之间/122

一所学校的情怀、追求、品性与精神/127

希望,是追求可能的激情/132

感受班主任善良的温度/134

走进鲁迅的精神世界,追寻教育的终极价值/136

40年走过的"三条路"/138

我为教育建言(四则)/143

青春的刻画

青春的刻画/155

省锡中毕业生应有的形象/158

天天锻炼是生命活力的标志/162

百感交集的青春/165

用我们的善良和智慧,向世界贡献一个问题解决的行动/169

向卫国者致敬,是最好的爱国主义教育/174

在后人的敬重中成长/177

高中,应该有美的和声/180

培养终身阅读者,培养负责任表达者/186

培育优雅生活者/194

毕业典礼即席演说三则/203

教育,让心飞起来

教育,让心飞起来/211

在恩师身上,悟读师道/219

朝来寒重自学时/226

叙说指引者/235

附:多视角的观察

走进现场　苏　雁等/243

大报社评　南向歌等/259

名家评说　白岩松等/264

毕业生记忆　谢以成等/271

后记/283

面对面的答问

好的教育，应该是培养终身运动者、责任担当者、问题解决者和优雅生活者，给孩子们健全而优秀的人格，赢得未来幸福，造福国家社会。今天孩子的全面素质，就是我们国家未来的整体实力，也就是我们社会的幸福程度。教育要"培根铸魂、启智润心"，总书记说的这八个字，深刻揭示了教育的真谛！

本辑收录全国政协十三届会议前后，接受中央电视台、中国教育电视台、《南方都市报》、澎湃新闻、《人民教育》等媒体采访的现场答问。文稿据现场音像记录转换，收入本书时又作了修改整理，恕不一一说明。

教育的真谛*

亢晓倩：过去一年从"停课不停学"到全面恢复教学，教育工作者的付出全社会都看在眼里。但与此同时，关于教育的一些忧虑一直困扰着家长们，比如学生作业问题、培训机构乱象问题等，究其原因，还是离不开对分数的追求。您作为校长，怎么看待这种现象？您认为教育的真谛是什么？

唐江澎：谢谢！这第一道题的难度系数就很高呀！看来，校长也要学会解难题。

---

* 2021年3月7日，全国政协十三届四次会议第二次全体会议在人民大会堂举行，会前举行了第二场"委员通道"采访活动，我和八位全国政协委员应邀参加。中央电视台、中央人民广播电台、中国国际广播电台、人民网、新华网、中国网、央视网全球直播，全球80多家国家电视台转播。中国教育电视台记者亢晓倩第一个获得提问机会并向我提问。

有人说学生一生一次高考,家长一生两次高考,而我们这些高中校长,是每年一次高考。所以对刚刚所提到的那些压力和忧虑,我感受很深,思考也很多。是的,学生没有分数,就过不了今天的高考,但孩子只有分数,恐怕也赢不了未来的大考。一个学校没有升学率,就没有高考竞争力,但教育只关注升学率,国家恐怕也没有核心竞争力。分数是重要的,但分数不是教育的全部内容,更不是教育的根本目标。

去年开学,高一新生报到,男生自报平均身高1.80米,女生平均身高1.66米。现在的孩子发育很好,长势喜人。我去比了比,一半男生都比我高,但是测了一下引体向上,男生平均只能完成3.72个,有132个男生一个也拉不上去。高一893个学生中有774个戴眼镜,虽然这个比例比上一年下降了4个百分点。校长对于这些数据,恐怕也要引起足够关注。我们选择从练俯卧撑开始,天天加强锻炼,到元旦千人挑战一分钟50个俯卧撑已经成功。

在我看来,好的教育,应该是培养终身运动者、责任担当者、问题解决者和优雅生活者,给孩子们健全而优秀的人格,赢得未来幸福,造福国家社会。今年这届高三毕业生,到2049年,也就是第二个百年目标实现的时候,年龄都在四十六七岁,正是人生盛年、家国栋梁。我们注定将生活在我们的学生和学生的学生所创造的未来社会里,今天孩子的全面素质,就是我们国家未来的整体实力,也就是我们社会的幸福程度。教育要"培根铸魂、启智润心"——您刚才问教育的真谛,我想借用总书记昨天在看望我们医卫教育界委员,和我们共商国是时说的这八个字回答,它深刻揭示了教育的使命与价值。

借此机会,我也想和年轻的家长简单地交流两句。我教

> 学习的规律,重要的只有两条:一是养成良好习惯,二是激发学习兴趣。

了40多年高中,在我看来,让幼儿园的孩子养成整理东西的习惯,远比让他们早识字重要;让孩子多读书,远比让他们做那些阅读理解题重要。上午奥数,下午外语,一周七八个补习班,逼到最后呀,没了兴趣也就没了学习。

这两天委员们在审议"十四五"发展规划纲要,教育已经作为专门一章提出来了,它的标题,我看就应该成为我们社会各界的共识,那就是"提高国民素质,促进人的全面发展"!

谢谢!

"教育的真谛"答问背后的坚守*

在今年的全国两会第二场"委员通道"上,全国政协委员、江苏省锡山高级中学校长唐江澎隔屏接受本台记者采访时,关于"教育的真谛"的回答刷爆全网。两会结束后,唐校长和提问记者终于见面了。

【同期】

亢晓倩: 谢谢主持人,我是中国教育电视台记者,我的问题想提给唐江澎委员。

唐江澎: 这第一道题难度系数就很高呀!看来,校长也要学会解难题。

【旁白】

在刚刚结束的2021年全国两会第二场"委员通道"上,全国政协委员、江苏省锡山高级中学校长唐江澎在隔屏回答记者提出的"教育的真谛"问题时金句频出,他表示"分数不是教育的全部内容"引发无数共鸣,刷屏全网。据不完全统计共获800多家媒体报道,相关新闻信息1.6万多条,点击量过5亿。3月11日全国两会闭幕后,唐江澎委员在北京见到了提问他的记者。

【专访】

亢晓倩: 唐老师,您好!终于是走下屏幕,不是隔屏见了。

唐江澎: 对呀,对呀!

---

* 2021年3月11日晚,我在北京接受了中国教育电视台记者亢晓倩的第二次采访,与第一次在梅地亚中心的隔屏采访不同,这一次是面对面采访。3月14日,中国教育电视台《教育新闻直播间》栏目播出完整访谈,现节选少量内容收入本书。

亢晓倩：我要跟您说抱歉，您一走上委员通道，就给您出了那么大一个难题。

唐江澎：能给老师出难题的都是好学生。

亢晓倩：听到问题时，您第一反应是什么？

唐江澎：我觉得是一个很难回答的问题，所以用"这第一道题的难度系数就很高"来迂回……

亢晓倩：先缓解一下，想一想，是吗？

唐江澎：迅速调整一下思路，慢慢从分数开始介入正题。

亢晓倩：会不会担心不管怎么回答，都不太具有说服力，因为您说分数不是教育的全部，而恰恰您的学校升学率还很高。

唐江澎：升学率很高，并不意味着教育是以极端应试方式展开的；正像一个地区GDP很高，并不意味着要以牺牲环境保护为代价，片面追求带血的指标。我们不能制造价值次序的颠倒，同时我们也不能制造价值之间的对立。一提要全面发展，那就不讲分数，那就是蹦蹦跳跳，说说唱唱。也不能说一提分数，就忽视了全面发展。之所以选择孩子的身高和男孩的引体向上以及近视率来谈这个问题，我觉得关注孩子的身体健康，这是一个非常便于与家长及社会各界达成共识的话题。

亢晓倩：您怎么看大家对您的这种关注呢？

唐江澎：有些问题还是应该再深入地思考，我究竟讲了什么？我只不过讲了一些教育的常识。一个常识被社会热议，这说明常识本身已经需要澄清；一个教育常识能被人们广泛传播与高度肯定，这说明我们社会对教育回归常识有巨大的期待。

> 一个教育常识能被人们广泛传播与高度肯定，这说明我们社会对教育回归常识有巨大的期待。

亢晓倩：优雅生活者，听起来就很优雅，但是有很多学生都是来自农村或者偏远地区,能上学对于他们来说就已经很不容易了。

唐江澎: 优雅与生活环境不直接关联,不管是哪个地区的孩子,都应该有一种审美能力,能够欣赏山川自然之美,欣赏作品中间的艺术之美,能够欣赏他人的卓越,有包容心,平和,从容。在我眼里许许多多的孩子,就是穿校服,简单的校服穿得干干净净、整整齐齐,也很优雅。

亢晓倩: 所以这个"优雅"是骨子里的优雅。一周前您从无锡到北京来开会的时候,有没有想过在今年两会期间会受到这么大的关注?什么样的感受?

唐江澎: 从未想过。我希望有更多的人参予教育问题的讨论,来表达自己的教育观点。我最近看到许许多多的人也在表达与我相同的教育观点,他们表达得更好。也有更多的学校,在用他们自己的实践来向人们展示,我们所追求的"好的教育"的理想是完全可以实现的。回顾20世纪80年代以来改革开放的历程,可以发现,历史的进步是在常识的讨论中实现的。如果能够有这样一种力量,在不断地彰显着教育应该回归常识、回归育人为本,应该促进人的全面健康成长,那我想,我们的教育真的可以发生一些改变。

亢晓倩: 大家也很关心,您也快到退休年龄了。退休后,您还会办学吗?

唐江澎: 对,我面临着退休,我将一如既往地按照我所认可和坚守的信条,把学校发展好。同时学校已经实行了校长的轮值制度,挑选了几位"80后",每人一段时间来全面负责学校的工作,我要把他们带出来。如果退休了,也可以写写小说,换个方式来表达我对教育的思考。

【旁白】

结束我们的采访已是深夜,第二天一早,唐校长将启程返回无锡,开启他新一年的工作和履职……此次赴京,注定是他教育生涯又一新的起点。

我说的不过是一些常识*

董　倩：您怎么看您在委员通道上的一番发言会引起全社会那么高强度的关注？

唐江澎：这也是我这几天一直思考的一个问题。其实我说什么了吗？

董　倩：您说的都是大白话，说的都是常理。

唐江澎：对，只不过是说了一些常识。虽是常识，但也还有一些质疑，比方说提出要做终身运动者，又要做责任担当者、问题解决者、优雅生活者，你到底要不要分数？我就说，分数是我们教育不可回避的一个重要内容；高考制度是我们国家能够保证人才选拔公正性的一个基础性制度。不关注分数，

> 不关注分数，对任何一个学校来说都不是一种负责任的选择，但也应该认识到，教育的终极价值、最高价值是促进人的幸福。

---

* 2021年3月11日下午，在北京与中央电视台著名记者董倩"面对面"，接受了长达三个小时的采访。当日上午在史家小学参加北京东城区教委组织的"两会精神传达"活动，中午赶往央视参加朱广权主持的《两会你我他》直播，下午3点转场接受董倩采访，状态疲累，面有倦容，特此说明。3月14日，中央一套《面对面》栏目播出时，节目名为《唐江澎：好的教育》。

对任何一个学校来说都不是一种负责任的选择,但同时我们也应该认识到,教育的终极价值、最高价值是促进人的幸福。老百姓所要的真正的好学校,一定是既能够让孩子有良好的学业表现,又能够让孩子全面地成长。有人会说:那你不能得兼啊?不能得兼的时候,肯定是我们的教育在哪里出了一些问题,我们努力地使二者平衡就可以了。

【旁白】

在当下,教育总能引发社会热议,因为它不仅牵动无数家庭,也是推动民族复兴、社会进步的重要基石。关于什么是好的教育,很多人在表达自己观点的同时也在好奇,能够在委员通道上讲出这段话的唐江澎,到底是一位什么样的校长?

董　倩:那就从您参加高考那一年说起。

唐江澎:我是在一个非常落后的山区、非常差的教育教学环境中完成我的基础教育阶段学业的。

【旁白】

1979年,16岁的唐江澎在陕西省洛南县灵口中学参加了高考,成绩在当地名列前茅。他原本的志向是北大法律系,但小儿麻痹症让他的一条腿行动不便,他改报了北大图书馆学系。后来,很多成绩不如自己的同学纷纷拿到了录取通知书,但成绩优异的唐江澎最终得到的却是自己没有被录取的消息。

董　倩:那就是不管是北大法律系还是图书馆学系,(考上)都是没有任何问题的,但就是因为您这个腿的问题。

唐江澎:对。如果成绩不够,我还有努力的必要,还可以继续去复习,因为我们当时继续复习是很正常的一件事。但我已经都考得这么高了,大概在全省也都是比较靠前的一个成绩,这就连复习的必要都没有。如果你明年再去考,还是会因为你的身体原因被拒录。

董　倩:那怎么接受这件事?

唐江澎:我确实是感觉到非常大的压力,会在郁闷时拿着二胡去拉一拉,或者拿一支洞箫去品一品,排遣我的一些郁闷。虽然掉到人生的谷底,但是我的自信心没有被粉碎。

董　倩：为什么呢？

唐江澎：因为我确信天生我材必有用，这是我当时多次给自己读的一句诗。

【旁白】

考学无望的唐江澎待业在家，他想过当作家，又短暂地学过中医，他不知道他的工作机会仍会和高考脱不了关系。

唐江澎：考上的同学都走了呀，没考上的就过来安慰我、陪陪我。但也不能总被人安慰，安慰的时间长了，我就说算了，别老安慰我，还不如我给你们说该怎么复习。第二年几个接受我"辅导"的同学都考得挺好，所以这件事引起了我们教育局的一位老局长的关注。

【旁白】

在教育局的安排下，17岁的唐江澎走进陕西洛南中学，意想不到地成为了一名辅导老师，月薪28元。

董　倩：28块钱的工资算多算少？

唐江澎：大学毕业生的工资是55块钱。

董　倩：那就是人家的一半？

唐江澎：当时我是没资格当老师的，我就去给人辅导。

董　倩：那什么叫辅导？

唐江澎：老师上课归老师上课，学生晚上作业不会做，怎么办？我来给他们做"场外指导"。我被他们视为全能的"状元"，因此，碰见语文就说语文，碰见政治说政治，碰见历史说历史——我的身份是"陪练"。

董　倩：陪练了几年？

唐江澎：陪练了半年，结果语文老师生病了让我顶岗，那时候能上高中毕业班的语文老师是凤毛麟角，我是有一天晚上偷偷地给学生上一节课的时候，被我们校长发现的。

董　倩：为什么要偷偷地上课？

唐江澎：因为我当时没资格上课。

【旁白】

所谓"偷偷",一是知道自己没有资格走上讲台,二是这次尝试选择在了老师们集体外出看电影的时候。结果课刚上完,唐江澎就被叫到了校长办公室。

唐江澎: 校长不去看电影,其他老师去看电影,他在巡视,巡视到这儿,下雪天他就站在寒冷的风雪之中,站在外面听了我一节课,然后他就给里边的学生指挥说,你给他提问,你给他提问。我说后边那些学生怎么老给我提问呢。我真不敢想象,如果我知道他在那儿听课,我一定哆嗦得话都讲不出来,我那时根本都不知道发生了什么事。所以校长那次听课后的决定是,没人上课就把我顶上去。我就记得他跟我谈的时候,我说您别难为我了,我17岁,让我去带毕业班?我说不行,肯定不行。他就和我发火:不行?!然后他把抽屉打开,摸了一撮葡萄干,放在我手上。他说:这是我的学生送来的,好东西,吃了,去上吧!多年后我就跟老校长开玩笑,我说我是被他一撮葡萄干骗上讲台的。

【旁白】

就这样,1980年,从未想过当老师的唐江澎成为一名民办语文教师。从那时开始,高分成了他的职业追求。

董　倩: 怎么当老师?

唐江澎: 其实我是不懂得怎么教的。我唯一的办法就是把我自己的学习体验、学习经验分享给学生。

董　倩: 想教出什么样的学生?

唐江澎: 考高分的学生。因为没有学生的高分就没有我的身份,我就站不住脚,我必须让学生们把分考高。我们的校长也跟我说,你不要说你教不了书,你只要能够把这些学生教得能考你一样的分数,你就是最好的老师。

【旁白】

在做民办教师期间,唐江澎用三年时间自学了电大(陕西省广播电视大学)的课程,取得了中文大专的学历。后来,他又用两年的时间到陕西教育学院进修,获得了中文本科的学历。

董　倩: 假如当时我们国家不会不接收肢体有问题的这些年轻人进大学,

可能您就是北京大学法律系毕业生了。如果是走那条路,您会是什么样?

唐江澎: 在我们全国政协委员里边有好几位和我同年高考、也一样出生于县城以下小山村的,他们后来的人生路径就是上了大学,考取了研究生,获取了到国外留学的机会,有的现在已经成为院士、高级专家,应该说他们大多做出了巨大的贡献。

当然,我现在也不差。我曾经非常感慨地说过一段话:因为有了这样一段经历,我用全部生命来理解教师职业的价值和意义。我对教师的职业有刻骨铭心的爱,也正因为这种爱,促使我努力地把真正的教育办出来,办好。

【旁白】

1993年,没能通过高考去往更广阔世界的唐江澎决心南下,通过应聘他成为江苏省锡山高级中学的一名语文老师。东部名校让他看到了不同的教育理念和教学方法,而一项教学之外的任务,启发他开始思考教育的目标。

唐江澎: 进来以后校长就给我安排一个任务,当时学校正要搞校庆,校长让我也参与到学校的校史整理当中。我最早的时候是被这个学校的一张照片所感动:给一个小男孩单人独照的照片,上面写着一句"一学年以上不缺课者"。这是80多年前的一件事了,当时普通人照相应该是一件很隆重的事,是什么样的一种背景和原因,让我们学校的管理者会给一个"一学年以上不缺课"的孩子单人照张照片?这个对我的冲击非常非常大。

董 倩: 为什么?

唐江澎: 因为一个学校给什么样的人拍照片,它体现着这所学校的一种价值追求。

> 因为有了这样一段经历,我用全部生命来理解教师职业的价值和意义。对教师的职业有刻骨铭心的爱,促使我努力地把真正的教育办出来。

董　倩：从这些老照片里面，您看到这学校是什么追求啊？

唐江澎：我所看到是一种非常朴素善良的、对人的全面发展的关注和关怀。我们今天的学校里可能也挂着许许多多学生的照片，但可能是"高考状元"的照片，可能是考上北大清华学生的照片，可能是竞赛奥赛获奖学生的照片。我常常在想，校长把镜头对准谁，教育就在哪里聚焦。

> 校长把镜头对准谁，教育就在哪里聚焦。

【旁白】

13年后的2006年，唐江澎开始担任这所有着百年历史名校的校长。他设立了"校长特别提名奖"，以此彰显教育的焦点。

唐江澎：比方说天天坚持跑步的，我会给他奖励。

董　倩：如果他的成绩并不特别突出呢？

唐江澎：没有问题，这就只是奖励他天天跑步。我还给一个孩子发过一个奖，叫孝心奖。父母把他送到学校之后，他过20分钟或半小时，一定会打电话回家，问父母到家了吗。听到这个事情，我说父母能够培养出一个让自己暖心的孩子，这不是挺成功的一件事吗！

【旁白】

跟全国很多高中的校长一样，唐江澎也面临着高考升学率的压力。

董　倩：对于一个像您所在的学校来说，学生考上名校、名大学是必须的？

唐江澎：是必须的。所以我那天说"校长是每年一次高考"。

董　倩：还有其他什么硬指标？

唐江澎：有这么几个问题恐怕是我们必须关注的。你的学校给了孩子什么样的一种高中生活？什么样的一种生命成长经历？或者说孩子未来的发展还有哪些潜在的素质，你都培养出来了，使他成为一个全面发展的人。

【旁白】

为了让学生全面发展，锡山高级中学的学生每天确保上一节体育课，每周上一节艺术课。这样的课程会一直坚持到高考前停课的时候。

唐江澎： 原来也不开艺术课的，后来就是一个月开一次。大家一看高考没受影响，那好，咱们两周再开一次，也挺好，那我们现在就每周都开，也没受影响，那就开吧。大家都认可。

董　倩： 您懂得迂回前进。

唐江澎： 在中国必须如此，不能在学校里边由着你的性子去搞什么改革，那样你肯定会头破血流的，这是不可能的事。

董　倩： 您看啊唐校长，如果说作为一名校长，我就是来满足你们家长、学生的想法：想上好大学。应当说也是完成了一个很大的任务了。您为什么还要从很多角度，包括甚至优雅生活者这样的一个角度去培育这些孩子？这是题中应有之义，还是您觉得这是在改革？

唐江澎： 我不认为教育有多少改革。

董　倩： 怎么讲？

唐江澎： 如果说我们要做出一些变革，那只要把我们所认定的教育常识坚持住、做下去就可以了。

【旁白】

然而，让唐江澎担忧的正是人们的焦虑对常识的挤压。

唐江澎： 有些东西做到并没有那么难，比方说让孩子有足够的睡眠时间，这是让我非常非常忧心的一件事。我在一个地方看见一个孩子听课的时候站着，我就问他：听课的时候一直站着是因为你犯了什么错，要被罚站吗？他说：我坐下去就睡着了。想想看，以这样的一种所谓的刻苦状态来学习，会有什么效果？我建议真不如回去睡觉吧。

董　倩：谁都知道要睡觉。

唐江澎：对。

董　倩：但是谁都做不到能睡觉，您觉得问题出在哪了？

唐江澎：这个问题主要出在学业负担上。

董　倩：道理是这个道理，但是会不会有的孩子说您是站着说话不嫌腰疼啊？

唐江澎：如果这样的话，那我们这个"不腰疼"已经30多年了，我们学校一直保证学生有足够的睡眠。

董　倩：一定要保证孩子的睡眠？

唐江澎：这几天有些网友在网络上对我们学校的做法也提出了一些质疑，我看好多我们的学生就站出来回答，说我们一直都是这么干的。

【旁白】

在唐江澎担任锡山高级中学校长的15年中，这所老牌名校，在升学率和全面发展之间坚持着传统的价值和理念。这一坚持既有焦虑，也包含着希望。

董　倩：您说您读了80多年前锡山中学的校史，跟那个时代的老师相比，现在老师是好做了还是不好做了？

唐江澎：难做多了。

董　倩：难在什么地方？

唐江澎：一是难在我们整个的社会评价体系。二是经济快速发展的时代，人们把对未来社会地位跌落的一种深层的忧虑，转化为一种群体性的教育焦虑。焦虑什么呢？焦虑孩子的明天。这是一种各个阶层都有的焦虑，所以我们要想改变这种焦虑，还是要付出相当长时间的努力。

董　倩：在这个过程中把焦虑的心安定下来，老师可以做什么？

唐江澎：我们的教育总归有一个最高的目标。培养这些人，要这些分数，我们到底要干吗呀？我就想要用我们每个人的善良和智慧，给这个世界一个问题解决的方案，使这个世界因我们的努力发生向上、向善的变化，变得更加美好，更加温暖。

科学提升教学效率*

两会你我他，关注身边事。

今天邀请到了两位嘉宾，全国政协委员、江苏省锡山高级中学校长唐江澎以及特约评论员杨禹，一起来聊聊教育的话题。

朱广权：欢迎二位，唐江澎委员前两天走上两会的委员通道，您所提到的教育的观点被网友刷了屏，《两会你我他》开通了互动页面，我们一起看下目前网友的一些留言。

---

* 2021年3月11日下午1点，参加中央广播电视总台新闻频道、央视新闻新媒体、中央人民广播电台《中国之声》、国际广播电台环球资讯广播同步播出的融媒体特别节目《两会你我他》，央视朱广权主持。本文节选了节目中有关提高教学效率、"减负"话题的内容。

留言中提到了分数的问题。2021年3月6日,习近平总书记在看望参加全国政协会议的医药卫生界教育界委员的时候也专门提到了分数的问题,他说教育无论是学校教育还是家庭教育,都不能过于注重分数,分数是一时之得,要从一生的成长目标来看。

唐校长在委员通道上说了,我们现在如果不看重分数,可能过不了今天的高考,但是如果过于看重分数,可能赢不了明天的大考。其实我们也都心里隐隐知道这个道理,我们也都参加过高考,上过学,那个时候我想唱歌但是不敢唱,小声哼哼要东张西望,高三了还有闲心唱,有很多的事情想去做,但是分数羁绊住了你的脚步,那作为一个学生或者焦虑的家长,怎么来平衡这个分数之间的矛盾?

唐江澎: 确实是这样,分数是我们目前教育绕不开的一个话题,但是平衡好分数标志的成绩提升与人的全面发展,又是我们必须面对的一个难题。既然它是一个难题,我觉得我们不能够用简单的思维,或者用某一种方式,只强调某一个方面,肯定都不能得到满意的效果。一个核心的方法,就是用课程的概念来解决,课是关于学习内容的选择,程是关于学习机会的安排。就好像给你一天画出一些格子来,有两个格子属于数学,你就应该在这两个格子里高效提升你数学的分数和成绩;如果还有一个格子是留给体育,就应该在体育的格子里使你自己得到身体素质方面的发展。其实有效率的学习、高效率的学习是平衡这个难题的关键,我大体上的看法如此。如果无边地追求分数、追求成绩,把其他方面都忽略掉,最后其实也不能够得到我们所想要的分数,毕竟高考也在发生变化,更强调在真实情境下考查学生运用知识解决具体问题的能力,并不是说只刷题就能全面提升这种能力。

> 无边地追求分数,最后其实也不能够得到我们所想要的分数,毕竟高考也在发生变化,更强调在真实情境下考查学生运用知识解决具体问题的能力。

朱广权：还是要综合和有效地学习。话说回来，其实不管我们对分数有什么样清醒的认识，在现实当中分数就是家长的指挥棒，从分数压力衍生出来的就是作业的压力。最近网络上有一段小学生哭着写作业的视频，让人又好笑又感叹。小学生都要6点多钟起床，为什么我们学生的课业负担这么重，到底是多做作业、多上课，还是好好睡觉？

唐江澎：后面这个问题我必须明确地回答，即使为了成绩的提高，也必须保证充足的睡眠，人没有充足的睡眠，学习效率就很低了。我们还是坚持高中生应该睡够8个小时，初中生9个小时，小学生10个小时。

朱广权：您的学校里高中生能达到这个标准吗？

唐江澎：我是1993年到这个学校的，打那个时候开始，一直如此，保证8小时睡眠。我们是寄宿制学校，98%的学生都寄宿在学校，这部分学生是保证充足睡眠时间的。至于说作业太重的问题，这是挺难一下子找到解决办法的难题。其实，作业和整个教学改进是一体化的，在备课过程中，就应该把作业设计好。现在国际上有一种流行的方法，叫评价设计先于教学设计，现在必须强调在作业设计的时候就控制作业的时量。学校在抓这件事的时候，不要简单规定语文老师出了几道题，数学老师出了几道题，应该测算完成每一科作业的平均时间值，把总量控制了，我想就会保证学生能够有充足的睡眠时间。

朱广权：用科学的方法把给学生"减负"落到实处。

杨　禹：无论是作业的控制还是课程效率的提高，关键我们基础教育今天自身的科学性要提高。

朱广权：课业压力除了来自学校，另一方面可能来自学生或者家长的自我加码，当然也是源自分数的压力。比如说辅导班，家长很焦虑，哪怕我不想给孩子加码，但是其他的孩子都报了班，如果我没报我就觉得被落下了，这个焦虑怎么解决？

唐江澎：在知识学习过程中间会产生一些个体的差异，由于个体差异的存在，在班级授课制背景下，如果老师不能关注到每一个学生差异的弥补，以其他的方式使孩子获得另外一个方面的补充，应该是一个可以允许存在的事情。但是我们还要看到另一方面,我们经常称之为补课依赖症。学生在上课听讲的时候就想着我今天还要补课呢,就使得上课的效率大大下降。还有一个问题,补课往往提高的是对题目的精熟度,但是对内容的理解力并没有提升。往往看到这样一种情形,补了一段,阶段性的小考成绩上来了,由于对知识没有彻底领悟,没有真正理解,只是靠记忆把它记住了,只是熟悉一点而已,真正到大考的时候,成绩往往就下来了。在高中,我们有一个深切的感受,长期依赖补课的孩子,他的后劲不太大,效率可能比较低。

让分数带有生命的温度*

"学生没有分数,就过不了今天的高考;但孩子只有分数,恐怕也赢不了未来的大考。""好的教育,应该是培养终身运动者、责任担当者、问题解决者和优雅生活者"……

在今年全国两会的第二场"委员通道"中,全国政协委员、江苏省锡山高级中学校长唐江澎以一段4分多钟的答问登上微博热搜,引起舆论热议。

从17岁当上民办教师算起,唐江澎的教龄已有41年。2006年,他接任锡山高级中学校长,将这所老牌名校逐渐改造成了一个气韵独卓、个性鲜明的存在:每天一节体育课,从高一入学持续到高考前;高三学生从来不办"誓师大会"……

作为全国政协委员,今年他继续关注高中教育资源的均衡化,唐江澎向《南方都市报》记者表示,他期望,江苏省内严格限制跨区域招生的经验能够在全国逐步推广。在他看来,什么样的政策安排更能提高整体教育质量、减轻人们的教育焦虑,是全社会应当深思的问题。

教育不能排斥分数,也不应止于分数

侯婧婧:今年您在"委员通道"上分享的对于教育真谛的见解,让很多人心有戚戚。在实践中,您怎样处理"育人"与考试得分、升学率这两个目标之间的关系?

---

* 2021年3月10日晨,接受《南方都市报》记者侯婧婧电话采访。访谈内容刊发在2021年3月10日《南方都市报》GA14版。

唐江澎：我觉得首先不能把它们对立起来，这是解决问题的前提。

育人的目标里边就应该含有分数，没有分数的育人目标肯定是空洞的，是不能够被社会接受的，也不是一个真正的目标。所以我们学校倡导的是，要促进学生在学业与学术、品性与品位、适应力和胜任力各个方面均衡而充分地发展。

说到底分数是对学生学业表现的一种评价结果的报告。在"委员通道"上，我没办法讲特别专业的话，其实我要表达的意思很明确，就是我们必须要认识到，现在的考试只能够评价个人的一部分素质，而不是全面的素质。

比方说，你是否讲卫生，这就没办法关注到。即便是在文化科学素质里边，目前我们也只能评价那些适于用卷面形式测量的能力，比方说一个人的口语表达能力其实非常重要，但是在目前的语文考试当中，就没有办法来测量这种能力。所以我是从这个意义上说，分数并不是教育的全部内容，更不是教育的根本目标。

侯婧婧：具体到操作层面，您怎样平衡"教育的根本目标"和"升学的硬指标"？

唐江澎：我们的核心技术路径就是课程管理。什么是课程？课就是对于教育内容的选择，程就是对于教育时间的安排——通俗来讲就是课时。在我看来，要促进学生的均衡发展，就要解决课程设计的基本问题。

比方说高三的数学，我给你画一个或两个格子，那么你数学的这些能力和分数的目标，就必须在这一两个格子里边，通过有效的教学和高效的学习来实现。

其实我们用于数学的那些时间，也是有一个边界的，在边界之内，是充分高效的，但是把时间无限延长之后，其实是低效的，甚至是无效的。

人作为一个生命体，一定是讲究张弛有度的，就算在高三，我觉得也应该保持这么一个基本的节奏，该跑步的时候就去跑步，该做题的时候就认认真真地去做题，该睡觉的时候就去睡觉。

"优雅生活者"指的是一种审美感受力

侯婧婧：锡山高级中学有个著名的口号叫"天天一节体育课"，这么多年坚持下来，成效如何？

唐江澎： 现在好多人都说，你坚持运动了，就会考得更好。我觉得不是这么回事。运动有运动的价值，这种价值具有不可替代性。

1932年，我们学校就提出了体育运动的六大目标：一是身躯茁壮，以做振兴民族之准备；二是在团体运动中培养自治、服从、忠勇、合作及其他公民道德；三是养成生活所需要的运动技能；四是增进身体反应之灵敏；五是养成优雅正确之姿势；六是养成终身以运动为娱乐之习惯。

我觉得，我们天天一节体育课，也就是用正规的课时，把国家所要求的课外活动时间体现出来，确保学生充分运动、充分锻炼，这就足够了。

侯婧婧： 就是说，体育并非手段，而是目的？

唐江澎： 说得非常好，体育本身就是目的。

侯婧婧： 在"委员通道"上，您还提到教育要培养"优雅生活者"，这一点也让不少人耳目一新，能否展开谈谈？

唐江澎： 其实"优雅生活者"对应的就是罗素所讲的构成健康人格的四要素之一：敏感性。敏感性在这里并不是指对外界的过度反应，而是对外界的信号能够有积极的情感上的回应，或者说有一种审美的感受力。

我所说的"优雅生活者"，展开讲主要有四个方面。

第一个是能够保有对美的感受力。

第二个是在生活中能够欣赏他人的卓越，同时能够热情、幽默、平和、从容，这也是一个很优雅的生活姿态。

第三个是注重生活的品位、品质。这完全不是说要穿名牌、上档次，而是说要在生活中显示出品位感，哪怕穿着非常朴素，但也要干净、整洁。

我为什么要提出这一点呢？因为我觉得，我们现在对丑

> 生活中能够欣赏他人的卓越，热情、幽默、平和、从容，有很优雅的生活姿态，有品位感、品质感。这是提高我们国家整体实力的一个重要方面。

有过强的耐受力,有一些工业设计,简直让人忍无可忍。许多产品只注重实用性,而不注重美的表达,就是由于它的设计师缺乏一种品位感、品质感。所以我觉得,这是提高我们国家整体实力的一个重要方面。

第四个是能够给他人和这个世界带来美感和快乐。比方说,你在机场吵吵嚷嚷的,你给他人带来美感了吗?你在旅游景点乱涂乱画,你给这个世界带来美感了吗?到2049年,"00后"的孩子们都40多岁了,他们将会以大国国民的身份走向世界。难道对于未来的大国国民,我们不提出一点优雅的要求吗?如果不具有基本的审美素养,那全世界其他国家的人怎么接受他们呢?

所以,我是从这个角度提出"优雅生活者"这个概念的。

侯婧婧:您其实是站在未来人才储备的角度,来思考当下的教育。

唐江澎:我从来都是这样的想法。我教书40年了,常常觉得"未来"一晃就到了。

教育均衡化程度越高,整体教育水平就越高

侯婧婧:今年您建议,刚性建立以县域为主的招生体制,以"县中"的优质化来引领县域教育整体振兴。这已经不是您第一次聚焦县域中学,为何如此关心这个话题?

唐江澎:其一,我有一个感受,优质高中资源越集中,优质资源的供给就越稀缺,升学的竞争就越激烈,社会的教育焦虑就越浓烈。我去全国很多地方,发现在县城读高中的学生里面,已经不太可能有人考上北大清华了,但凡家里有点办法的,都得把孩子送到省城去上学。

如果这个现象持续下去,城乡之间的教育差距就会越拉

越大,一个学校站起来,一批学校就要倒下去。其二,是因为我在江苏,我们省内各个设区市的情况可以给全国做一个非常好的例子,那就是说一个地区的教育资源均衡化程度越高,它整体的教育质量就越高。

比方说江苏南通有7个市县区,它严格限制跨区招生,结果现在南通是全省高考高分学生最多的地区。再比方说镇江,原来教育资源均衡化程度不高,后来大力推进均衡化,从马路中间一分,这个学校招东边,那个学校招西边,全市考上北大清华的人数已经在江苏省很靠前了。

侯婧婧: 对其他一些地方来说,可能城乡教育资源的不均等分布已成事实。怎样才能让它们逐渐走向均衡呢?

唐江澎: 我觉得就是像江苏一样,分步走。先严格限制跨设区市招生,保证每一个设区市都有好中学出来。而我们有些省内的设区市,连一个好学校都没有了,最终受害的还是老百姓。上一个好高中比上一个好大学都难,那怎么得了?

江苏已经严格限制跨设区市招生很多年,效果慢慢出来了。现在南通、镇江走在更前面,已经建立起了严格的以县域为主的招生体制;像苏州、常州、无锡等,还留了一点跨区域招生的名额,比如我们学校的生源就是86%来自惠山区,另外14%的统招生是面向无锡的3个区。

我所说的"以县域为主的招生体制",就是指有少量的流动,大部分都是划片招收的分配这样一个概念。

努力把"好的教育"做出来*

陈　卓：您在"委员通道"答记者问时特别提到，教幼儿园孩子养成整理习惯比早认字更重要，为什么用整理东西来进行一个比较？

唐江澎：我觉得整理就是整和理。

"整"是一种行为上的习惯，要把东西整一整；"理"是一种思维方式的培养，也就是归类分类的意识。整理的习惯，第一个就是培养分类意识，而分类意识背后一定会引发一个关于标准的讨论，分类就有标准。

比如说，孩子要整理明天的书包，按什么标准理？我可以按照明天第一节课、第二节课来理，也可以按书的形体大小、便于使用来理，这就是标准意识。最后，还比较哪一种理的方式更好，这里面有思维优化的问题。

第二个是效率性增强，如果成天丢三落四找东西，那就没效率。人生如果是没效率的话，他以后学习也不会怎么样，对吧？

第三个是非常重要的一点，现代社会是一个信息大爆炸、知识量骤增的时代，知道"知识是什么"不是第一位，知道"知识在哪里"更重要，深层关注的是一种知识管理的能力。

陈　卓：您在朋友圈提到，四个者——"终身运动者、责任担当者、问题解决者和优雅生活者"不是脱口而出或者一时说说，而是江苏省锡山高级中学的毕业生形象。"四个者"中为什么把终身运动者放在第一位？

唐江澎：两个原因。第一个，我们的"十大训育标准"就是把它放在第一位，

---

* 从 2021 年 3 月 11 日开始，澎湃新闻记者陈卓深入江苏省锡山高级中学现场采访，在我返程延期后，3 月 17 日又以电话完成采访。本文节选了采访稿的部分内容。

这是我们学校的传统。

第二个是从个人发展的顺序来说，教育就是让一个人从"自然人"成为"社会人"的过程。人的发展第一位不是知识增长，而是身心发展，小孩会走了会跑了，这就是身心健康；第二位是道德，是学会做人。小孩子会帮助、关心别人，这些都要先教，接下来学的才是知识。

陈　卓：您是一名理想主义者吗？

唐江澎：我不是理想主义者，但我有点理想情怀。如果做一个单纯的理想主义者，你将会在现实中碰得头破血流。

我们能够做的是什么呢？认准方向朝哪走，然后设定有限的目标，寻找专业的路径，做出一些实在的改变。哪怕这种改变不那么惊天动地，看起来微不足道，但一定要相信时间的力量，久久为功，就一定能在历史中呈现出我们今天改革的价值与力量。

陈　卓：您设置了哪些有限目标，是如何在应然与实然之间平衡的，您曾经做过什么妥协？

唐江澎：比如艺术课改革，高三要开艺术课，是必须开的。为什么？我是教育部高中课程方案研制专家组成员，我清清楚楚地知道艺术应该是 6 个学分，如果高三不开艺术课，我参与制定出来的体现国家意志的课程方案，连我自己的学校都做不到，那谁能做到呢？

我们的想法就是，高二 4 个学分了，高三还必须有 2 个学分，每周要一节课。然后我们就先一个月开一节课试试，发现开了没问题，没有影响高考成绩，那好，两周开一节。这十几年下来，现在还有人和我讨论高三艺术课要不要上吗？没人讨论这个事了。

我不是说一开始就知道艺术课要怎样改，我只是知道人

> 没有艺术滋养，缺乏感性素养，人就不会是完整的人。

的成长要有艺术的滋养,我对这点理解太深刻了。

陈　卓: 有什么底线是不能妥协的吗?

唐江澎: 我们有一个底线守得很死,那就是学生的睡眠时间。

20多年了,确实有人跟我说,是不是晚上睡觉的时间可以调整一下,我就跟他们开玩笑,你们谁要改革,等我不当校长时再去改。我说我的前任厉墨龙校长,我的前任的前任朱士雄校长,人家一直都是这么做的。保证学生睡眠,我们学校确实坚持得非常好,这都多少年了。

(注:省锡中作息时间是21点20分晚自习下课,21点55分熄灯,次日6点05分起床铃声。)

陈　卓: 省锡中教学楼里开了一家书店,教辅类书籍占一部分,很多是课外书籍,更新挺快,为什么要这样设置?你们对书的筛选标准是什么?

唐江澎: 我觉得到了高中之后,一定要引导孩子深入思考一些社会问题,要给他们提供一点理论支架。高中阶段是精神成长最快的一个阶段,在他们个子噌噌长的时候,我们用大量的牛奶、牛肉提供源源不断的食粮支持,使他们发育得非常好;这些长个头的孩子,你还要给他提供强大的精神乳泉,让他们获得强大的精神成长支持。

> "只会做题"的孩子长大以后精神世界一片苍白怎么办呢?

我说这话可能又要引起质疑,我是在想,"只会做题"的孩子长大以后精神世界一片苍白怎么办呢?

书籍的筛选上我们没有太刻意的标准,我只是提了一条,保持和城里新华书店的人文类书籍同步更新,不能让里边充斥着练习册。我们会从负面清单上去查,比方说哪些不利于学生成长的书不让进店。我们有老师具体负责这个事。

陈　卓: 听说您推荐学生看《身份的焦虑》,为什么是这本书?

唐江澎： 我是觉得书里面有三个观点非常重要。第一，从整个英国史的发展来看，社会经济迅速发展，人们的物质迅速增加了，这个时代最容易产生一种焦虑。处在经济高速发展阶段的中国社会，目前情况也是如此，极容易产生身份性的焦虑。

第二，它在寻根溯源地探讨"焦虑是怎么产生的"？焦虑的实质是什么？比如说过度的期待等。书的框架非常好，能让孩子深入地认识自己，比方说学习压力、家长教育，其实教育焦虑背后就是社会生存焦虑，找根要找到这儿来，从哲学上想一想这些事情。

第三，它是在讲怎样缓解焦虑，里面谈了艺术的方法等等，和我们学校做的事情挺像的。但里面讲的最重要的一个方法就是，把焦虑问题拿出来谈，大家来讨论这个事情。

陈　卓： 您希望学生成为什么样的人？

唐江澎： 我常常在大会上给学生说，你们必须用优秀定义自己，你们就是未来国家的栋梁，如果你们自己都不认可自己是国家的栋梁，我们国家将来靠谁啊。

我原来还说过一段话。如果你想让未来的日子多一些温暖，那么你就要培养今天学生的感恩心和善良；如果你想让未来的社会里边多一些帮助，就培养今天学生的责任担当；如果你想让未来的社会里边充满着晴朗的天空，也就应该培养今天学生的正义感。

陈　卓： 这种说教会不会有反作用？初高中学生可能有一定逆反心理，他可能会反感学校的说教规训的设计。你们怎么让学生对这种良苦用心产生兴趣，最终理解和支持？

唐江澎： 那就是让他们自主地建构生活秩序，把学校的事情交给他们去担当。

陈　卓： 这正是你们"模拟城市"项目的用意？

唐江澎： 对，学生模拟治理城市，是要让他真正地担责，比方说让他选择课程,最大的价值就在于选择,只有在选择中才能学会担当,把一切都给他安排好,什么都不让他参与,那怎么行,对不对?

另外就是,经常把科学家等请到学校做报告,要有专业的介绍,介绍国家科学发展前景。

说学生反感,我觉得可能是一种误解。有一次我在上海交大附中的楼道里边走,前面有两个女生从我身边过去,一直在说话,我听了真是激动不已。原来她们刚刚听了一场杨利伟的报告,她们说:"原来还不知道我们国家航天方面还有这样大的一个差距,我今后一定要选这个专业,一定要做出一点贡献来。"这是孩子说的话,让我非常感慨。

陈　卓:这是不是你们跟很多大学合作办课程,包括最近的量子力学等的考虑,希望不断地适应变化,让学生知道世界的走向和需求是什么样的?

唐江澎:不完全如此。我们的想法是,高考用分数来选拔人,这是在短期之内没有办法改变的。我经常给学生说,我们不要去抱怨高考,因为高考还是保持中国社会人才选拔公正性的一个良好的制度设计。不要去抱怨高考,那么在分数录取不能改变的情况下,我们唯一能够做的就是让分数带有生命的体温。

陈　卓:听说这几年明显的一个变化是,你们学校的学生选工科和临床医学方向的学生变多了?

唐江澎:对。实际上孩子们挺有趣的,刚进学校,他们根本没有形成一种未来社会职业的判断,高达43%的学生想学艺术和设计,那是怀着明星梦来的。社会上那么多岗位,我们在普通的岗位上为国家、为家庭造福就行了,整天都做明星梦,最后只能造就一批追星族。

所以我给他们说,别去想什么明星的事儿,唱歌跳舞之类的可能成为一种素质,但那一定不是大部分人的专业选择。从高一开始我们就常常吆喝:以色列的母亲有三个孩子,不说老大几岁,老二几岁,老三几岁,都是说她们的工程师几岁了,她们的医生几岁了,她们的律师几岁了。

以色列母亲对孩子的称谓,表达了一个民族的价值崇尚:崇尚工程师,便崇尚创造;崇尚医生,便崇尚健康;崇尚律师,便崇尚正义。这三种职业最突出的特征,是利他性。

后来我又加了一句,如果崇尚教师,便崇尚文明的传承。

陈　卓:您很推崇以色列,我看学校有一个"想象创造"基地,说是借鉴了以色列孵化基地的模式,这种探索的初衷是什么?

唐江澎:开这个课的目的,就是培养问题解决者。别只给他们教知识,教来教去,孩子就没有什么创造性,我要让他们解决生活中的实际问题。

所以我们就讲了五个方面:第一个是必须以现实的问题解决为导向;第二个必须形成整体的设计方案;第三个是必须进行跨学科的探究;第四个必须有规范的技术;最后,必须形成一个物化的成果。

陈　卓:除了这些课程设置,您刚刚谈到,让学生构建他们自己的生活秩序,比如学生自己检测食堂饭菜,还有学生的居委会,这些都算吗?

唐江澎:我希望建成一个现代学校。现代学校必须有一个特点,它是一种民主式的学校,治理体系讲民主,平等参与、民主对话、承担责任。

我们未来社会一定是孩子们的,那么现在学校就应该给孩子。把学校模拟成一个城市,未来社会让他们来治理,面对他们真实的校园情境,自主建构生活秩序。

比如,他们会开"两会",交提案,选"市长",然后自己找有关部门解决提案上的问题,每位"市长"离任时都要报告任内解决了什么问题。

陈　卓:这个"市长"针对的是学生社区?

唐江澎：校园围墙以内，与学生有关的。"市长"不协调教师的事，就管学生这圈的事儿。

陈　卓：学校是不是有一些制度，可以让校领导、老师与学生之间保持一个比较民主的沟通？

唐江澎：主要是和我们学生处保持一个畅通的交流，这里不是刻意地去安排，我觉得不要太强化接待、对话的东西。我的想法是，他们就是主人，不必在学校里设立一个什么校长接待日之类，谁是主人？谁接待谁呢？

陈　卓：平时的话，学生都可以跟您聊吗？

唐江澎：只要有空，我就经常在校园里转，孩子看见我都挺喜欢的，有什么事他们也来找我，但是找我的事，我基本都是以另外一种方法给他们回复了：有什么需求要自己想办法解决。

陈　卓：您还提到，国际竞争中，最高值比平均值重要，对"公平优先于质量、平均值重于最高值"的教育理念、教育政策适当进行调整，这是指的什么？

唐江澎：我主要指的是拔尖创新人才培养的问题。我觉得现在高考模式底下，对于学生的全科发展要求偏高了，要考上好大学，必须科科棒。其实，全科发展并不等于全面发展，所有的孩子都考同样的"语数外"，结果是能上北大数学系的必须是语文学科特别好，能上北大中文系的必须是数学学科特别棒。

我认为不要太重视这样一种平均值。为了保证教育公平起见，可以把第一次考试都放得比较容易一点，好多孩子不用投入那么多的精力，普通大学就根据你的这次分数录取。如果要再上顶尖级的大学、顶尖的专业，就一定要看你某一个学科学习的精深度。要考中文系，那就再考你一次语文，别把那些上北大数学系的孩子文言文之类弄得那么难,对吧?一定要让孩子减去无谓的苦和累,你想学数学,你就把主要精力花在数学上,在你今后要施展所长的方面下功夫,其他方面要求不用那么高。其实咱们中国在数学领域,平均值比美国高很多,但是我们最高值还是高不出来。因为从时间上,孩子把精力都花在全科发展上了。

陈　卓:您最早在陕西没考上大学,然后当语文老师,后来来到了江苏的省锡中,做校史整理等,又当了16年校长,您觉得这些经历对您整个教育理念会有哪些影响和塑造?

唐江澎:我其实是一个没有远大目标的人,只是觉得有一个大致的方向,然后把眼前碰到的事认认真真做好就行了。

比方说让我去做校史,就认真去做校史,我也没想到后来发生这么多的事,但是我做的时候很认真,就产生了好多的想法。

再比方说,1996年,学校安排我和华东师范大学的几位教授一块去搞校本课程研究。其实没有多少语文老师会对额外研究课程开发感兴趣,我只是觉得没念过大学,这又是一个好的学习机会,就和这些教授接触,把他们的书拿出来,一本一本啃,也没想到后来课程开发竟成了学校专业领导力的重要方面。

再比方说,去参加一个高考课题组命题研究,去编教材,把这些东西做完之后,突然间发现自己对课程、教材、教学评价等方方面面的教育知识都有所了解,且都有一定深度,形成了比较综合、比较贯通的思考。

陈　卓:您其实做所有的事,就是"认真"这两个字,然后慢慢这些点都连成线了,可以这样理解吗?

唐江澎:只管耕耘,不问收获,这是我的一个特点。举个例子,教育部让我去审教材,那我就认真去审教材,用了半年多的时间投入,春节期间或其他节假日都投入。家人说你审了那么长时间教材,最后获得点什么东西呢?就一封感谢信。

但我觉得收获很大,了解了教材。特别高兴的是,在新教材里边还表达了我的一些观点,对孩子们可能不利的一些东西提出意见,我觉得这就挺值。

陈　卓：您身上有多种标签和符号,语文老师、名校校长、教育家……如果您给自己选一个标签和符号作为自我定位和期许的话,您更愿意选哪一个?

唐江澎：这是不用想的,肯定是语文老师。

我一直以为我未必是好的校长,但我曾经是不错的语文老师,如果有更多的机会的话,我还是愿意多去上课。当校长我只是"票友",做语文老师还可以算个"角儿"。

陈　卓：关于语文,现在有种看法是,因为它是主科,所以它重要。您怎么看待这种说法?

唐江澎：大错特错,我的语文教学观点非常清楚,比"四个者"更早就提出:培养终身阅读者,培养负责任表达者,培养有美感的生活者。我完整地教过三年的学生,大概都会在这几个方面有所得益。

用专业的力量解决教育问题*

魏 倩：中小学生"五个管理"指的是作业、睡眠、手机、读物、体质管理，它们既是家长的烦心事，也是关系学生健康成长、全面发展的大事。2021年2月1日，教育部办公厅印发了《关于加强中小学生手机管理工作的通知》，要求中小学生原则上不得将个人手机带入校园，受到老师家长们的欢迎；2月23日，教育部召开新闻发布会，要求新学期中小学教育教学重点抓好作业管理、手机管理、课后服务等问题，受到广泛关注。怎样抓好"五个管理"，破解家长烦心事。您认为抓好"五个管理"到底难在哪儿？

唐江澎：这五个问题是中小学普遍存在的，有共性，但不同学段、不同学校问题的特殊性、差异性很大，既不能一概而论提要求，也不能不分重点出对策。例如，像江苏省锡山高级中学这样的寄宿制高中，睡眠管理、手机管

---

* 2021年3月3日晚，应中国教育新闻网《两会E政录》节目邀请，与张志勇先生一起参加《人民教育》记者魏倩主持的线上直播，就"抓好'五个管理'破解家长烦心事"进行对话交流。本文根据记者施久铭等转录的视频文稿修改。

理、体质锻炼甚至读物管理相对比较容易。只要管理者坚定信念,切实为学生健康成长负责,把作息时间刚性执行好,把运动时间科学安排好,就可以确保学生每天 8 小时以上睡眠、每天 1 小时锻炼。但对于非寄宿制学校,每天往返于家校之间的学生而言,管理就困难得多,它牵扯到社会方方面面,包括家庭管理的一些问题。

同时,这几个管理不处于同一层面,我们也不能平均发力,而应该抓住重点,最核心的还是作业管理。作业实际是课堂教学的整体环节,必须把作业和课堂教学改进统筹起来,让作业真正发挥巩固课堂内容、提供评价证据和拓展延伸练习的作用。首先要把低效甚至无效的重复操练性作业控制住,把仅仅指向于表层知识记忆的机械记忆性作业砍下去,学生的睡眠时间、锻炼机会就都有了保障。从小学低年级到高中,作业实际上是整体课堂教学改进的重要一环,课堂教学改进有效的方法之一就是"评价设计先于教学设计",这就是说在教师进行每一节课整体教学设计的时候,就应该也必须优先设计作业,包括作业的题目指向、形式呈现及时量控制。必须强调,布置与检查作业是教师教学的专业行为,一方面不能委托他人实施、转嫁专业责任,另一方面其他社会成员也不能任意加码,加重学生负担。

解决这些问题的关键是找到问题存在的症结与专业化解决问题的路径,一直嚷嚷于事无补。比如手机管理,对寄宿制高中而言,主要有一项共识和两个技术支持。一项共识是学校要和家长、学生达成广泛共识,形成一种基本判断:把手机带进学校,留在学生身边,对学生的成长弊大于利。它会引发许许多多相关问题,比如学校宿舍熄灯之后,如果还有手机在握,开启群聊"卧谈会"模式,睡眠怎么保障?在这一方面,我们不要高估孩子们的自制力,要严格管控好。两个技术支持就是要专业化保障网络时代学生对手机的正常需求。一是开通学校的云上学习系统,保证学生便捷查阅资料,用专用的移动终端进行线上学习,手机上能实现的学习功能,学校的移动终端也能迅速完成。二是通信装备保证家校联络的通畅,学校可以设立许多电话亭,宿舍安排好固定电话,让通话交流便捷畅通。

魏　倩：对于"五个管理",作为一线教学管理者,您有怎样的思考?

唐江澎：一是必须坚守正确的价值观。这是一个上位概念,没有"促进人整体健康成长"的价值追求,所有问题很难得到有效解决。如果一个学校、一个家庭最高的目标与追求就是分数、就是升学,那就会牺牲学生的睡眠和运动时间去加班加点地刷题,睡眠与体质就成了为升学而必须付出的代价,睡眠管理、体质管理也就是空言一句。我们必须追问,升学也是为了孩子幸福,如果连身心健康都可以牺牲,我们的幸福追求还有可能实现吗?

二是落实各负其责的层级制。各级教育管理部门和学校要在自己权力范畴、责任范围内各司其职,各破其难。就"五个管理"而言,学校层面不要过多讨论要不要、该不该的问题,而是拿出真招数、实对策,专业化地解决问题,不要"头疼医头、脚痛医脚",更不能"头疼剃头,脚痛泡脚"。看起来是在生病的部位忙活,天晓得会有什么作用。

三是以问题导向突破重难点。比如作业改革,小学低年级孩子语文作业量多的主要问题出在哪里?怎么改进?比如,是否可以提出四年级以下语文不布置阅读理解题,因为孩子的身心发展阶段还没有达到能够做阅读题的这种地步。同样,如果书面作业费时太多,在孩子手指前端发育还没有完全成熟的时候,长时间握笔会对他的身心发育造成不良影响,是否可以加强口语作业?这同样能达到学习目标。

四是要以有限目标设计专业的路线图。改革不可能一蹴而就,问题不可能迎刃而解,在长期累积、互为因果的问题面前,我们朝向理想前方,设定有限目标,相信时间的力量,哪怕做出不那么起眼的微小变化,也总能在历史中呈现我们这种作为的价值与意义!

校长的选择*

暖场篇

【场景】《对话》演播厅外走廊休息区

陈伟鸿：我身旁的几位都是校长，实际上他们还有一个共同身份——爸爸。更厉害的是，这个爸爸还可以改成学霸的"霸"，因为他们的确都是大学霸。

我来介绍一下，这位是数学学霸，清华大学附属中学校长王殿军老师；这位是语文学霸，江苏省锡山高级中学校长唐江澎老师；这位是外语学霸，山东省昌乐二中校长赵丰平老师。这三位校长在当地都非常有影响力。今天又是父亲节，作为父亲，我们要来聊一聊，你们怎么看孩子的成绩？他们的高素质和我们期待的高分数之间有何种关系？听一听几位学霸级别的爸爸们、校长们的态度。

唐江澎：我们地方上的校长先说吧。我觉得一个高素质的孩子必然有获得高分的能力，因为获得高分就是素质的一个最重要的方面。

陈伟鸿：分数是一个体现。

赵丰平：高的素质、高的分数相辅相成。

陈伟鸿：两位校长非常谦虚，地方的校长先说，接下来要请北京的校长总结。

---

* 2021年6月20日，受中央电视台《对话》栏目邀请录制节目，同时受邀的还有清华附中王殿军校长、山东昌乐二中赵丰平校长。节目以"校长的选择"为话题，围绕当下教育现象和国家教育"双减"政策，让我们谈谈教育理解。"暖场篇"内容，央视财经主持人陈伟鸿先生当日以微视频形式发布；"对话篇"内容，8月21日晚在央视二套播出。为合于全书体例，本文节选了我与主持人的对话内容，另两位校长的精彩对话未全收录。

王殿军：高分数不一定就有高素质，高素质一定会有高分数。

陈伟鸿：总结得很好。其实我们这位北京的校长总结过很多，而且常常发表各种文章。唐校长，您从语文的角度来评价一下我们数学老师写的关于教育方面的文章。

唐江澎：我对殿军校长有两点"意见"。一是大学教授来我们中学，把我们的活都干了。二是教数学的，却常常发表非数学的文章。说到王校长的文章，我觉得吧，文笔、文采也就那样了；但是逻辑严密，表达精准。特别是常常站在教育部长的角度给基层支招儿，比方说学生评价是一个天大的难题，王校长三步两步弄出招儿来，贡献了系统性的难题解决方案。

陈伟鸿：听到这么幽默的描述，就知道王校长跟唐校长的关系不一般，像好兄弟一样亲切。每次高考完了之后，我们看优秀作文，我就看着一惊一乍的，这些孩子从哪儿吸收到了如此丰厚的文化资源？

唐江澎：我开玩笑说，写好高考作文需要四方面素质：政治家的情怀，社评家的敏锐，外交家的机变，小说家的才思。

王殿军：我觉得还差一个，哲学家的思考。

陈伟鸿：赵校长，您也加一个吧。

赵丰平：应该有种真实生活的体验。

陈伟鸿：您是外语老师，我以为要加一个国际化的视野。

唐江澎：这其实是一个大问题。我本来是要上大学中文系的，为什么数学要学得像王殿军校长那样棒？他本来是要成为一个工程师或者一个科学家的，为什么语文的表达一定要像作家那样有文采？这恐怕也是人才评价的问题。刚才以王校长的文章为例开个玩笑，其实是反思高考作文的评价标准，为什么一定要有文采？

陈伟鸿：对，需不需要兼得？还是我就专心致志地走我自己的专业道路？

唐江澎：我们现在把全面发展演变成了全科发展。

王殿军：这是一个问题。对全面发展，我的理解是每科都合格或达中档水平，个别学科特别棒。咱们却理解成全面优秀，每一科都得特别棒。

唐江澎：对,高素质就被理解成科科都很棒。

陈伟鸿：作为即将参加中考的考生家长,我特别同意,现在就是全科发展,要求九门功课门门测试。

王殿军：要求五个指头都一样长。

陈伟鸿：我们现在是在演播厅之外进行一场有意义的对话,既然我们已经开了场,不妨就邀请三位嘉宾走进现场,一起开始今天这场有意义、有价值的对话。

对话篇

【场景】《对话》演播厅

陈伟鸿：欢迎收看《对话》。2021年全国高考一共有1078万考生参加,创下了历史的新高。

事实上,自从1977年恢复高考制度以来,我们国家培养的大学生已经超过了1.3亿人,对考生、对家长、对老师、对校长、对学校而言,毫无疑问,高考都是成长道路上的一次非常重要的大考,那是不是只有高考成绩优秀者才可以拥有成功的人生呢？回归到教育的原点,我们又如何来看待素质教育？在今天《对话》节目现场,我们请到了三位教育领域的思考者,请他们一块来聊一聊大家关注的话题。

三位校长对我们今天在开场就提到的这个词儿——高考,一定都不陌生,我不知道几位到目前为止已经参加过多少届高考了？高考成绩公布的那一刻,作为校长,你们紧张吗？压力大吗？

王殿军：我在清华附中参加过15届的高考,我自己正好是恢复高考第一届参加高考的大学生。高考成绩公布,作为校长,我不紧张,感觉没什么压力。

唐江澎：当校长的时间我和王校长一样,现在也是15年了。我和王校长不太一样的是,15年校长,年年高考,出分时年年紧张。王校长说成绩公布时不紧张,可能因为他们学校足够优秀吧。

陈伟鸿：就是说学生的成绩足够好是吧？

唐江澎：但是我们的压力确实非常大,高考成绩出来的那一刻,你会面对整个社会对学校的评价,所以那一刻我们会期待有一个良好的学业表现。

陈伟鸿：我想问一问赵校长。

赵丰平：刚才唐校长说了,出分之前内心是焦急的:孩子能考得多么好?家长满意吗?社会满意吗?但我很有自信,因为我们教得有效,复习对路。

陈伟鸿：唐校长的紧张是不够自信吗?

唐江澎：紧张与自信不是同一心理范畴的概念。

陈伟鸿：其实你们都是多年和高考打交道的人,今天我们在现场就特别设立了一个考场,考场相当特殊,参考人只有三位。这个考试,跟我们全社会都在关注的一个话题有关,就是素质教育。我们希望通过这样的一场特殊的考试,让大家看到素质教育的真正内涵,好不好?

第一题是影像题,先请各位看大屏幕短片。

【视频】

2021新华网两会热点调查显示,近一年民众最关注的教育公平问题中,中小学生课业"减负"热度排名第一位。近日针对"减负"问题,国家连出重拳。7月24号,中共中央办公厅国务院办公厅印发了《关于进一步减轻义务教育阶段学生作业负担和校外培训负担的意见》,《意见》明确提出,学生作业负担和校外培训负担过重,要进一步加强课后服务,规范校外培训,提高学校教育质量。6月15号,教育部召开校外教育培训监管司成立启动会,会议宣读了《中央编办关于调整教育部职责机构编制的通知》,并强调新成立的监管司要以"钉钉子"的精神推动"双减"工作落地见效,一石激起千层浪,这些教育政策的出台将对教育领域进行深度改革,同时也引发了社会各界的关注和热议。

陈伟鸿：看完了刚才的短片,我发现其实"减负"这个词,热度一直都不减,我们第一题就跟"减负"这个词有关系,请看第一题。

判断题:请问中小学生课业负担重不重?A重;B不重。

三位请作答。

（赵丰平校长选 A。王殿军校长既不选 A，也不选 B，他认为负担轻重是个相对概念。）

陈伟鸿：最后，我们看看唐校长在这张考卷中哪个选项上打勾了？

唐江澎：虽然对个体而言，学业负担会有差异，诚如王校长所说的，有的人感觉负担不重，有的人感觉负担已经过重了，但如果我们从群体的状况来看，就目前中小学生负担的整体水平来判断的话，我的答案肯定是 A。前一段时间，网上对我的一些看法表示质疑，因为我说我们学校的学生从来都是严格保证每天有足够的睡眠，保证 8 小时，晚上在 9:55 入睡，早上在 6:05 起床铃响起之后才会起身。很多家长就觉得，你说这个可能吗？现实吗？简直不可思议。这种质疑从另一个方面说明，其实学生的负担整体上还是比较重的，这种重已经导致了连我们最基本的底线——睡眠目标（小学生满 10 小时，初中生满 9 小时，高中生满 8 小时）——都成了一个奢望了，这确确实实是不能承受之重。

陈伟鸿：对于学生来说，还有一个分数的衡量，也是我们不得不去面对的，所以我们下一道题就跟这两个的选择有关系，我们来看第二题。

选择和论述题：作为高中的校长，学生要达到的最重要的目标是什么？A 高分；B 素质全面。

好，这次我们先说赵校长的答卷。

赵丰平：选 B。我们考虑的是，学生 60 岁，他幸福吗？他事业成功吗？40 岁，他达到他生命的高点了吗？

唐江澎：答案选 B 是没有问题的，素质是一个人全面发展的一个标准，它自然包含了获取分数的能力，你要成为一个

> 素质是一个人全面发展的一个标准，它自然包含了获取分数的能力，你要成为一个高素质的人，你也就应该有相应的获取分数的能力。

高素质的人,你也就应该有相应的获取分数的能力。

王殿军: 我们在谈这种素质教育和分数之间的关系时,实际上想说的是一定要均衡发展。对学生来讲,分数是会自然到来的,但是如果你片面地追求分数,素质丢了,分还未必能够获得。

陈伟鸿: 我们很希望看一看你们的学校是如何做的?你们通过什么样的方式,包括课程的设置,活动的引领,课外的教育等,来让每一个孩子都成为你们眼中的素质全面的孩子?来,请各位拿出你们的教育绝活。

唐江澎: 实际上任何一所学校要实现自己的教育追求或者教育目标,课程都是一个基本的载体,所以一张课表,它会以格式化的状态来呈现学校的教育现状。

这是我们学校两个学生的课表。我们提出来要培养终身运动者,如果不能做到每天一节体育课,那么每天锻炼一小时就很难完成。你看这个孩子,他选的是游泳,这是他的体育课,然后在团队拓展里边,我们还有以班级为单位的活动,所以他就不一定是上游泳课了;另外一个孩子选的是瑜伽,这个大概是个女生,每周参加4次课,但也有团队活动。

陈伟鸿: 你们提供多少种项目的选择呢?

唐江澎: 有23种。是这样的,我们是用一流的场馆设施去换取课程,校外的专业团队来给我们提供课程支持和教练,我们虽然只有11个体育老师,但是再加上外援力量就充足了,像击剑的老师就有五六个,有一段时间还请了原德国击剑队的教练,游泳课程光救生员就有4个,所以我们用这样一种方式来实现教育目标。

陈伟鸿: 我们来看看王校长你们学校的?

王殿军: 给大家看的就是我们的6个高研实验室的课程,这个是为少部分对科学研究有兴趣,又有天赋的孩子专门设置的这样一例课程。这里肯定有比较深刻的道理,一个是这些孩子的自信心、自觉性,包括对于学习的整体理解能力的提升、兴趣的培养、潜力的挖掘,都是跟一般孩子不一样。

唐江澎: 这一看就是大学附中的课程。

陈伟鸿：这样的课程，孩子会觉得负担重吗？

王殿军：这些孩子没有觉得负担。负担有被动和主动之说。

唐江澎：这个课程是不会增加学生负担的。

赵丰平：我拿的课表是我们学校高一的课程。选课走班是按照学生的学习兴趣，按照高考的要求，学生选择自己的组合。

唐江澎：赵校长学校有一个下午全是选择性活动课程，一个学校拿出一个下午，安排完全与应试无涉的活动课程，这是挺奢侈的一件事。

赵丰平：我们已经奢侈好几年了。我们的课堂效率高，所以才敢这样，才有时间拿出整个周三下午来搞活动课程，选课走班。

陈伟鸿：是不是所有的校长都认同，只要我们把学生的素质全面提升了，他们就会给学校带来一个好的升学率？

王殿军：我自己感觉，在全国范围内，就我的认知程度、了解程度来讲，还是少数，但我们三个都是在不遗余力地践行着。

陈伟鸿：我觉得，大多数的学校可能还是走在传统的道路上，所谓的传统就是我们依然很在意学生的分数，因为它代表了成长过程当中的很多的量化。为了要获得高分，我们需要刷题，你们对这种短视的和急功近利的做法最大的担忧是什么？

王殿军：最大的担忧是我们在学生需要全面发展综合素质、提高能力的阶段，牺牲了许多应该发展的东西，而保了所谓的成绩分数，那么未来这部分实际上是弥补不了的。

赵丰平：最大的担忧是这一种学习方式会把学生的学习兴趣、思维能力、创造能力全部扼杀掉。

唐江澎：我就谈语文吧。我们应该让学生在高考中获得良好的语文成绩，这是任何一个语文老师都必须关注的，但是高考只检测了一个人语文素养当中适用于纸笔检测的那一部分素养，而没有办法检测你的全面素养。如果一个语文老师选择只做题，不让你开口，你想想这对孩子以后的发展是多么大的一种伤害。在我看来，语文学习更重要的是培养一个终身阅读者，让他能够在身体快速成长的过程当中，也获得精神的巨大滋养。

有一年，清华大学还搞自主招生的时候，我们推荐一名学生到清华去参加面试。

需要他做好PPT，讲自己为什么要报考清华。他选的是清华大学工程学，结果一位教授看到一张照片，就是教室后面的书房。教授问，这是什么？他说，我们学校每个教室都有自己独立的书房。教授又问，你们读书吗？你读的什么书？他就说，我读了《美的历程》什么什么……教授接着问，读了《美的历程》是什么内容？一直追问了好多。

陈伟鸿：彻底抛开了PPT的内容了。

唐江澎：面试出来之后，我们的老师问，今天面试怎么样？他说坏了，我的PPT没讲，给教授的提问带偏了，一直在回答读什么书。没想到的是，清华的教授们给了这名学生一个最高加分值——60分。后来我们得知，教授说，对于一个想学工程学的理科生，有3000万字的阅读量，这才是我们最想要的。

总是围着高考，考哪个点我就教哪个点，一个更大的危害就是，由一个单纯目标所驱动的学习方式，一旦这个目标不存在，后面的持续动力就丧失了。而一个人要成就一点事情，有持续恒久的动力源是异常重要的。

陈伟鸿：可能现在越来越多的学校也意识到了这样的一种短视，其实不仅仅是给学生带来的一种伤害，更重要的是对教育本身带来的一种伤害，所以他们不断地拓展着教育更加丰富的内容。除了我们在课堂上设置了如此多的选项，如此多的内容之外，我注意到不少的学校也把课堂拓展到了校外，所以我们下一道题目跟这个话题有关，请看第三题。

> 总是围着高考，考哪个点我就教哪个点，一个更大的危害就是，由一个单纯目标所驱动的学习方式，一旦这个目标不存在，后面的持续动力就丧失了。而一个人要成就一点事情，有持续恒久的动力源是异常重要的。

综合实践活动是必不可少的，但高考的压力下时间紧迫，孩子们需要到校外去参加综合实践活动吗？A 需要；B 不需要。

三位校长，请给出你们的想法。

（赵丰平和王殿军两位校长都选择了 A 需要，并表达了必要性。）

陈伟鸿：唐校长，您的选择应该毫无疑问，也是"需要"吧？我不知道猜对没有？

唐江澎：我倒不是说综合实践活动应该不应该走出校园，我关注的是首先应引导学生注重身边能够提升综合实践能力的事件。对身边的事件不关注，错失身边大量机会，只是想着换一个环境去培养能力，我觉得不是常态化的选择。

学生说，教学楼的卫生间里应该提供用纸。我就问，经费从哪来？他们说从学校的经费里支出。我问学校的经费又从哪来？他们说学校经费就是政府拨嘛。我问政府的钱又从哪来呢？他们说那我们就不知道了。我说政府的钱是纳税人提供的，告诉我一个理由，纳税人为什么要给你们提供上厕所的用纸？他们说这个问题很深刻，那怎么办呢？我说你们自己解决。如果你们愿意给公共卫生间里都提供用纸，就成立一个团队，把这个问题给解决了。

我们这些孩子还真去干这个活，他们研究，大概需要多少纸，需要多少钱？第一个办法，爱心义卖，开发各种文创产品，在学校里义卖；第二个办法，开办诚信超市，在学校里办了一个无人值守的超市，他们批发、进货，用盈利的部分来购买用纸。他们还把这个问题的解决方案写成了一个研究报告，最终在清华大学"挑战杯"中获奖。你看，学生如果能够把身边的事情解决好，综合实践能力不就更强吗？

我们学校现在是一个模拟城市，有学生银行、学生邮局，我们的宿舍也是按照社区、街道去管理，学校里面有学生市长，他在管理着我们的模拟城市，面对真实的生活情境，学会自主建构生活秩序，这也是重要的。

陈伟鸿：是学生市长的威望更高，还是咱们校长的威望更高？

唐江澎：我在学校里是受"市长"安排的，我们学校的重大活动，连我们建校110周年庆典的主持人都是"市长"。

王殿军：那"市长"有权力免校长吗？

唐江澎：我们谁都没权力免谁。

陈伟鸿：刚才你们谈到的每一个学生都让我特别喜欢，我觉得这些学生真的太棒了，他们可能就是我们常常说的别人家的孩子或者说是校长眼中的好孩子。

好了，我们现在要来评析一下这个"好"字到底该如何解读，这也是我们下一道题的关键字眼，请看第四题。

"好少年""好青年"的样子，各位会如何描述？

王殿军：我们那儿有两句话叫作"全面发展，学有所长"。

唐江澎：我是说了四句话，"身心健康者、使命担当者、终身学习者和优雅生活者"，后来被我们的学生修改为"终身运动者、责任担当者、问题解决者和优雅生活者"。所以在今年两会的"委员通道"上，我说的那四句话是学生的版本，其实就是他们心中"好少年"的样子，我们把它叫作"毕业生形象"。

赵丰平：在我的眼里，一个好孩子，一个好少年将来有出息，他在学校一定是健康、快乐、阳光向上，有学习能力，有领导力。

陈伟鸿：对，其实这也是我们一以贯之的一个评价标准，只是在不同的年代或者是不同的阶段，大家对于"好"的理解或者是关注度可能不太一样。

所以我们还有一道题，跟教育的评价体系改革是有关系的，我们来看一看。

从教育评价制度改革的角度，每位校长能提一个建设性的意见吗？

王殿军：未来改革当然要关注中国特殊国情，我们还是要有传统的考试，大家心里比较踏实，但是不能只有它，我们要加上综合素质评价，要加上能力测试，这样三个角度合起来去评价一个孩子，才能引导出更加健康的教育，更加全面发展的学生。

唐江澎：我的建议是，目前还不可能对高考这种制度做大的改变，不可能对按分录取的方式做大的调整，这还是维护我们教育公平的一个基本的制度框架，那么应该着力于高考命题的改革和改进，不是主要考一时记得住的知识，所谓"上课抄笔记，考试背笔记，考完全忘记"，短时记忆的碎片知识，对人生毫无意义,而主要应该考察一生能带着走的那种能力。

陈伟鸿:所以教学相长,我们真的看到了在教育改革过程中的新的体现。其实,教育改革不仅仅是学校的事儿、校长的事儿、老师的事儿、学生的事儿,我觉得作为家长,我们也需要做一些改变。各位不知道有没有时间看电视剧,前一段时间有一部和教育题材相关的电视剧《小舍得》,在社会上引起了挺大的反响。

我们可以看一看这个视频片段。

【视频】

颜子悠:我觉得,我妈妈爱的不是我,而是考满分的我。

田雨岚:这孩子你说什么?我怎么不爱你了?

颜子悠:你每次都说你是为了我好,但其实都是为了你自己的面子,从来不管我开不开心、愿不愿意?妈妈,我觉得你从来就没想过让我高兴,你每次看到我没有读书写作业你就难受。你每看到我闲一小会儿,就想让我多背几个单词,多写一张卷子。如果将来我有了小孩,我绝对不会逼他去上什么辅导班,他想干什么就干什么,不上学都可以,他喜欢踢足球,每天从早踢到晚都行,做自己喜欢的事情怎么就这么难呢?

陈伟鸿:这让人感慨万分,每一个家长都是从爱的角度出发,但是我们其实到达的彼岸并不叫爱。刚才这个孩子说出了真相,你爱的不是我,你爱的是考满分的我。我也想请我们几位校长在今天开一个全国的家长座谈会,把你们心中最想跟家长说的话,在我们节目现场,跟大家一起分享。

王殿军:我觉得,通过这个电视剧,我们家长应该懂得什么叫实事求是,什么叫尊重科学、尊重规律、尊重孩子。对于处于叛逆期的孩子,妈妈们应该多烧饭,少问分。

唐江澎:这个孩子给妈妈说,你关注的不是我,你要的是满分的我,这对母亲是一种伤害,也是对母亲深深的误读。这位母亲,我理解她的心。其实,她关注的是孩子的幸福,只不过她把分数当成了抵达幸福的唯一通道而已。好分数只是通向人生幸福终极目标的一个工具性的目标,我们不能制造价值次序的颠倒，把分数当成最高目标；也不能制造价值次序的对立，以为我要关注幸福，我就不能强调分数，这都是不对的。我曾问过一些与母亲沟通困难的孩子，孩子告诉我，我妈妈的特点是任何时间、任何场合、任何话题，不超过三步都能转到成绩上。孩子与母亲对话的话题始终围绕分数展开，孩子与母亲关系的温度始终由分数决定，这种情形需要改变。我给广大的家长提一个建议，即使你非常关注分数，也要在孩子面前呈现出话题的多样性、语境的丰富性，一定不要忘了爱与关怀的真切表达，反复表达。

赵丰平：我这里有三句话。第一句话是要认可、接纳自己的孩子。第二句话是决定孩子命运、决定孩子未来是否幸福，是这个孩子的性格和责任感。第三句话是广大家长要让自己变得远视。

陈伟鸿：特别谢谢三位校长，在我们今天的《对话》节目现场完成了又一次很特别的传道授业解惑，它关乎我们的素质教育，更关乎孩子的成长以及他们更美好的未来。

在学校教育领域，其实越来越多的学校正在努力打破唯分数、唯升学这一类功利性的评价指标，而让德智体美劳全面发展真正回归到我们教育的全过程当中。我们期待今天现场三位的真知灼见、三位的肺腑之言，可以让更多的学生在素质教育的园地里快乐地成长，幸福地发展。

中国故事·百年树人路[*]

柴　璐：欢迎走进今天《东方时空》特别板块"时空国庆特稿·中国故事"。今天我们的故事要聚焦的是中国教育。百年大计，教育为本，千秋基业，人才为根，培养什么人，怎样培养人，为谁培养人是我们的教育首先要考虑的问题。随着"双减"政策在全国落地，德智体美劳全面发展代替了高分高升学率，成为了检验学校工作的根本标准。我们期待的教育不是平面的，而是立体的；不是枯燥的，而是丰富的；不是狭窄、板结的，而是开放、柔软的。教育公平是社会公平的基础，教育进步是整个社会进步的起点，重视教育就是重视未来，重视教育才能赢得未来。

接下来有请我的同事沙晨为您讲述"中国故事·百年树人路"。

---

[*] 2021年国庆节期间，央视新闻频道《东方时空》播出特别板块"时空国庆特稿·中国故事"。前六个专题先后讲述了杨振宁先生、苏炳添先生、伍淑清女士、李刚先生、黄伟芬女士等人的故事。10月7日晚，播出第七个专题《中国故事·百年树人路》，主持人沙晨以五个板块讲述"百年树人路，教育向未来"的故事，节目中多次引用我在今年两会"委员通道"中的发言和省锡中的教育实践案例，用演播厅与视频切换的方式实现了另一种隔空呼应的"教育答问"。本文根据节目视频整理，有删改。

一个声音：中学校长的"四者"之思

沙　晨：国庆特稿，中国故事。十年树木，百年树人。各位，今天我们要为你讲述的是"百年树人路，教育向未来"的故事。

今年关于教育的好声音可以说是扑面而来。一位中学校长关于教育的一番话，在今年两会上迅速通过"委员通道"通向了四面八方，他说了什么？我们来听一听。

【视频】

唐江澎：好的教育，应该是培养终身运动者、责任担当者、问题解决者和优雅生活者，给孩子们健全而优秀的人格，赢得未来幸福，造福国家社会。

沙　晨：健全而优秀的人格，这可不像分数那么好量化。作为一个中学校长，他真的可以不在乎分数和升学率吗？

【视频】

唐江澎：学生没有分数，就过不了今天的高考，但孩子只有分数，恐怕也赢不了未来的大考。一个学校没有升学率，就没有高考竞争力，但教育只关注升学率，国家恐怕也没有核心竞争力。分数是重要的，但分数不是教育的全部内容，更不是教育的根本目标。

一张照片：80多年前老照片的理念

沙　晨：说唐校长不在乎分数显然不对，但唐校长更在乎的是学生未来的人生大考、国家的核心竞争力和教育的根本目标。

为什么在乎？唐校长说一张80多年前的老照片给过他启发。

【视频】

唐江澎：当时学校正要搞校庆，校长让我也参与到学校的校史整理当中。我最早的时候是被这个学校的一张照片所感动：给一个小男孩单人独照的照片，上面写着一句"一学年以上不缺课者"。这是80多年前的一件事了，当时普通人照相应该是一件很隆重的事，是什么样的一种背景和原因，让我们学校的管理者会给一个"一学年以上不缺课"的孩子单人照张照片……我常常在想，校长把镜头对准谁，教育就在哪里聚焦。

一个奖项：特别的奖给特别的学生

沙　晨：2006年，唐江澎开始担任江苏省锡山高级中学这所有着百年历史名校的校长，他设立了"校长特别提名奖"，来彰显他心中的教育焦点。比如说他为天天坚持跑步的同学发奖；他还给天天给父母打电话的孩子发孝心奖。唐校长说，教育的终极价值是促进人的幸福，所以我们应该有责任、有智慧去平衡好终极价值与分数的关系。

一堂新课：专业教练当"外援"老师

沙　晨：那如何平衡？在省锡中，体育可是一门必修课，无论高一还是高三。

【视频】

江苏省锡山高级中学的操场上正在进行一场千人俯卧撑挑战赛，每名学生都要做完50个俯卧撑，比赛不以竞技为目的，人人皆可参与。举办比赛的原因还要说回到去年，高一新生体能测试，许多同学连一个引体向上也做不了，如何提高孩子们的上肢力量呢？在教练的建议下，学校决定从练俯卧撑开始。

沙　晨：无论是高一还是高三，每天一节体育课雷打不动。除了足球、篮球、排球这样一些传统项目，学校还有游泳、击剑、太极等16个项目可以供学生自由选择。学校还请来了外援，引入了足球、击剑等专业的21位老师，像这样请来专业外援的体育课现在越来越多，而一个大的背景是从教育部到各地都明确体育课和课间活动只能多不能少。

一种体验：校园"市民"和"农民"

沙　晨：另外在省锡中的校园里面，我们发现了一家诚信超市，超市里边没有收银员，也没有摄像头，学生们自助投币、找零。学校里还有"市民"中心，一年资金流水达到20万元的学生银行，以及承担着全校邮件分发投递的"邮局"等。每天的大课间和下课后，学生们就变身为不同职业的"市民"。唐校长在学校让孩子们体验职业"市民"，贵州省正安县的一所乡村小学让孩子体验当一把职业"农民"。无论是体验做"市民"还是当"农民"，一个共同的目标就是努力让教育跳出为分数的焦虑。

今年的教育好声音很重磅，从中央全面深化改革委员会第十九次会议明确指出义务教育阶段的突出问题到中办国办印发《关于进一步减轻义务教育阶段学生作业负担和校外培训负担的意见》，也就是我们说的"双减"政策，力度之大，可以说前所未有。我们来看这样一段话，在《意见》当中，它这样说，学生过重作业负担和校外培训负担，家庭教育支出和家长相应精力负担，要在一年内有效减轻，三年内成效显著。给"双减"政策设定具体的见效时间表，也足见决心之大。"双减"是全方位的减负，同时还要增效。

扑面而来的教育好声音和随之落地的行动,让均衡和优质离我们更近,也让学生、家长、学校、老师都有了不再围着分数转的底气和自信。和焦虑说再见,教育才能向未来。能以健全而优秀的人格赢得幸福,这样的中国青年才能讲好未来的中国故事。

依托真实情境,养成勤劳习惯*

尊敬的各位领导、各位委员,欢迎大家视察我们的校园社街。我站的位置原来在教学楼与实验楼的底层连接区,是一个封闭的自行车库,现在贯通改造,开辟为学生自我管理、自主建构生活秩序的模拟城市街区。这里由学生的市长管理,设立了27种岗位,有学生邮局、银行、烘焙小站、诚信超市、媒体中心、文创印刷等,下面请同学们介绍各自的岗位和职责。

高瑞灵:大家好!我是匡园邮局的分拣员,我们每天大课间轮值负责分拣信件、杂志、报纸,跑上跑下,送到各个楼层、教室。

---

* 2021年12月13日,全国政协在北京召开"全面加强新时代中小学劳动教育"网络议政远程协商会。省锡中劳动教育实践受全国政协关注,会上视频连线学校现场,我与同学们作了介绍。本文根据现场发言与答记者问内容整理。

陈禹成：我是服务中心的换水员，我们有30多个换水员，5人一组；每天大课间负责将25桶左右的桶装水从库房搬运到柜台。换水可是体力活，她们女生干不了。

秦瑄：我是烘焙小站的点心师秦瑄，在课间加热、出售各类点心。下次各位领导、委员来我们校园社街视察，一定请你们尝尝我制作的蛋挞。

杨怡婷：我们社街的诚信超市无人值守，同学们自己投币取货。我们经营管理团队，主要负责进货、理货、盘点。

好的，同学们都入街了，大课间时间只有40分钟，大家去忙吧。

社街外面，校园分成36个包干区，同学们扫地除草、养护树木、清理垃圾，在校园情境下完成各自承担的劳动任务，定期轮岗。学校物联网农场里，学生育种嫁接、栽培蔬菜，种植的青菜送到家政操作教室，有时会邀请妈妈们和任课老师一起烹饪，分享"劳动的味道"。

基层学校推进劳动教育，我认为要走出两个误区。一是概念过度泛化。现在呀，脑力劳动、兴趣活动、社团活动，什么都往劳动筐里装，结果会导致"动手实践、出力流汗"这一重点形态被弱化。二是过度追求体系化、过度依赖评价。不能提到劳动教育，就是"实践基地、师资力量、评价督查"一大套，不能总等待"顶层设计、课程体系、教材装备"到位，不能总强调"没有课时""缺少师资"，也不能期待"劳动教育什么时候进中考、进高考"。实际上，通过纸笔考试来加强劳动教育既走不通，也走不远。我们主张因地制宜，利用、创设与学生密切关联的现实情境，重点突出学生生活能力的培养，切实让学生劳起来、动起来，劳其筋骨，勤其四体，培养勤劳习惯。

我有四个建议：一是家务劳动清单化。家庭是劳动教育的第一课堂，家长是劳动教育的首任教师，做饭洗碗、清扫房间、洗衣整理是家庭劳动教育的三大内容。建议全国妇联发出倡议，发布家庭劳动教育大纲，指导家长切实按照清单，承担起教育孩子干活做事、承担家务、自理生活的职责。在温饱迅速解决之后，我们的下一代无衣食之虞，我们的家长必须高度重视和深刻认识："勤劳"

是中华传统美德,也是民族的"传家宝",更是孩子发展的核心竞争力。每个家庭都有责任,不要把孩子培养成躺平在外卖订单上生活的"奥勃洛摩夫式"人物。在中小学劳动课里教学生洗衣烧饭,费力费时费资源,事倍功半,不宜全面推广。

二是校园劳动岗位化。除了社街的这些岗位,我们学校校园食堂的食品检验、学生宿舍的管理保洁、图书馆的图书整理、体育馆的器材维护等,都设置为简单的劳动岗位。我的体会是,让学生从身边事干起,更能培养责任意识与劳动习惯。校园不扫,教室不扫,身边油瓶子倒了也不扶,总想着去校外建劳动基地、体验扫天下的豪情,很多时候有活动没劳动,有娱乐没教育,劳动教育尽付笑谈中,这不是劳动教育常态化推进的好方法。

三是服务劳动学分化。国家课程方案要求,高中学生三年至少完成40小时的志愿服务劳动,获得2个学分才可以毕业。省锡中每个学生在寒暑假都要参加"温暖你,成长我"志愿者活动,我们以团队形式深入无锡城乡,加强服务过程记录,累计学时,赋予学分。学生去五保老人颐养院,做"真诚倾听者"的志愿服务活动,央视一套曾专题报道过。

四是创造劳动课程化。大家看到的无人机航拍,是工程课程班学生设计操控的,用于实时反馈岗位劳动的状况;在我身后展陈的雕塑模型,是工业设计课程班学生的作业。我认为高中劳动教育课程,应该侧重开展工程教育。现在高中必修课88个学分,人文类课程占39%,科学类课程占25%,工程类课程仅占7%,占比偏低,必须大力加强高中工程教育。像图书馆、实验室一样,我们学校已建成工程坊、大车间在内

> 在温饱迅速解决之后,我们的下一代无衣食之虞,我们的家长必须高度重视和深刻认识:"勤劳"是中华传统美德,也是民族的"传家宝",更是孩子发展的核心竞争力。

的工程教育中心,并与李培根、丁汉院士等一同发起"中国高中工程教育太湖论坛",发出倡议,致力建立与大学贯通的卓越工程师培养体系,让学生在动手创造中,孕育工程热爱,培养工程思维,养成工程习惯,发展工程能力,为成长为未来的大国工匠和工程科技领域的领军人才打下坚实基础。

百年坚守

"百年坚守",就是要以百年的眼量,不断追问教育的本质与终极价值,并将"成全人"确立为坚定不移的教育追求、教育信条,确立为坚守的方向;同时,面对现实,不断省察自我的价值取向与办学行为,尽力摆脱功利的牵拉。拿出我们的智慧与定力,让教育离人近些,再近些!离功利远些,再远些!

本辑收录了2007年10月江苏省锡山高级中学建校百年庆典前后的两篇演讲稿,还有2010年10月教育部人事司组织的"人民教育家论坛"上的演讲稿。

永远的校主*

匡仲谋先生纪念馆举行开馆仪式,是江苏省锡山高级中学学校历史上的一件大事,也是无锡教育史上的一件大事。因为,从光绪三十三年(1907年)走来的省锡中是中国近代基础教育的发祥地之一,她的存在见证了中国农村近代基础教育百年的坎坷发展历程。在百年的节点上为校主匡仲谋先生建馆以示纪念,意义巨大!

站在匡村学校的旧址上,我心潮起伏,感慨良多。在为这所学校工作的十四年中,我无数次地让自己与时间对话,在精神上一次又一次地靠近历史。在披览史料中,在访谈校友中,在求问学者中,在持校办学中,我对匡仲谋先生的敬仰之情、感念之情日益浓厚,校主对我的学问态度、事业之心、办学追求的影响也越来越大。不仅仅对我个人,他对这所学校所有人的影响都是深远的,今天为纪念馆开馆不远千里万里而来的校友们就是最好的证明!

> 举家私兴公学,以实业经营投资于公益教育,启智为强国,办学为民族。这种以国家前途和民族大任为兴学动机的人实在是天下的楷模。

校主最初从学徒起步,渐至拥有棉业、报业、银行、地产业,终成影响一方的实业家。拥有经济实力后的匡先生把目光投向了教育,这才使20世纪的初阳里,在偏僻的江南乡村有了一所现代意义上的学校。举家私兴公学,以实业经营投资于公

---

* 2007年10月2日,匡仲谋先生纪念馆在无锡杨墅园省锡中匡村学校旧址落成。匡村时代老校友从全球各地回校参加开馆仪式。

益教育,启智为强国,办学为民族。这种以国家前途和民族大任为兴学动机的人实在是天下的楷模。匡仲谋先生是一个有理想的教育者、一个纯粹的教育者。他直接影响了一代又一代省锡中人对教育的热爱,对理想的追求,对信念的执着。

在那个时代,在贫穷、蒙昧、灾荒、兵燹中,办教育注定是艰难的,在匡村学校的前三十年,校主共投入白银三十万两,还资助了一批毕业生出国深造,这是一笔不计个人回报的巨大投入,这是一笔在克服了重重困难后的教育投入。即使在他的上海蓬莱市场被日寇焚烧后,即使在他的银行被迫关闭后,即使在他的商业经营屡遭打击而变得举步维艰后,他对教育的投入依然如故,办学规模不断扩大。这样的坚守成了学校百年间至为宝贵的精神资源,这样的学校精神让省锡中从"文革"重创中走出,让省锡中在20世纪90年代有了令人瞩目的发展成就,让今天的省锡中在进行第三次跨越发展中拥有了不尽的精神动力。从这个意义上说,校主实是省锡中学校教育的精神之父!

在匡村学校时代,校主高度重视以优裕的待遇延揽鸿儒大师来校执教,以人格高尚、专业精湛、学养深厚、具有大爱大智的师资来凝聚学校文化,营造教育氛围,濡染学生心灵。那个时代,聚集在匡村中学的先生们,有政要贤达,有大师名流,更有一批留学海外、学贯中西的专家学者。校主虽身为实业家,却深谙教育之道,他明白教师是一所学校存在和发展的根本动力,一所学校说到底要靠名师支撑,优秀教师的数量和他们的道德境界、专业水平,直接决定了一所学校的办学高度。至1937年匡村学校建校三十周年时,这所乡村学校已经享誉大江南北,当时的众多民国政要及社会贤达名流纷纷为学校题词以贺,今日可见者多达六十余幅,足可见校主影响广大。

> 教师是一所学校存在和发展的根本动力,一所学校说到底要靠名师支撑,优秀教师的数量和他们的道德境界、专业水平,直接决定了一所学校的办学高度。

他的这一思想影响学校百年,无论是县中时代还是今日省锡中,教师文化一直是学校历任领导者着重打造的学校品牌。

在翻检史料的过程中,我常常为校主宏大的办学理想和执着的办学努力而感慨不已。他不仅要办小学,还要办中学,而且最后要办匡村大学:"现时代之普通人才,已不在初中而在高中矣,吾校之欲亟亟办高中者在此。果能如愿以偿,吾必继此而兴办大学。吾乡毕业于中学之学子,又便利于升级,得以分科肄业焉。各精一艺,造就专门职业人才,不亦宜乎!此则吾所念兹在兹。"尽管因种种原因而最终没有实现自己办大学的理想,但这种对教育强国的矢志追求让人感佩万端。自1907年开办初等小学,1919年校主又添设高等小学,学校发展速度很快,至1925年,十九年间已有稍塘桥和下圻村两个分校,形成了一校三区的办学格局。在1925年8月8日这一天,校主在上海的病榻之上回顾了自己办学十九年的心路历程:"历观中西伟人,于其欲达之目的,穷日之力而不能至者,则累月以赴之,经年以赴之,甚有毕生之不足,后人继起而赴之,务达其目的而后已。往哲之事,吾辈所当取法。余四十有九矣,经营匡校十有九年,阅尽艰辛,精力俱瘁,而余之目的犹未达也,敢贡斯旨,以望后之来者。"在这段心声里,透过校主对办学艰辛的感叹,我们看到的是一位教育理想者为美好愿景"穷日""累月""经年"以赴之的精神和对后世承接者的殷殷期待。

校主为教育理想所作的训诫早已成为历代省锡中人心中的法典,他一校三区的办学模式也得以继承和发扬。1998年,学校根据当时社会的具体需求和学校发展需要在东亭创办东亭分部;2003年,惠山区人大一届三次会议决定由惠山区人民政府投资在堰桥为省锡中开办惠山新城校区;至2004年9月,时隔半个多世纪后,当年校主创设的一校三区办学格局重现,学校在新时期获得了大发展。目前,学校正在承继匡村中学办学传统,通过集团办学模式,在政府的支持下创办位于惠山新城的省锡中第四校区——理想城市校区。为把百年匡中的品牌做大做强,学校的四个校区分别承担不同的发展目标。2006年8月,我有幸成为这所学校历史上的第27任校长,我所能做的就是坚守百年基业,在校主办学理想、办学精神、办学举措的感召和启发下,传承学校百年教育文化,以自己最大的努力,无愧校主最初的办学追求。

回望历史,先贤已成遥远的背影,但匡仲谋先生在教育上的努力会激励今天的省锡中人走向更加辉煌的未来。不论岁月之河再延续多么漫长的时间,匡仲谋先生依旧是省锡中永远的校主!

百年的两笔财富*

我们省锡中将近七千名师生员工满怀感激地欢迎你们，这不仅仅是因为你们为共襄我校百年盛典而放弃了国庆长假的休息，更重要的是你们用不辞辛苦亲临这一独特方式表达了对省锡中的关心、肯定与支持。这是一个百年一遇的盛典，你们的名字将因这一具有特殊意义的时刻载入省锡中的史册！百年以来，在学校每一个发展阶段，关心过、帮助过、支持过我校发展的人们，你们的功业，将永载史册。我谢谢你们，省锡中谢谢你们！

今天的日子是一个注定让人激动、感慨的时段，因为我们站在了两个百年交汇的节点上。从匡仲谋校主手中传下的接力棒，历经殷芝龄、匡全海、毛西泠、祁士清、朱士雄、厉墨龙诸位校长的传递，现今握在了我的手中，我们这一代不仅要回望省锡中的先辈们在过去的一百年中为我们、为社会留下了怎样的财富，还要思考已经到来的下一个百年，我们又能为后人奉献怎样的作为。

一所学校有了百年的历史，时间会给她堆叠厚实的文化层，将这一文化层细细地揭开，每一层都是沉甸甸的财富。但是，我认为百年匡园留下最宝贵的一笔财富是校友。校友是

> 因为校友的存在，才有省锡中有影响的今天；因为校友的努力，才打造出了省锡中的声名。

---

* 2007年10月3日，江苏省锡山高级中学举行了百年校庆典礼，近万余校友与嘉宾隆重集会，在庆典现场作此演讲。

学校声誉和社会影响力的传播者和缔造者,是学校形象的代言人,是学校的一张独特的文化名片。在校期间,受惠于校园文化的浸润,每个人的身上都会打上省锡中的烙印。走向社会以后,校友们在各行各业、各自的岗位上,所做出的每一份成绩和贡献,都会传递着"省锡中"的标志。因为校友的存在,才有省锡中有影响的今天;因为校友的努力,才打造出了省锡中的声名。的确如此啊,如果没有校友的作为,一所偏在乡村的学堂,怎么会与长征会师、抗战大捷、两弹一星、海南开发、长三角崛起这些伟大的事件联系在一起呢?在这庄严的庆典上,我想告诉今日的学子们,既然成为百年学府的一员,你们的使命就注定与百年的历史联系了起来。前辈学长的作为已经为你们的人生树起了标高,你们人生的全部作为就是必须努力超越这一高度,为省锡中的辉煌添加新的篇章。

在筹备校庆的日子里,无数个长夜,我翻阅着学校史料,一次一次地触摸着学校的精神。一次又一次强烈地感受到,百年匡园留下的又一笔宝贵财富就是学校精神。我们这所学校之所以生生不息、历久不衰,靠的就是这种精神力量的支撑。这种精神可以在匡仲谋先生的垂箴声中聆听到,这种精

> 学校精神的要义就是坚守理想、奋斗不息,为教育理想穷日、累月、经年、毕生而赴之。

神可以在无锡县中艰苦奋斗的理想中感受到,这种精神可以在省锡中坚毅奋进的作为中体会到,学校精神的要义就是坚守理想、奋斗不息,为教育理想穷日、累月、经年、毕生而赴之。

我曾经拜访过九十高龄的丁天缺校友。谈话中间,丁天缺校友向我陈说了他一生的磨难,三次被关入监狱,历经坎坷。他说,校长啊,我这一辈子靠什么活下来?靠的是匡村中学的校主垂箴。他说在匡村中学有一个铜牌,上面写着当年匡仲谋校主在上海广慈医院病榻上所写的一段话。接着,这位老校友非常有力地握紧拳头背诵起来:"古人言有志者事竟成,拿破仑字典无难字,皆言作事之贵有诣力也。历观中西伟人,于其欲达之目的,穷日之力而不能至者,则累月以赴之,经年以赴之,甚有毕生之不足,后人继起而赴之,务达其目的而后已。"我想,无论是个人成长还是学校发展,只要坚守理想、奋斗不息,便没有我们不能达到的境界与高度。

开创新的百年,我们大任在肩。我知道,前方不会是轻松的坦途,也许还会经历许多的艰辛,那么,就让我们时时在心底默念匡仲谋这一伟大的名字,坚毅奋进,奋发有为,付出我们全部的心血和智慧,交出一份能经得起时间检验的教育答卷,让省锡中这所诞生于20世纪初年的历史名校历经岁月,愈加荣光!

"百年坚守"的价值与意义*

百年大计,教育为本。

这是写在《国家中长期教育改革和发展规划纲要》开篇位置上的第一句话。这句话我们太熟悉了,熟悉到当我们的目光又一次触及其上时,竟至于疏远了应有的那份激动!这恐怕不能归于简单的熟视"疲劳",问题在于,我们对其传达的教育终极价值与意义是否有些无动于衷?是否已将其从我们当下的教育实践中推出,推向遥遥无期的未来?应该明确,如果不是从教育的目的出发而是仅从教育的需要出发,不是从教育的终极价值出发而是仅从教育的手段价值与条件价值出发,那么,我们又怎能切实关注百年大计走向真正意义的教育呢?

德国哲学家费希特在《人的使命》中讲过一种思考习惯:凡我所见到的,我都亲手触摸过;凡我所触摸过的,我都分析过。只有在这样的触摸与分析当中彻底把握意义以后,心才安定下来。好吧,就让我们慢慢地触摸"百年",从教育的终极价值上去探讨"百年"与"教育"的意义。

在中国文化的话语形式当中,"百年"是一个历经悠长岁月而指向遥远未来的时间概念,是一个与人的生命过程相伴随、相关联的美好语词,也是一种含有纵深感和扩展性的思维方式。让人感慨的是,在"百年"为数不多的几个固定搭

---

* 2010年10月23日,教育部中学校长培训中心与江苏省教科院受教育部人事司委托,组织召开"人民教育家论坛·唐江澎教育理念研讨会",全国百余名优秀校长莅临省锡中参会。按会议程序,我作了一个小时脱稿演讲,时任教育部中学校长培训中心主任的陈玉琨教授、时任江苏省教科院院长的杨九俊先生作了点评。本文与本书中另四篇《把"人的成全"作为教育的至上追求》《让课程载体指向"人的成全"》《走向"为了成长"的评价》《用学校文化精神濡染人》,是演讲的五个部分,均根据现场录音整理。

配语词之中,竟有两个与我们从事的伟大事业相关,"百年大计""百年树人",其中深意,耐人寻味!沿着时间的河流而上,发现这种表述滥觞于邈远的春秋战国时代,《管子·权修》里说:"一年之计,莫如树谷;十年之计,莫如树木;终身之计,莫如树人。"也许是这些话语的分量足以使人震撼于"树人"的伟力了,以至于接下来同样震撼人心的精彩语段,竟被遮蔽而淡出了人们的视线,有必要让我们再次触摸感受。《管子》接着说:"一树一获者,谷也;一树十获者,木也;一树百获者,人也。我苟种之,如神用之,举事如神,唯王之门。"

这样的话语,载荷着中华民族的认识智慧与厚重文化,历经千载绵延而来,走到了我们的面前,带给我们一种谋划教育的眼量,一种思考教育的角度,一种认识教育价值的历史尺度,一种判断教育功效的时间标准,一派大气,视域宏阔!中国文化传统明确告诉我们,思谋教育必须有百年的眼量,正所谓"兴教当以百年计,育人当为百年谋"!唯有如此,我们看待教育的眼光和视域才可能有一种历史纵深感和全局广阔性。教育是今天更是明天,就是要求我们必须从历史的纵深上观照教育;是国计也是民生,就是要求我们必须从全局的视野上谋划教育。如果没有这样的眼量和气魄,我们谈什么教育都会被约束,都会被窄化。如果说中国当今教育还有许多饱受诟病的地方,积弊之由大概多是以眼前之虑替代了百年大计,用膏粱之谋遮蔽了生命之树,急功近利的倾向让本来雍容大度的教育变得短视,浮躁而猥琐。

这里还要重点探讨一下"坚守"的意义与价值。是否可以这样概括,坚守和牵拉相对,是人类精神与行为中一个永恒的命题。古希腊神话中,奥德赛为了抵挡海妖歌声诱惑而捆缚于桅杆之上,我想那心灵的苦斗就是坚守与牵拉的煎熬。《孟

> 思谋教育必须有百年的眼量,唯有如此,我们看待教育的眼光和视域才可能有一种历史纵深感和全局广阔性。

子》里讲,"鱼我所欲也,熊掌亦我所欲也,二者不可得兼",如何取舍?这也是坚守与牵拉之间的选择。孟子以"鱼与熊掌"之喻告诉人们,在"生"与"义"二者同欲又不可得兼时,应义无反顾地选择坚守,"舍生而取义者也",这样的义利观成为中华民族的一种精神操守。其实,今天我们谈论教育时,一点儿也不轻松,也面临着许多牵拉。我们每天都面对着现实环境、现实问题,怎么保持坚守?又怎么避免牵拉?这是真实发生在我们心底的较量、博弈与抉择,而抉择的取向也正决定了我们教育人的精神操守。

当下中国高中教育的主要问题,在《国家中长期教育改革和发展规划纲要》里概括为两点:一是实际存在的"应试教育倾向",一是"素质教育推进困难"。对这两点稍加分析,我们可以发现教育的尴尬境况:一方面,应该有明确的方向,指向人的全面发展的素质教育;另一方面,这样的方向又受到应试教育的牵拉,有了另一种"倾向"。大家也许感到"倾向"就是轻微的偏差,其实不然。我是教语文的,比较喜欢琢磨品咂词义,《现代汉语词典》里解释得明明白白:倾向者,发展之趋势也。"倾向"不是偏差,"倾向"就是另一种发展"方向"!一方面有成全人这样一个素质教育的方向,另一方面事实又存在着朝向功利的发展趋势。常识也告诉我们,航船如偏舵于"倾向",便不会航行于正道,有了"倾向"便只会偏了"方向"。南辕北辙虽是极端的反例,但即使是"东南辙"也同样不是"南辕"所向。这样的现实应该引起足够的重视!事实上,对高中教育现实走向的基本判断,也是我们讨论教育问题的话语平台。我们需要在真实而准确地判断教育现实的基础上,去探寻教育改革的前程,从而明晰我们的思想,提出我们的主张。

虽然总能听到这样的宣称,某所学校已然全面实施了素质教育,乘风破浪,成就卓荦。若去实地考察,却发现很可能只有局部的拨正,仍缺少实质性的变革。虽然在众多花样翻新的改革中,总能看到一些赏心悦目的景象,但拆穿外在的醒目标签后,往往惊人地发现内里的货色却往往名不副实。暂不对这些逐一细细甄别,之所以提出来,也只是希望这样的伪饰不至于搅扰了我们对教育现实的基本判断,让我们在一片莺歌燕舞的欢呼中,误以为真正的教育原来如此轻而易举,积习的改变原来如此易如反掌。

两年前,山东省出台"素质教育新政",疾呼把休息还给学生,把健康还给学生,把欢乐还给学生,铁腕治乱,重典处罚,齐鲁整肃;我们江苏省也出台了"五严"规定,严格规定课程计划、作息时间,严禁加班加点、加重学生课业负担,严禁炒作状元、升学率,明察暗访,处罚通报。我们在赞叹教育行政部门的胆识、魄力与果敢之余,又不禁生发出无奈、愧怍甚至悲凉的浩叹:一个行业禁令的底线反映着这个行业整体的文明水准!作为成全人的教育,就应该高度关注学生的健康与快乐而不应该用眼前利益损害长远发展,就应该忠实执行体现着国家意志的课程方案而不应随意损益。这本是校长基本的职业伦理与办学的底线要求,何至于竟成为教育行政部门三令五申、严加查处的法条呢?百年以后,当后人重新打开这段历史的时候,如果看到教育行政部门当年的规定与禁令,将会如何震惊于我们当下教育的残酷和野蛮啊!看来,现今牵拉的力量确确实实太过强大了,这个问题不解决,我们教育永远走不到应该坚守的路径上去。

身处现实教育环境中的我们,常听人们讲"不能没有理想,又不能过于理想化","失去高考成绩,就失去了今天;只有高考成绩,就失去了明天",似乎左右两难,正处在"心有方向、

> 应该忠实执行体现着国家意志的课程方案而不应随意损益。这本是校长基本的职业伦理与办学的底线要求,何至于竟成为教育行政部门三令五申、严加查处的法条呢?

行有倾向"的尴尬境地之中,处在教育理想与教育现实的纠结之中。总体而言,对"方向"的认同与把握还未彻底转化为对教育底线的确认与坚守,对"倾向"的摆脱与反拨还缺少足够的勇气胆识与理性的自觉。

有了上面的澄清,可否同意这样的判断:教育生长人、成全人的本质要求与应试教育朝向功利主义的牵拉,是当前高中阶段教育仍旧面临的主要矛盾,也是教育还不完全适应社会发展要求与人民群众接受良好教育的要求的根源所在。同时,还应该看到,我们正处在一个转型的时代,时代的特征注定了矛盾冲突的张力在所难免。况且改变教育现实不是一朝一夕的事,也不是一个口号、一套理论可以迅速奏效;不是立于理想的境地,招展一面旗帜,就可以导引人们走出困境。因此,产生于现实困惑之中的种种摆脱困境的思考与作为,也许才最具有现实意义,也才有可能是我们奉献给时代的最有价值的教育理念。换句话说,现实牵拉力量的强大才倍显坚守意义之重大、价值之深远。

但是,怎样才能真正使我们坚守的教育哲学践履于行?怎样才能保障日常的教育行为摆脱牵拉而不至于偏移坚守?依照我的理解与经验,大约有这么三条:第一,追问本质,我们坚守的教育信念究竟是什么?第二,拷问自我,我们内隐的价值取向究竟是什么?第三,设定"代蒙"(Daemon),我们坚守的底线究竟是什么?

先谈第一个问题:追问本质,想清楚我们坚守的教育信念。

认识教育部中学校长培训中心的陈玉琨先生已然岁月悠悠了,面聆謦欬、坐沐春风却在最近一段。每次叨教贤达总有许多感悟,最重要的收获却是一种思想方法——"追问",这是先生给我们最大的财富。陈先生不是一个直接给你思想的哲人,而是一个启发你甚至迫使你不断思想的导师(抑或"导思"),他让你在思想的过程中锤炼思想。怎么思想呢?就是要不断追问,首先追问我们坚守的教育信念到底是什么?

我们知道,教育是促进人发展的社会活动,教育的终极价值与目的就是促进生命生长。这是我们认识的教育本质,也应该是我们坚守的信念。没有这样的信念,我们就不能摆脱牵拉。但是,从基本认知到信念坚守,还有漫长的路途。《论语》里说"我欲仁,斯仁至矣",又说"能近取譬,可谓仁之方已"。孔子的话很有意思,所谓"求仁得仁",要追求"仁"就能得到"仁",但还必须解决一个问题,即路径问题,有求"仁"之"欲"还要有近"仁"之"方"。按孔子的说法,如果能够从身边最切近的事例出发,大概可以找到接近仁的一种途径。我们常说孔子的学说"仰之弥高,钻之弥坚",但掉回头看,忽然会发现"瞻之在前",他讲的道理就在我们身边。我想教育问题也是如此,只要能从身边找到切近的途径,我们大约也可以直抵教育的本质。

如何坚守教育的本质与终极价值?这些年我一直用两句话提醒自己:假如是我的孩子?假如我是孩子?也引导老师们沿着这样的假设去对待学生、思考教育。现在,一些老师把这两句话写在办公室的墙壁上。我想,这两句话肯定不是教育的至理名言,老师们之所以认可,也许只是因为它提供了超越功利、坚守本真的一种教育思路。

是啊,其实教育的本质原本就这样简单、明白!假如是我的孩子,这孩子不是无所指的虚拟,也不是泛化的假定,而是具体实在的对象,就在你的学校里,就在你的班级里,就是活生生这一个;他有优点也有缺点,他让你高兴也让你忧愁,你为他付出了许多也许还没有收获预期的满意。怎么看待

> 孩子不是无所指的虚拟,也不是泛化的假定,而是具体实在的对象,就在你的学校里,就在你的班级里,就是活生生这一个。

他？怎么教育他？你就想：假如他就是我的孩子，那么在他生命成长过程中，我最关注的会是什么？我会牺牲孩子的健康、品德而只关注孩子的学业成绩吗？我会罔顾孩子的心理感受而一次次地公示他未必出色的成绩吗？我会因为他考取了顶级名校就与之合影并悬置于华庭，否则就冷落旁置吗？沿着这样的思路，我们还可以追问许多，追问之下，也许真可以让我们透过教育行为去明确教育的坚守。

还有一条，假如我是孩子，这就要求我们设身处地，换位思考，站立于孩子的处境、角度，去关注教育对象的感受与体验、意愿与需求，而不是用简单的"为了学生"的善良动机与美好愿望去遮蔽和替代学生的想法与诉求。举一个近几天发生的事例，这件事也许不能很好说明我的观点，但至少可以让大家感受关注学生视角的重要。本学期开始时，按照"赋予每一个教育环节以教育的意义与价值"的要求，我们设计了学校体育与健康节的开幕式的方案，颇具创意。先让56个班级各选一个民族，然后在研究性学习课程里进行专题研究、项目设计。从9月1日开始，每个班的学生就自选课题，分组研究。有的研究民族区域、自然条件；有的研究文化习俗，研究民族语言、图腾、服饰、艺术等；还有的专门设计在行进中如何展示民族特征，应该选择何种音乐等。各个班级在10月中旬都完成了研究任务，展示了成果。许多同学说，他一下子了解了十几个原来闻所未闻的少数民族，熟悉了他们的风俗习惯。更让人感到欣喜的是，同学们的文化理解力与民族平等和谐观得到增强。前天，开幕式时，他们打着自己的班旗，且行且舞，创意迭出，最后身着56个民族服装的班级护旗手簇拥着国旗，举行庄严的升旗仪式。说实话，那一刻我发自心底的感动甚至超过了观看奥运会的开幕式！说句题外话，这是一种综合性的、研究性的学习，也是一种体验式的、有意义的学习，学生在此过程中获得的生命成长，包括知识与能力、过程与方法、情感态度价值观的全面发展，这种发展绽放在孩子们的笑脸上，实现在孩子们的整个生命中，完全不是用简单的纸笔测验方式可以估量、可以测评得出的！由此我想，如果我们今天的教育能把记忆、再现的学习时间再压缩30%，那么，学生还给未来的将是100%的创造。好，接回话题再说吧。前几天，看过一些班级演练的老师都说受到了强烈的震撼,建议把开幕式推后两天,让今天光临会议的来自全国各地的数百名校长共同观看,共襄盛典,我欣然应允。但转念又想,如果我是一个孩子,我会怎么看向后移两天的这件事?他们期待了那么久,准备了那么久,会乐于接受延期的决定吗?更重要的是,他们是否会觉得几个月的准备其实都是为了一次校长们的盛会?努力与付出是否都在为了学校与校长的声誉和面子?这样是否使我们很纯粹的教育活动掺杂了一些异样的色彩?最后,我们还是决定开幕式按期召开。我想,如果在教育中的每一个细节都尝试从孩子的角度去观察、思考,也许会更接近教育的本质。

再谈第二个问题:拷问自我,澄清我们内隐的价值取向。

大家都知道,古希腊德尔菲阿波罗神殿上镌刻着两行字:认识你自己,做事不过度。实际上"认识你自己"是人类思想的起点,也是人类的永恒难题。德国哲学家恩斯特·卡西尔在《人论》中专门谈过这个话题,他说"从人类意识的最初萌芽开始,我们就能发现一种内省的生活伴随并补充着那种外向的观察。人类文化越往前发展,这种内省的特征就越加显著"。因此,"认识自我不再被看作一种单纯的理论兴趣。它不再是好奇心的对象或猜想,而被宣称为人的基本职责"。在宗教思想家那里,"认识你自己"这句格言甚至"都被看作一个无上命令,一个终极的道德和宗教法则"。需要说明的是,"认识你自己",在哲学的意义上,是对"人是什么"命题探求的最高目标,实际上并不容易实现。引用上述观点,仅在强调,通过内向自省、自我诘问、外向观察,我们或许可以逐步认识真正的自我,逐步发现真正隐于内心的教育理念。

为什么要探讨内隐的教育理念?存在主义哲学家认为,存在是选择成为自己的可能性。怀特海也说,一个人如果选

> 如果在教育中的每一个细节都尝试从孩子的角度去观察、思考,也许会更接近教育的本质。

择做真正的自己,那他就必须选择袒露真诚。陈玉琨先生对教育家教育理念的形成,也提出了一个基本要求,那就是"言行一致"。这些提法,都值得我们去深入思考。

我想,一个校长要形成自己的教育理念,起码的前提也许就是坦露自我而不是遮蔽真诚;我或许提不出多少更新的见解,但我相信,这种自我省察与解剖的真实和深入,一定会不断澄清我们内隐的价值追求,也一定会昭示应有的研究价值。陈玉琨先生所提的"言行一致",还可以作深一层的分析。言说的主张和内隐的思想,很多时候是一致的,不一定呈现分离的状态。但在一定的时期内,言说的主张常常表明我们的理性追求,是应然状态的,是我们的教育理想所向;而内隐的思想,则是实然状态的,常常从取舍择定、利弊权衡的行为中显现出来。言说的主张多表明一个人的认识水平;内隐的思想,则体现着他真正的教育哲学。对教育行为产生实质影响的,不一定是言说的主张,但必定是内隐的思想。澄清内隐思想的全部意义,就在于把这种思想明晰化、放大化,进而在与言说主张的比对中,发现两者可能存在的差异与矛盾,进而认识真实的思想,走出思想误区,实现言说与内隐的统一,选择坚守、实现坚守。

袒露真诚,认识自我并不是容易的事。丹麦哲学家克尔凯郭尔说人生有三个阶段:在感性阶段,我们还没有多少思考;到伦理阶段,发展着人的理性,要求我们思考过去、现在和未来,思考目的、价值和手段;但我们必须确立更高的原则,超越这一阶段进入信仰阶段,学会在哲学的层面明辨教育的价值次序,用终极价值引领工具价值,用目的价值规定手段价值,实现合目的性与合规律性的统一,达到虔诚、执着、宁静的"彻悟"境界。

前几天听杭州二中叶校长的演讲，颇有共鸣，以为这样牵拉依旧普遍存在。杭州二中有位优秀的学生，遵从他的发展意向学校会失去竞赛摘金的光芒，动员他为校争光又违逆学生意志，叶校长同样面临社会评价的压力，但他感动于学生对生命科学的执着，于是签字同意放弃参赛。我想，那一刻叶校长心头虽有一丝搅扰，但他的教育价值观还是让他选择了学生发展第一的次序，于是走出了纠结，走向了宁静，保持了坚守。反观许多生源优势已经"羡煞人也"的名校，依旧花样百出，孜孜以求，四处"掐尖"，把搜罗英才"尽入吾彀"作为人生大事，把考取几所名校的人数作为至上追求，较之于叶校长的选择，其价值所向、境界高下已不辨自明。

实际上，就我而言，很多时候仍处在牵拉苦斗之中，如朱自清所言，"心里颇不宁静"。举个真实的例子。前几年，有位学生被"感动中国"人物华益慰大夫的事迹深深感动，立志成为悬壶济世的名医。老师们依据他的学业成绩，为他量身设计了先参加生物竞赛获奖取得保送资格，然后进入一流大学医学专业的发展路径，师生艰苦努力，一切终遂人愿。在此推动下，我们学校的生物竞赛成绩也异军突起，不断刷新纪录，先是十几人，后来是二十几人、三十几人夺取省竞赛一等奖，竞赛位次直线飙升，从寂然无闻到名列全省前茅。其他学科的竞赛成绩也大幅提升，强势发展，一时声名鹊起，扬眉吐气。看那情形，若再发起一场冲刺，我们有些学科就可以位居省内第一了！就在信心倍增、欢欣鼓舞的时刻，我们却似乎感到正在被一种异样力量牵拉着，它使我们追求的价值次序悄然发生了微妙的变化。我们不得不冷静下来追问：搞竞赛的全部目的真那么纯粹，都是为了促进学生的终身发展吗？我们内隐的价值取向，究竟是以学生为本还是以学校为本？我们更

> 我们内隐的价值取向，究竟是以学生为本还是以学校为本？我们更看重的是在用竞赛去成全学生的发展，还是用学生的成绩来成就学校的声名？

看重的是在用竞赛去成全学生的发展,还是用学生的成绩来成就学校的声名?追问之下,我们有了行为抉择的理性:竞赛要刹车减速,真正回归到为学生发展服务的轨道上。换句话说,如果孩子真有兴趣、真有需求,就为之提供课程服务,而不能为了学校的名次动员学生全力追求。这样一来,学校的名次可能落后了,但我们离真正意义的教育肯定更近了。有时,坚守实在不是太容易的事情,需要几分大气和淡定,但关键的一点,还是要澄清我们的价值取向。

第三个问题,设定"代蒙",明确我们坚守的良知底线。

也许大家都看过雅克·路易·大卫的名画《苏格拉底之死》,画面上的苏格拉底一手指天,一手接过了毒药,从容赴死。苏格拉底获刑的罪名之一是不敬神灵,这实在是天大的冤诬!苏格拉底常说,从年轻的时候开始,当他要去做一件不该做的事情时,内心里就会出现一个声音,对他说"不"。这个总能向他示警的声音就是"代蒙","代蒙"即 Daemon,是古希腊神话中半神半人的精灵。苏格拉底栩栩如生的描绘,使人误以为他背弃对"雅典之神"的信仰,触犯了天条。其实,向苏格拉底示警"代蒙"的绝不是天国的神灵,而是他内心的良知,是良知的召唤!当他的行为违背了神圣的信仰、高贵的道德与一贯的追求时,内心的良知就会示警:不,不能这样做!好一个感人的坚守故事啊!我想,要坚守我们的教育理想,每个教育人的心里都应该有我们的"代蒙",都应该有良知的底线,而且良知要常常在心底向我们发出声音:不,不能这样做!

大家知道,爱是教育的起点,是教师的职业伦理。为了弘扬我们学校"大爱大智"的教风,对学生"大爱无疆",我们就设定了底线:第一,不势利,不能因学生家庭背景的不同而对他们区别对待。我常跟老师说,如果教师的眼里有金钱和权势,那么是否意味着自己的孩子该受白眼呢?第二,不功利,不能因孩子成绩的高下而对他们冷暖有别。搞了几十年教育,应该明白人的发展并不单靠成绩一项,不能用一时的分数来估量他们无限广阔的发展前景。那些成绩虽差却未受歧视的孩子往往终生对教师心存感念。第三,要大度,不能容不下千差万别的个性,要用教育的宽广胸襟为活泼泼的个性生命成长创设自由的空间。第四,要宽容,不要动辄将孩子的缺点错误上升到道德层面训责惩戒,没有问题也许就不是孩子。这就是我们所设定的底线。

印度哲学家阿洛宾多在《神圣人生引论》里说,只要人类在离自己远端的知识还没有得到解放时,征服自身消极的习性就不能停止。正是从这个意义上说,我才认为应该设定"代蒙",让良知时时召唤我们去征服消极的习性,坚守教育的底线。我讲一个故事,这也是我校经典的教育案例。2008年,"5·12"汶川大地震发生后,有师生发起在5月15日举行烛光祭奠仪式,表达哀思。当时上级还没有要求,又是高考在即,是否让高三学生在紧张的备考中暂时停下来,将目光从课本与习题上移开,投向民族的灾难,用上两小时去参加悼念活动?意见并不一致。讨论中,我说,参加一场祭奠活动,对学生人格的健全,意义不在高考之下;如果不让高三学生参加,那就是用一个具体鲜活的事实告诉孩子,在任何天灾人祸、国难当头面前,个人的功利需求永远高于一切!这种做法实际上就是误导价值观的反教育行为,这不仅是对孩子们的犯罪,也是对人类的犯罪!我想,如果教育还不能够做到把孩子教好向善的话,应坚守的底线起码是不能把孩子教坏向恶。2008年5月15日晚,全校师生聚集在操场上,烛光拼成的"爱心"和"5·12"在晚风中摇曳。我有感而发,演讲中引导学生思考生命意识、悲悯情怀和坚强品格对每个人生命成长的价值。让我尤为感动的是,毕业典礼上学生发言说到最感念母校的细节,竟是这场悼念活动。因为他们从这场活动中,真切感受到了学校的教育追求。山东省教育厅的张志勇副厅长在一个庄严的场合发表获奖感言时,也讲述了我校的这个故事,并深有感慨地评价,还有什么比让我们的学子去经历这场民族灾难的心灵洗礼更为重要?

似乎还有一点,也攸关坚守。四年前,参加教育部全国课程改革样本校校长研修班,有校长引用一句歌词"要说爱你不容易",表明对推进课程改革、实施素质教育的态度,引发了不少共鸣。稍加分析可以看到,"爱你"是基本的情感取向、价值判断,表明了我们理性的教育主张、我们的坚守。问题是"爱你不容易"!"不容易"是现实状况,是客观事实。当满怀教育理想走入现实的时候,似乎处处感受着无力回天的无奈,爱意交织着无奈便有了这一声感慨。值得警觉的是,也许就在这一声声浩叹中,我们的坚守开始松动,以至于溃决。看来,还必须拿出智慧,将爱意表达在我们的教育实践当中,将坚守进行到底。

综上所述,我认为,坚守体现着教育理想的虔诚、教育追求的执着,要求我们有清晰的认识,不模糊;有坚定的意志,不摇摆;有智慧的选择,不走样。因此,"百年坚守",就是要以百年的眼量,不断追问教育的本质与终极价值,并将"成全人"确立为坚定不移的教育追求、教育信条,确立为坚守的方向;同时,面对现实,不断省察自我的价值取向与办学行为,尽力摆脱功利的牵拉。拿出我们的智慧与定力,让教育离人近些,再近些!离功利远些,再远些!

> 坚守体现着教育理想的虔诚、教育追求的执着,要求我们有清晰的认识,不模糊;有坚定的意志,不摇摆;有智慧的选择,不走样。

把"人的成全"作为教育的至上追求

对于我来说,"百年"还有另一层文化意涵。让我倍感幸福的是,我供职的江苏省锡山高级中学,从清末肇造已有百载春秋。大约是从 20 世纪 90 年代后期开始,因为工作的需要,我开始接触省锡中数百万字的历史资料、数千幅的蜡黄照片。青灯夜读,又在老校舍那样的文化氛围之中,真是难得的精神享受。

在历史的阅读、对话、悟思中,我最真切的感受是,作为百年历史学校的校长,恐怕要对历史心存敬畏,尤其对 20 世纪二三十年代那段大师辈出的教育史要心存景仰;要安静下来,打开尘封的档案,捧起泛黄的卷帙,努力去成为学校历史的忠实读者,在阅读中去触摸历史,感悟历史,慢慢地接近历史的高度。那种总想横空出世、不屑前人的虚妄,只能将自己降到历史的谷底。陈玉琨先生曾有一个绝妙的比喻,说是借用计算机语言,"忽视传统"就是一个"归零"的过程,同时也就是"零起点"的过程。我想,一个校长对本校教育历史的阅读史,就是他的教育精神成长史,办学思想凝炼史;读悟百年,当你对缅邈的历史了然于心时,办学思想自然呼之欲出。

为何这样说呢?一所学校有了百年的历史,悠长的时光如漫溢的流水会为其沉淀堆叠出厚重的文化层。将这样的文化层慢慢地揭开,尽管历史的影像漫漶模糊,还是依稀可辨教育的旧迹,隐约可闻教育的故事。远逝的一切作为,历经岁月

> 远逝的一切作为,历经岁月的淘涤,拂去喧嚣,留下的则是最素朴的真理,是让人静心明目办教育的常识。而常识的伟力,在于其背后有着任何力量无法撼动的强大后援——人的发展规律。

的淘涤,拂去喧嚣,留下的则是最素朴的真理,是让人静心明目办教育的常识。而常识的伟力,在于其背后有着任何力量无法撼动的强大后援——人的发展规律。因此,校史的阅读不是要校长去了解熟悉史料、研核史实,而是要提升史识、锤炼思想。这样说来,百年历史是丰厚的财富,也是极好的教育研究视角。透过百年去阅读教育,应该更容易穿透教育的本质,应该更容易明确什么是百年的坚守。

历史其实就是主观和客观的统一。或许人们以为,历史只是往事的叙说,只指向过去。的确,当蜡黄的历史静静沉睡于尘封的角落时,它只能记忆往昔的岁月,只会承载昨日的云烟,但是,当今天的我们走入历史,"伫中区以玄览,颐情志于典坟",并以我们的视角去对话历史、择取历史、解读历史时,教育历史的内涵就被我们的主观投射所激活,历史的叙说因而具有了今天的语境。从这个意义上说,历史的叙说也就是今天的叙说,也是我们表述当下教育思考的一种话语方式。正因为如此,西方的历史学家才强调,"历史就是现代史"。

这些年,我一直在做这样的事情,首先是对话历史、悟思历史,然后慢慢地锤炼隐含于纷繁史料中的教育理念,进而把它确立为我们今天的办学思想,并努力用这样的思想照亮每一个教育细节。因此,这样的思想用什么样的名称来称说并不重要,重要的是它必须成为我们省锡中人今天坚守的教育信念和价值取向,成为我们学校发展的精神财富和实践智慧,并在引领与辐射中充分彰显其价值与力量。

前面已经谈过,"百年坚守"的教育主张,就是要坚守教育的本质方向与终极价值,尽力摆脱功利的牵拉,拿出智慧与定力,让教育离人近些,再近些!离功利远些,再远些!具体而言,还必须回答,我们有什么样的教育哲学观?什么样的课程观？什么样的评价观？什么样的学校精神观？如果说前者回答的是培育什么人的问题，那么，后三者回答的则是怎样培育人的问题。放在今天的语境下，也就是回答坚守什么和怎样坚守的问题。

何为教育？教育应有怎样的追求？应该培养怎样的人？这是任何一个教育人都不可回避的基本问题。对这些问题的回答，体现着一所学校的教育哲学，表明了最基本的教育主张与观点，也直接决定着一所学校的教育走向。

在我校历史上的匡村中学时期，学校的创办者匡仲谋校主就立下"养成健全人格、发扬个人才能"的训育主旨，明确了教育的目标所向——"人的成全"。其后，据《匡氏文存》刊载，他又进一步明确，"升入高中时，则以自由研究，发展个性，培育实用人才为主旨"；所谓"主旨"，就是顶层设计、上位思想，是从哲学层面对学校教育目的与终极价值追求的回答，概括起来就是八个字——"健全人格，发展个性"。在匡村中学时代还以主旨统摄，以原则、标准、方法列目，建构出了富有个性的指向于"人的成全"的教育哲学体系。

对话历史，让我尤为感佩的是匡村学校颁订的"十大训育标准"："锻炼健康强壮之体魄，陶冶言行一致之美德，涵养至公廉洁之节操，激发舍身为国之精神，鼓励服从团体之主张，训练谦恭温和之体貌，养成灵敏精密之头脑，练习增加生产之技能，培养节俭耐苦之习惯，增进活泼愉快之态度。""训育标准"从身心与道德、操守与价值、精神与气质、思维方式与实践能力、生活习惯与人生态度等方面细化了学校的人才规格与培养目标，使"健全人格，发展个性"的主旨呈现出更为明晰的展开式，也使匡村中学教育对"人"的刻画更为立体而丰满。套用今天的话语方式来描述，就是"成全"和谐而全面发展的人。

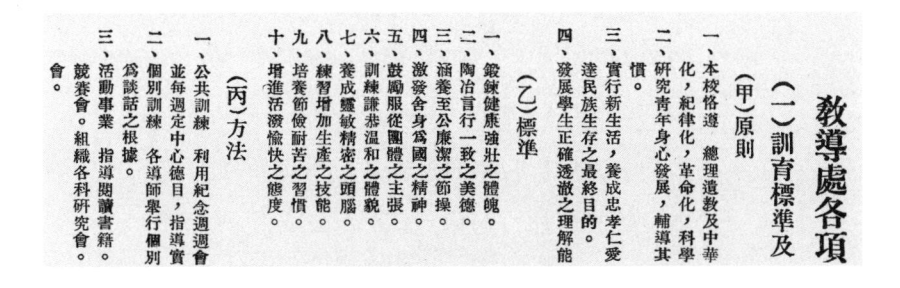

"十大训育标准"是我无数次悟读的教育经典,过了一段时间我就会与老师们分享一下我的新体会、新感受,今天也是如此。曾有老师开玩笑,说"十大训育标准"好是好,就是不容易记住。我想,记不住的关键是还没有悟明白,不只是没有理清训育标准的内部逻辑关系,更重要的是,还没有真正把"培养什么样的人"这个问题想清楚。想清楚了,也就能说准确了。"十大训育标准"的第一条是"锻炼健康强壮之体魄",强调教育应该以"身心为先"。第二到第六条是对人的品行要求,十条里占了五条,50%的比例是道德要求,涉及"诚""公""义""群""礼"等基本德目,强调人的发展必须以"品行为本"。第七、第八两条讲的是能力,一是思维能力,一是实践能力,也就是今天所讲的学会思考、学会动手,以"能力为重"。第九条讲养成两种习惯,节俭的习惯,耐苦的习惯,这也是我们大家认同的"习惯为基"。最后一条说人应以怎样生命状态来成长,强调生命幸福。不用审美的方式便不能培养出具有审美情趣的人,一个发展过程不愉悦的孩子,结果必然是不幸福的。因此,活泼愉悦的态度在生命成长过程中既是目的又是手段。有一次我给学生讲"十大训育标准",也说了难以记住的事,孩子们说,我们搞一个学生版本:身体棒棒的,品德好好的,能力强强的,脸色阳光的。似乎少了"习惯"一条,但也算是得其大端了。真能做到这一点,哪怕这样的儿歌能成为孩子的追求,我们的教育坚守也就真正走入学生心灵了。按照"十大训育标准"的内在逻辑顺序来概括,匡村中学教育目标应该坚持"身心为先、品行为本、能力为重、习惯为基、愉悦发展",目标所向的教育旨在成全"体魄强健、品行高尚、智慧创造、持俭耐苦、阳光乐观"的新人。

> 不用审美的方式便不能培养出具有审美情趣的人,一个发展过程不愉悦的孩子,结果必然是不幸福的。

比照教育部颁布的《普通高中课程方案(实验)》(以下简称《课程方案》)可以发现,匡村中学的教育目标与《课程方案》提出的培养目标整体相合。比如,都强调"形成正确的世界观、人生观、价值观",都强调"国家意识""社会公德""传统美德"与"社会责任感",都强调"学习能力"与"实践能力";有的表述方式也近乎相同,例如《课程方案》提出,培养的学生应"具有强健的体魄、顽强的意志,形成积极健康的生活方式和审美情趣""具有团队精神"等。这实在不是一种巧合!历经百年,而教育目标大体吻合,更让我们确信:作为"成全人"的教育具有着跨越时代的永恒追求,这些追求应该成为我们百年的教育坚守!

许多时候,面对"十大训育标准"独坐殚思,开始了与匡校主的遥远对话,也开始了我对教育的深远追问。想望之中,凝视着校主睿智的双眸,将追问一个个抛出,最后总能有所感悟,而这一个个感悟又一次次澄清了我的教育迷思,给我以坚守的信念。

比如,我们的学校教育哲学为何要坚守"身心为先"?

我知道,校主所处的时代积弱积贫,"东亚病夫"的帽子挥之不去,而立志以教育救国的校主,自会将身心的强健摆在教育的第一要务。在匡村中学保存的数千张照片中,我找到了健儿合影所举锦旗上绣着的八个字,"积健为雄""强国先声",算是找到了校主教育主张的本意。其实,在那个时代,以"体育"来"鼓民力",通过"血气体力之强"来"强国"是较为普遍的主张。当年南开中学的校长张伯苓也认为,强国必先强种,强种必先强身。

但是,我的追问正因此而起。在现今的时代背景下,我们的教育难道就不需要以"身心为先"了吗?实际上,如果仅从重要性的角度来讨论应以"德育为首"还是以"体育为先",

> 生命的宝贵,在于每人只有一次,从珍爱生命的角度观照体育,体育应该致力养成良好的健身习惯,以使人能够终身承担起爱护、照料生命的责任。

可能会陷于无谓的纷争。若换个角度,从教育担负的使命上考量,从人的生命发展上判断,似乎就可以直抵问题的本质:在人的生命成长中,身心的发育应是排在第一序列的;人要成为人,首先需要生命的茁壮,并不断呵护生命的成长。哲学家周国平在一次演讲中指出,与生命相应的教育应是体育,可惜语焉不详。生命的宝贵,在于每人只有一次,从珍爱生命的角度观照体育,体育应该致力养成良好的健身习惯,以使人能够终身承担起爱护、照料生命的责任。

有了这样追问之下的澄清,就有了从教育"成全人"这一本质上对体育的坚守:学校体育是为了成全生命的茁壮,应置于教育的首位。其基本指向不是为了挑战"更高、更强、更快"的生命极限,也不是为了锦标桂冠的荣耀,而是为了增强体育意识与健身能力,养成健康的生活方式和良好的健身习惯,从而承担起终身照料自我生命的责任。学校一切教育活动的开展,都不能以妨害人的生命健康为代价。

因此,高中体育课程的名称和主要教育内容就应该是"体育和健康",而不只是体育;我校教学采用的主要组织形式是基于健身兴趣自主选择的专项选修,而不是技能模块的必修;活跃于校园的运动组织是"体育俱乐部",而不再是"体训队";选修专项的孩子们出去比赛拿了名次让人高兴,但我更高兴的是孩子们喜欢玩儿也更会玩儿,更倍感欣喜的是,省级教育主管部门每年从高校新生中抽测的体能状况显示,我校毕业的学生总能位居前茅。

我的追问沿着"十大训育标准"的内在逻辑一层层展开,一层层深入。

我在追问,学校教育为何要坚守"品行为本"？道德对于人格健全、人生优秀与人的幸福究竟有怎样的价值？我们的德育怎样才能引领人走向精神高贵,而不是滑向心灵卑俗？精神高贵的起点在哪里？

我在追问,为什么要强调"能力为重"？我们的教学是否真正发展人的智慧？在今天的教育环境中,又应通过怎样的课程载体来提升那些未必显现于纸笔考试却又不可或缺的能力？

我在追问,教育民主对"人的成全"有怎样的价值？生命的成长又怎样实现"愉悦发展"？情感的丰盈对"人的成全"又具有怎样的意义？

我们知道"成全人"说到底是为了"健全人格,发展个性",为了人的健全与优秀,是为了人生命的茁壮、精神的高贵、智慧的卓越、情感的丰盈。"体魄强健、品行高尚、智慧创造、持俭耐苦、阳光乐观",学校百年教育哲学之中的每一条,我都在不断追问中澄清认识,也都在认识深化的基础上确立为坚守的信条。限于时间,这里就不逐一展开。事实上,有教育哲学个性的学校才能成全出有个性的师生。现在我们不仅已把"十大训育标准"镌刻于墙,也不仅要求我们广大师生铭记于心,更重要的是要切切实实地将我们坚守的教育哲学践履于行,落实在日常的教育行为中。

让课程载体指向"人的成全"

课程是实现学校教育哲学的基本载体,没有与教育哲学相应的课程,所有的教育主张都只是一种宣示,而无法成为教育的坚守。同时,课程开发的水平是衡量一所学校教育水平的重要标志,也是学校教育质量的根本保障。匡村中学时代的课程水平让我震撼、艳羡不已,理科选用了国际一流水准的原版教材,教学过程实现了浸没式英语教学,水平达到了与国际接轨的地步。有什么样的课程就有什么样的人才,校友是学校教育的名片,也是判断一所学校教育影响力的重要依据,我校的那些院士、名家,大多从匡村中学时代走出,其显赫的成就不能不归因于那个时代课程的滋养!

探究匡村时代的课程,最主要的方向应是探索归纳课程的设计思想。有什么样的课程是重要的,但更重要的是怎样设计与规划学校的课程。由此获得的智慧、经验与技术,可以指向课程领导力与课程开发水平的提升,也可以指向实现教育哲学途径的探寻,更可能使"成全人"的教育坚守变为现实。

对话、悟思匡村中学时代的课程建设,感触最深的是所有的课程都呈辐辏格局,向心于学校的教育哲学。那种指向的清晰,一下子让"成全人"的教育坚守变得坚定不移。这是教育理性的显现,也是教育理念成熟的标志!

仍旧以"十大训育标准"为例,第一条就是"锻炼健康强壮之体魄"。在匡村中学数千张蜡黄的老照片当中,超过三分之一的是体育方面的照片,交替地翻看这些照片,丰富的体育课程的影像会栩栩如生,可感可触:田径类的,各式球类的,而20世纪30年代便有女足;各类体操,学生在操场上叠起的罗汉也有五层之高;学校的管理架构之中专设"体育科";课程评价也极为科学,"体育成绩考察规程"明确。"考察方法计分下列四种:一、各项运动出席数;二、体育正课教员评判分数;三、标准运动测验分数;四、体格检查评判分数。""体育正课教员评判给分,以学生平日出席运动时之精神姿势、纪律兴味等为标准",且严格规定"不足六十分者为丁等","一学年中两学期体育成绩均在丁等者不得升级或毕业"。老校友所捐赠的校史文物"体育成绩报告单"显示,评价的确按"技能运动""出席勤惰""体育精神(又分为精神、纪律、态度、行为四小项)""体育常识""卫生习惯"五项赋分。这是八九十年前的教育啊!这才是真正的"成全人"的体育!其基本的课程目标维度,不就是我们在今天新课程改革的时候大力倡导的"知识与能力""方法与过程""情感、态度、价值观"吗?难怪国内的一位著名的课程专家,在这张"报告单"前伫立良久,感慨良久!他说,当下我们的学校不知有几所能给出这样一份体育成绩报告单,并且对体育成绩的评价做出如何合理的安排。我想,给一个分数是容易的,但这不算是教师的本事,也不显现教师的专业,教师的专业性在于能使这个分数有科学的依据和教育的解释,而校长的能力在于能够设计出赋予这种分数的教育框架。这样看来,我们需要师法先贤的实在太多了!

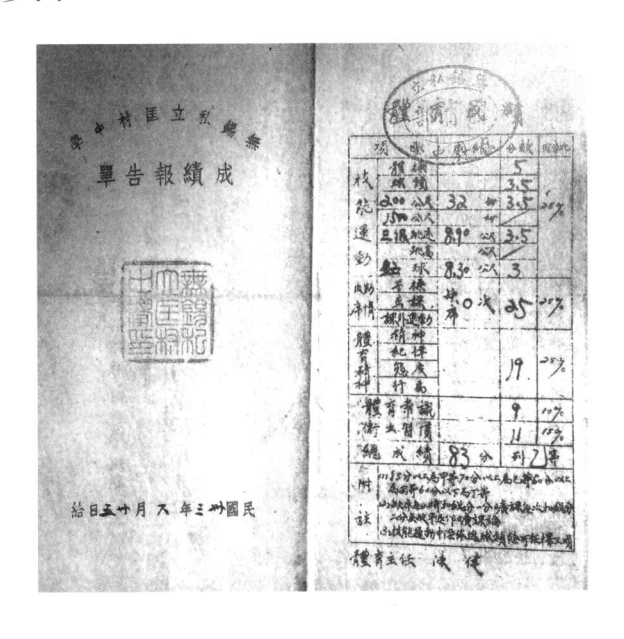

现在有一个非常流行的研究方法是口述历史的研究,百年校庆时,我专门访问了一批那个年代毕业的校友,想要探究当年的教育理念究竟是挂在墙上的,存于纸里的,还是体现于学子身上的。在回答"当年的课程中您印象最深的是哪一门"时,那些白发飘逸而精神矍铄的耄耋长者,竟然异口同声地回答:体育课。这一位百岁老人,是我国现代工业酿酒之父,你看他须发皆白,齿牙完坚,说起话来却声如洪钟,他的回答是"篮球"课程。另一位白发飘逸的长者,至今仍活跃于国际医学界,她印象最深的课是晃板。她说是在晃动的物体上快速地行走以练习平衡力,现在她在火车上行走仍然如履平地。这就是教育,这就是教育的痕迹!在当年的课程消费者口述历史的直接印证中,我们不能不感佩于匡村中学课程的深远价值,也禁不住要再次向开发这些课程的前贤表达深深的敬意!

不仅体育课程如此,其他课程也是依照政府颁行的课程标准,依据自身教育哲学与学校实际实施"课程剪裁",使普适性的课程尽可能地适切本校的教育需求。为落实"高中以自由研究,发展个性为主"的教育主旨,学校专设"研究科"课程,以工商研究、农桑研究、社情研究三大类别来落实教育目标,当年学子撰写的研究报告至今依旧留存在学校历史文档之中。实在难耐历数家珍的冲动,时间所囿,暂且打住。

但这一份弥足珍贵的课程史料,却无论如何要全文展示。这是一份"匡校各科教材选用标准",曾让我无数次感动得泪流满面以至欷歔不已,它触发了我对教育本质的深层思考,也引发了我对教育现实的批判拷问。

我知道,之所以引发强烈的情感共鸣,是因为内心深处的教育良知在目遇这些文字的瞬间被深深地刺痛了!我常想,

> **（四）各科教材**
>
> 本校各科教材，其來源分兩種：一係採用課本，一係教師自編。國語、算術、常識等科，均採用教育局規定本協進團區所用之課本，並酌編補充材料；其他各科之教材，則多由教者自行編選。其選材標準如左：
>
> （1）適合兒童生活環境的。
> （2）適合兒童生活需要的。
> （3）適合兒童經驗的。
> （4）適合兒童學習心理的。
> （5）能增加兒童學習興趣的。
> （6）能陶冶兒童良善德性的。
> （7）能引導兒童身體力行的。
> （8）能啟發兒童科學思想的。
> （9）能培養兒童愛國觀念的。
> （10）能激勵兒童民族精神的。
> （11）多反復練習機會的。
> （12）與各科有聯絡性的。

让今天的教育人去选择教材，我们的目光可能一下子掠过前10条标准，心下真正关注的可能只是"多反复练习机会"。当今天的教育只剩下孤零零"反复练习"的时候，前面的10条都被忽视或抹杀了！我的眼前常幻化出一幅痛心的画面，前面的10条被一个粗大红笔逐一叉掉了、删除了，而被删掉的每一条中都写着"儿童"，都写着蒙台梭利和杜威所强调的儿童的"人格价值"及"儿童期生活的内在品质"，红色的笔迹直如漫溇的血色简直让人艰于呼吸！我多次将这份史料展示给我校的老师，我说："让我们闭上眼睛，从第11条往前想，多想到一条，你的眼里就多了一个'人'；能想全10条，你的教育视野里就写满了'人'，而真正的教育就从此发生了！"

细细品读、悟思"匡校各科教材选材标准"，发现12条标准之中，前4条的表述以"适合"领起，侧重强调课程教材对"儿童"生命成长的适切性；接下来第5至第10条的表述以"能"开头，侧重强调课程教材对"儿童"成长的引领性；最后两条才是

> 让我们闭上眼睛，从第11条往前想，多想到一条，你的眼里就多了一个"人"；能想全10条，你的教育视野里就写满了"人"，而真正的教育就从此发生了！

知识性的要求。这样的逻辑顺序,显然经过精心地推敲,使课程的每一处细部,都被教育哲学照亮!这对我们课程思想的启迪,绝不限于一种精致的细密,而是醍醐灌顶后的顿悟。

学校课程设计的基本取向,应该是为每个孩子的充分发展提供优质的多样的教育服务。其基本原则应是:

适切生长。按照一般的说法,课程是提供给学生的学习机会。卢梭提出,教育即生长,生长就是目的,在生长之外别无目的。我们可以说,课程就是提供给学生的生长机会,而适切性应该成为课程设计的重要追求。

多样选择。适切于"人的成全"的课程,应该坚守"以人为本"的理念,充分尊重人生命发展的差异性。没有课程的多样化,就没有个性的丰富性;没有可供选择的课程,就没有个性生长的空间;统一的、齐整的课程,势必损害人的生命尊严。我们应尽全力,让走班选课成为"成全人"的基本课程形式。

辐辏格局。现代课程之父泰勒提出的课程原理,强调课程应该关注"达到怎样的教育目标""怎样实现这些目标"以及"怎样确定这些目标正在实现"等基本问题,其核心就是要让课程规划、实施、评价的每个环节都指向于学校教育哲学的追求。

匡村中学的课程开发水准真正称得上国内领先、国际一流,也真正无愧历史名校的称号,也为我们今天的课程建设树起了历史的标高。从 20 世纪 90 年代中期开始,长达 15 年的时间内,我们在借鉴历史和国际经验中,逐步探索校本课程中国化建设的路径,并逐步完善了校本课程开发的基本流程、操作规范与管理举措,这些经验也在全国产生了一定影响。

15 年的实践与悟思,我颇多感触。实际上,课程的门类与数量并不必然地体现课程建设的质量与水平,如果对丰富性的追求缺少了课程目标的统摄,数量众多的"课程超市"很

> 在学校课程的开发中,最应关注的是努力让所有课程都被教育哲学照亮。而开发流程的程序性规范,又是保障丰富的课程门类都指向于学校教育追求从而形成辐辏形态课程体系的基本技术手段。

可能只会是一地鸡毛的课程"杂货摊"。历史的经验告诉我们，课程是实现教育追求的重要载体，在学校课程的开发中，最应关注的是努力让所有课程都被教育哲学照亮。因此，精心设计与科学规划应该是课程建设的关键所在，而开发流程的程序性规范，又是保障丰富的课程门类都指向于学校教育追求从而形成辐辏形态课程体系的基本技术手段。从这个意义上说，掌握了规划校本课程的技术路径，就可能保障教育追求的实现。我们的做法是：

第一，明晰学校教育哲学，确立规划校本课程的指导理念。我们从"十大训育标准"中抽取历经百年磨砺而始终不变的教育追求，又吸纳时代精神，反复推敲，最大限度谋求校内、校外不同群体的共识，最终确定了当下学校的教育哲学：体貌谦恭，学养厚重，襟怀旷达，志趣高远。

第二，评估学生课程需求，把握规划校本课程的前提依据。为构建新的校本课程框架，我们系统地对学生的课程需求进行调查。结果，学生最关注的领域是：创新能力，63.1%；特长爱好，59.5%；学会交往，59.0%；生活技能，57.3%；耐挫心理素质，40.2%；团队领导，37.9%。我们在构建新的校本课程框架时做出相应的回应。

这里，还想坦承我的教训，评估学生需求要切切防止"过分自信"。15年中，两度系统评估学生的课程需求之前，我和专家都曾作过预测，结果都相去甚远。在我校临近百年校庆时，我想开发一门让学生走进校史校本课程，结果这门课排在了学生需求的最后一位；在一处游人如织的地方，我也询问过学生对他们学校水乡特色文化课程的态度，不料生长于斯的学生并非游客，对小桥流水没有多大的兴趣。这些现象进一步提醒我们，规划时绝不可以省略评估学生需求的环节，拍脑

> 课程开发，把什么都忘了，但绝不能忘了学生！

袋想出的特色课程,并以行政方式强力推进,不但漠视学生需求,而且会把校本课程引入形象工程的泥潭。课程开发,把什么都忘了,但绝不能忘了学生!

第三,把握地方课程期待,关注规划校本课程的现实背景。校本课程对地方社会经济文化发展的回应,是从社会发展对人的素质要求角度来体现的,不是东北的学校就开二人转,南国的学校就吹紫竹调那么简单。我校所在的无锡市,2009年的人均GDP超过1万美元,大约是全国平均水平的3倍,社会、经济发展的总体水平接近中等发达国家水平,一大批较高收入的中产阶级基本形成,人们的教育观念悄然转变。历经艰苦创业殷实富足的家长们,更多地关注学生的素质教养、志趣品位、视野能力。在这样的经济、文化背景下,我们的校本课程设置就应该尽量满足当地社会的殷殷期待,把他们的需求作为校本课程规划基础的重要参照。

第四,立足客观条件,不断优化校本课程的支持系统。我校虽处发达地区,但不具备都市之内左近高校的资源优势,需要不断开发、整合资源,不断丰富课程形态。我校许多精品校本课程的开发都是基于影视、媒体资源,尤其是网络资源。我们还走出去争取,与中国人民大学国学院合作共建"江南国学教育实验基地",探索国学教育进入高中选修课程的途径,人大领导全力支持,国学大师倾力扶植,众多学者多次莅校研讨课程,研发教材,开坛讲课。为了给学生看世界打开一扇扇门窗,我们请来了耶鲁、哈佛、剑桥、新南威尔士等世界一流名校的教授走入学校,开发大学先修课程,并与校外机构联手开发"国际一流高校人才标准与培养模式"课程,使我校学生的生涯规划从此具有了国际视野。

在此基础上,我们完成了新的校本课程规划方案,明确了新的课程目标(学会交往,提升团队领导素养;体验探究,增强创新精神;尝试选择,开展生涯规划;热爱生活,发展健康的闲暇爱好;认同自我,具有坚毅的心理品质),建构了包括限选类(创业设计、团队领导、合唱、演说、形体、国学基础等6门课程,限选3个学分)、任选类(心理教育、生活技能、特长爱好、科技前沿、社会纵横、大学先修课程等6类课程,任选至少3个学分)的新课程框架,并据此制订《省锡中校本课程开发指南》。

通过课程载体实现"成全人"的教育追求,在当前普通高中实施的三级架构课程体系内,我们的选择是"国家课程"与"校本课程"整体建设、功能互补,最大限度实现教育目标。对国家课程,以"忠诚"为基本取向,致力于提高课程有效实施的水平。这些年来,我主持开展的"基于课程标准的教学目标分解研究""促进学习的课堂评价研究""研究性学习课程常态化实施研究"等项目,都围绕这一指向展开,力求把体现着国家意志的对"人"的发展的目标要求,忠实而有效地体现于我们的课程之中。这些研究也引起了学界与同行的广泛关注,教育部《基础教育课程》杂志自2009年3月起连续跟踪介绍研究进展,研究性学习的成果也获得江苏省基础教育教学成果特等奖、教育部优秀课程资源最高奖。对校本课程,则以"创生"为基本取向,努力发挥其转变学习方式、发展学生个性等方面的独特课程功能。这方面的研究成果也获得教育部首届基础教育课程改革与教学研究成果一等奖、二等奖。

15年来校本课程的开发实践中,一方面回望历史,在与匡村中学的对话中汲取课程智慧;一方面了解世界,在借鉴国际课程经验中探索中国化的校本课程开发路径。最大的收获,是能够从教育追求的层面把握课程的价值、组织课程的开发,课程意识不断增强,课程领导力得以提升,对教育本质的认识也进一步深化。

追求人的生命成长的校本课程,必须尊重学生开发课程的主体地位。校本课程从理念到实施,强调的是从课程集权走向权力分享,学生只有深度参与课程建设才能真正享有课程民主。实践中,我们致力于探索一种让学生参与其中的课程开发机制,从而使学生真正从课程的消费者变成了课程的开发者。原来,我们仅仅尊重了学生的课程选择权,还是让他们从学校给定的"课程菜单"中"点菜";今天,我们更多地尝试转向让学生配料"做菜",尊重学生的参与权。例如,以前我们也对学生的课程需求进行评估,但这种需求仅是作为建构校本课程框架的基础,只能体现于课程大类。前些年,我发现一位青年老师尝试将《课程纲要》交由学生讨论,学生提出了许多合理的建议。于是学校修订制度,不但要让学生参与课程框架建设,还应该深度参与到校本课程开发的各个环节中,对课程的内容、教学方法、课程学习评价等提出自己的主张,由师生共同完成《课程纲要》的拟订。新一轮开发的"团队领导"课程,分为三大板块,其中第9课时"社团领导实践"板块内容,从社团的组织形态到社团活动的具体内容,从目标设定到方案论证、组织实施,包括课程成果展示与经验交流,全部由学生自主完成,学生在自主组织与协调中实现了对领导力、责任心的培养。"红盾维权"就是"团队领导"课程里的"明星"社团,学生们主动与工商行政管理部门合作,开展"红盾行·维权进校园"活动,此举成为中国消费者协会树立的典型。

追求人的生命成长的课程,必须突出从亲历中获得经验的学习方式。有研究指出,人的知识可以分为事实性知识、经验性知识和程序性知识。事实性知识更多的是静态知识,相对而言它的掌握用接受式学习效率比较高,但事实性知识既不是知识的全部,也未必是最重要的知识,更无法直接提升能力与智慧。经验性知识与能力、感悟直接相关,可能难以言传,却可以实际地转化为人的智慧,经验性知识的获得更多依靠亲历、实践、体验。相对而言,校本课程比较容易实现学习方式的根本转变。应有别于学术类课程的教学方式,大力倡导体验式、实践式、探究式等多种学习方式,强调让学生在亲历中充分感受学习的价值与快乐,真切领悟探究、合作的方法,实现生命的愉悦发展。问卷调查、市场分析、商业法规研究,这是"创业设计课程"的一个板块,通过体验,学生感受到了创业的艰辛和幸福,锻炼了创业品质,学生深度参与开发所形成的《课程纲要》还被选入《校本课程开发:高中案例》一书。在"合唱"课中,学生用人体最美的乐器——"歌喉"来感受美、体验美、表现美。真情体验之中,有72.4%的学生认为放声体验"提高了自己的演唱水平",有63.9%的学生认为"增加了自己的合作意识",有37.4%的学生认为"增强了自己的审美能力"。"演说俱乐部"则在固定的时间给学生提供表现的舞台,敢不敢上台表现,考验着演说者的自信;能否赢得掌声,则评判着演说者的水准;表现者的神态、语气、肢体语言、演说的内容都因"表现"的不同获得相应的评价。

追求人的生命成长的课程,必须实现课程管理朝向服务成长的转变。让学生自主选择课程,是管理朝向的一种转变,更是教育文化的转型。选择,就使得教育与课程俯下身来为学生的发展服务;选择而非适从,学生实际掌控了对自己负责的权利;说到底,选择是教育民主的体现。大的管理原则如此,即使在一些细小的环节上,我们也强调服务成长。生活技能类校本课程"美食每刻",深受学生追捧,但每节课原材料的购置成了难题,我们就让学校食堂仓库提供"课程材料超市"服务。

追求人的生命成长的课程,必须以课程评价方式的改进来激励成长。校本课程强调以体验、实践、活动等方式来学习,学生的课程成就难以用纸笔测验,我们积极探索表现性评价方式,设计多样的评价方案,在展示学生校本课程学业成就的同时激励学生的后续学习。例如,"陶艺"课程,以作品展示为主要评价方式,学校专门为学生设立了一个小型的陶艺作品展览馆,展示学生作品,教师则设计陶艺作品的评分规则来帮助学生开展作品评价;"心理剧表演"在每年艺术节期间有心理剧专场演出;"无线电测控"等课程则运用项目设计和实物制作;"拓展训练"运用设计表现任务等方式进行评价。

走向"为了成长"的评价

记不清是在哪一个夜晚,我的目光落在了一张发黄的老照片上,一个布衣的少年伫立其中,面上的表情腼腆而自信。照片的上方有一行小字"一学年以上不缺课者"。顺着这样的线索翻下去,又看到了"操行特别优秀者"或"服务特别勤勉者"或"寄宿生特别整洁者"或"学业特别勤勉者"等照片。以自身的经验,三四十年前,在乡村的学校读书能有一张黑白的合影照片,已经激动不已了,何况这是在八九十年以前,何况还是学校用以表彰的单人全身照片。我想,那个孩子该是怎样的幸福而又备受激励啊!

我的思绪在时空中穿行。翻检史料得以印证,当时的校园远在僻远的水乡,校主专门从城里请来摄影师,给在操行、学业、卫生、服务等各方面表现突出的学生摄影留念。想象一下,拍照的过程该是多么庄严、隆重的褒奖啊!我甚至试着转换到今天,大约相当于我们用何种形式去褒奖一个"不缺课"的学生呢?更让我感慨的是,虽然对今天的校长而言,拍张照片已经是如此便捷了,而我们又什么时候将镜头对准了一个"不缺课"的学生呢?我们可能专为学生拍过照片,但许多时候,镜头里的主角大概是考入名校的学生,或者是揽金夺银的高手。事实上,校长把镜头对准什么样的学生,他的教育追求便聚焦在那里了。教育原本就是如此精细,需要我们用心将每一个教育细节都指向人的生命成长。

翻下去,又发现了一份《匡村中学学生奖惩条例》:

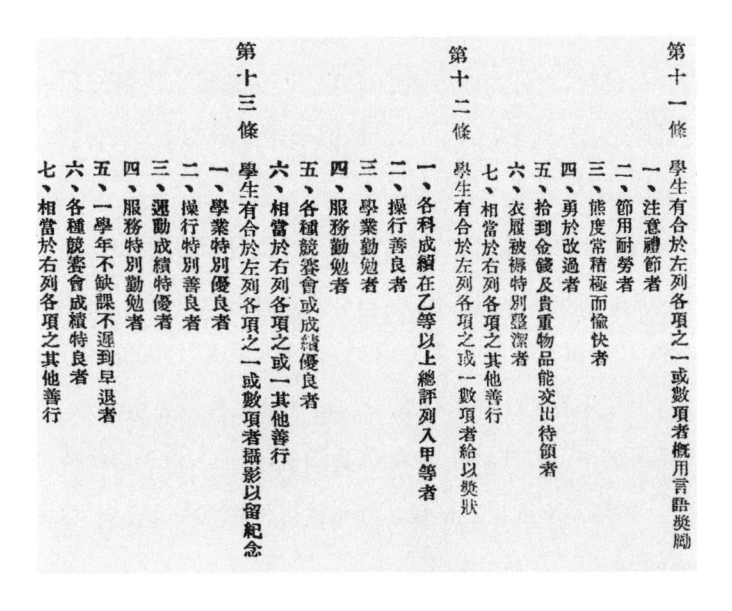

第十一條 學生有合於左列各項之一或數項者概用言語獎勵
一、注意禮節者
二、節用耐勞者
三、態度常積極而愉快者
四、勇於改過者
五、拾到金錢及貴重物品能交出待領者
六、衣履被褥特別整潔者
七、相當於右列各項之或一數項之其他善行

第十二條 學生有合於左列各項之一數項者給以獎狀
一、各科成績在乙等以上總評列入甲等者
二、操行特別善良者
三、學業勤勉者
四、服務勤勉者
五、各種競賽會成績優良者
六、相當於右列各項之或一其他善行

第十三條 學生有合於左列各項之一或數項者攝影以留紀念
一、學業特別優良者
二、操行特別善良者
三、學業成績特優者
四、服務特別勤勉者
五、一學年不缺課不遲到早退者
六、各種競賽會成績特良者
七、相當於右列各項之其他善行

在这样的阅读与对话中,三个有关评价的关键词跃然而出:庄严,多样,期许。同时,我深深认识到:真正的教育应该是不断激励的过程,不可能在指责、贬斥,让人感到失望,甚至无望的境地中产生。每个人身上都有值得肯定、值得赞许的闪光点,教育就是要发现闪光点并不断扩大人性的光亮,让受教育者在积极期许、充分激励的阳光照耀下,生命温暖而舒展,在体验成功中走向更大的成功。多一种标准,就多一个人才;多一点激励,就多一分希望。我们最先想到的是变革开学典礼,要铺上红地毯、搭起领奖台,让每一个获奖的孩子走上红毯去接受庄严而隆重的表彰;这绝非心血来潮的刻意求新,而是承继百年文化精神的具体行动。红地毯的铺设仅仅是一种尝试,我们要不断探索发现激发学生生命成长的教育形式,让更多的学生体验奋斗之后成长的喜悦,让更多学生身上的亮点在肯定与鼓励中闪烁光彩。

一方面盛典表彰,力求评价形式庄严化。教育内容总要以教育形式为附丽,形式的随意必然导致教育效果的减损。致力营造隆重、庄严的盛典氛围,就是要让仪式本身真正成为教育的过程,充分发挥激励的作用。缺少震撼人心的现场感受,缺少对庄严隆重的深刻体验,激励评价便淡化了刻骨铭心的记忆,弱化了催人奋进的力量。

> 教育内容总要以教育形式为附丽,形式的随意必然导致教育效果的减损。缺少震撼人心的现场感受,缺少对庄严隆重的深刻体验,激励评价便淡化了刻骨铭心的记忆,弱化了催人奋进的力量。

现代奥林匹克运动之父,也是伟大教育家的顾拜旦,在论述奥林匹克精神的时候指出,运动员获胜的"感觉"与"乐趣",如果只"保留在运动员内心深处,在某种程度上只是自得其乐",但如果有了庄严的仪式,"当这种愉悦为阳光所萦绕,为音乐所振奋,为带圆柱门廊的体育馆所珍藏时,该是何等情景呢"。顾拜旦所推崇的正是超越竞技精神的那种荣誉感,那种在庄严的仪式中感受的崇高荣誉。

在开学典礼上,我们为学生铺上红地毯,搭起领奖台;我们请出学校优秀教师、职员、工友代表,社会各界人士、家长代表,身着正装,胸佩红花,担任颁奖嘉宾;我们邀请地方教育行政领导和学生家长观礼;我们为每一位获奖学生精心准备精美而寓意深刻的奖杯、奖品,在奖杯上镌刻激励的话语……"红地毯""领奖台",已成为我校一道独特的教育风景,体现着我们对教育与评价的理解与追求!

另一方面丰富内容,追求评价主体多元化,评价标准多样化。每个人的生命是如此独特,每个人的生命发展是如此不同,生动的生命状况不可能仅用一种标准来衡定;单一的评价标准只会遏抑个性的活泼生长,使缤纷的生命色彩单调成纯然一色;同时,不同的视角会有不同的发现、不同的评价,我们不能垄断评价的权力,而使美好的呈现失去丰富的路径。

> 每个人的生命是如此独特,每个人的生命发展是如此不同,生动的生命状况不可能仅用一种标准来衡定。

几年来,感慨于匡村中学的老照片,感动于开学典礼的红地毯,我们的评价文化在师生、家长、校友、社会人士的认同中不断丰富,让人感动。一位家长致函给我,叙述了一个个感人的故事,提出要给他的孩子颁发"关爱父母奖",并建议学校加强孝道伦理的教育,于是有了父母推荐提名的奖项;一位企业界人士,父子两代都是校友,现在是我校"体育运动"铁杆粉丝,每年学校运动会他都会停下工作,前来观战,学生外出比赛他一定驱车助阵,他还专门设立了"蓝天健体奖",奖励运动健将;一位商界人士痛感市场经济中的诚信缺失,又非常尊崇我校训育标准所倡导的"诚""廉""义""群""礼"的高尚品行,特设"吴坚光大品行奖";一位退休老师倾其所有设立"鞠瘁奖",受其感召,全校所有老师每天1元,常年设立"365鞠瘁爱心基金";还有两位企业家校友,每人出资1000万元设立奖励基金,支持学校这一"最有价值的举措",他们的慷慨与无私让我们的教育梦想变成感人的现实。

最感人的奖杯是一个"高高竖起的大拇指",这是让我们许许多多的家长激动不已的奖。这个奖是专门颁发给借读学生的。经过几年的努力,他们的学业水平有了很大幅度的提高,我们就颁给他"学业进步奖"。告诉他们,人生可能有一次挫折,但是经过三年的努力,你们已经证明自己是最棒、最优秀的,希望永远记住,要做最优秀的自己。一位单身的母亲曾经和我说,这个奖杯拿回家之后,就是再搬10次家,我们都要把它放在最显眼的位置,因为其中存满了我们母子两人三年奋斗的最温暖的记忆,不但可以激励他的现在,还可以激励他一生。

除传统的评价途径与标准外,学生可以自行申报,也可以联名举荐,第一次改革的2006年,2 400多名学生中,有1 349名学生踏上红地毯,其中11名学生自荐获奖;班主任可以单独提名,学科老师可以举荐,学校的职员、工友都可以推荐提名。除了品行优秀、学业突出的学生,更多的获奖者得到的是"乐于助人奖""善于合作奖""关心集体奖""特长爱好奖"等等。我在2006学年秋学期开学典礼上即席演讲中告诉学生:在求学阶段登上省锡中的领奖台,应该是你的奋斗目标,是你追求的梦想。作为一校之长,我能够做的就是明年我会把红地毯铺得更长,把领奖台搭得更大。我的梦想,是让所有的学生都走上红地毯、领奖台,去体验奋斗后成功的喜悦。

几年来,我也努力兑现着自己的承诺——将红地毯铺设得更长,将领奖台搭建得更宽,让更多的孩子在赞许、激励中走向成功。今年我又设立了"校长特别提名奖",把"爱心群体奖"颁给了一群坚持在周日走进孤寡老人颐养院的孩子们。他们陪老人聊天,慰藉老人的精神寂寞,承担对老人精神赡养的社会责任,老人盼着他们像是期待子女的归巢,颐养院因他们的到来有了节日般的欢乐。有一个孩子,在周国平先生来校讲座的时候,抢抓难得机会,针对周先生《爱情的容量》中阐发的对女性的观点,提出了高品质的问题,展示了一个中学生的学养与风采,我将"最善提问奖"颁发给她。我还向一个男孩颁发了"自主发展奖"。这个男生中考失利,为了实现到省锡中求学这一梦想,冒着酷暑高温,每天独自倒几次公交车,从太湖边赶来学校。当我从外地培训回到学校时,有老师告诉我,他已经在办公室门口等我好多天了,目的就是要亲手交给我一封长长的求学信。老师们被他谋求发展的自主意识与执着精神感动了,学校也破例收下了他。设立这三项奖,我旨在倡导这样的教育观念,对于人的成长而言,仁慈仁爱的本性、独立思考的品质、自主发展的能力是多么重要!

更重要的是转变评价范式,走向"为了成长"的评价。学校更多的教育评价行为发生在课堂与教学的过程中,评价的范式应该从"对于成长"的评价,转向"为了成长"的评价,从单一的对发展状况的认证、评定转向多方位获取、诊断发展的证据与信息,从而服务、促进人的成长。

当今的教育评价,特别是学生学业成就的评价发生着重大变化,"对学习的评价"虽依然受到关注,"为了学习的评价"却逐渐成为主流,人们对良好评价的认识有了改变:评价应关注学生多方面的成就,评价应对学习产生有益的影响,应让学生参与到评价之中,等等。

近年来,我校致力于"促进学习的课堂评价"研究,也使评价行为发生了显著的改变:首先,使评价建立在课程标准的基础上。各个学科都系统进行了从课程标准分解教学目标、确立评价标准的研究,使评价的目标、内容和判定评价结果的标准都基于国家课程标准。其次,使评价目的指向促进学生的学习。评价不再是简单地根据分数对学生进行比较,而在于发现学生在目标达成过程中的差距,从而调整教学或者向学生反馈信息,促使学生进行自我导向的、反思性的、独立的学习。第三,使评价方式更为多样。教师在教学中会根据不同的评价目标和内容,选择相适应的评价方式;一些教育专业评价术语也成了老师们交流评说的话语,诸如量表、评分规则、评价证据、表现性任务,等等。

我想,转变了评价观念并掌握了先进的评价技术的老师们,如果能在每个教学环节都将评价指向于"促进学习""为了发展",那种激励的力量才比老照片、红地毯来得更强、更大,也更为有效。

> 评价不再是简单地根据分数对学生进行比较,而在于发现学生在目标达成过程中的差距,从而调整教学或者向学生反馈信息,促使学生进行自我导向的、反思性的、独立的学习。

用学校文化精神濡染人

以前到过省锡中的人,总会对匡园旧舍赞叹不已。那是飘散着桂花香味的庭院,踏着青砖上的苔藓,倚着漆色斑驳的廊柱,你的思绪会悠荡在岁月的深处,眼前甚至会幻化出童子吟咏的图景。那是一个太有书卷气息、教育味道的院落,省锡中所有的沧桑都刻在那里,一所百年老校的底蕴全厚积在那里。我喜欢在匡园独坐,喜欢那远离尘嚣的宁静,也喜欢翻检蜡黄的卷帙,得以从此拜谒先贤,聆听那充满智慧的教育启迪。

2005年,我们的学校搬迁了;新的校园在几十公里以外。这是大手笔的营造,敞阔,大气,豪华,漂亮,我常从国外同行的眼里读出他们的惊讶与赞叹,我清楚,这样的硬件水平放在任何一个国家都堪称一流了。但是,那时的新校园看不出一丝百年老校的影子,人们不免担心:当一切都变得崭新,校园是否会因此而失去历史的记忆?远离故园,学校的文化血脉是否会因此而阻断?异地新建,百年文化的厚重是否会因此而浅薄?

也就是那个时候,校长的接力棒传到我手中。面对一个全新的校园,我在想,如何才能传承百年的历史文化,让新的校园同样拥有厚重的文化底蕴。最初的思路沿着物态文化的层面展开,计划仿造几处匡园的建筑,让人们从具体可感的物态上触摸历史文化。这一思路很快被否定,因为物态毕竟处在文化结构的浅层,最多可以营造一种环境氛围;文化的传承是深层次的精神继承,应该向典章文化,向课程文化,向行为文化,向精神文化层面迈进。

幸运的是,前人留下了数百万字的历史文献,校友捐赠了一大批珍贵的实物资料,百年的历史给学校堆叠了厚实的文化层。但是,这样的文化遗存,假如永远函封于蜡黄的史册,或者闭锁于偶尔打开的校史馆中,邈远的教育故事又怎能给今人以生动的启发,文化的传承又依凭什么样的载体来实现呢?

苦苦思索中,一个全新的想法闪现了,让我激动不已。打开百年的历史,在新校园,在师生活动集中的区域,利用廊道的墙壁,办一个敞开式的校史博物馆,让师生日日行走在百年的文化场中,让历史的传承有现实的依托,让文化精神的濡染成为教育的常态。如果要自我评价这些年校长工作中最有价值的事,我认为就是这一举措:可以无愧地面对这所学校足以让人敬仰的文化传统,我们努力把尘封的历史打开了,激活了,并使文化传承走向了精神濡染的境界。

当然,学校文化传承不会如此轻易完成,等待我们的将是漫长岁月中的化育、熏陶与濡染,但基本指向应是"核心价值"的坚守、"学校精神"的锤炼和"发展愿景"的感召。这里,重点谈谈文化核心与发展愿景。

第一,坚守"核心价值",濡染学生的中国品格。

学校文化的"核心价值",借用肖川先生的观点,是指全校师生需要共同守护的原则、规范和价值观,常常体现于学校的"校训"之中,更体现于师生的思想行为之中。

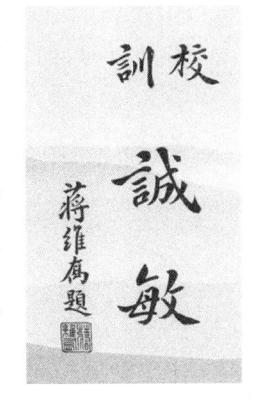

> 办一个敞开式的校史博物馆,让师生日日行走在百年的文化场中,让历史的传承有现实的依托,让文化精神的濡染成为教育的常态。

2007年，学校百年校庆的时候，校友捐赠了蒋维乔先生题写的当年匡村中学的"校训"真迹"诚敏"，以及另一份弥足珍贵的史料——徐仲嘉先生撰文的《校训释义》。这些史料的发现使学校教育哲学的表述更为完整，而且从做人与做事的角度提出了"学生知所遵循"的基本原则，"立身有诚实之美德，做事有敏捷之习惯"。

悟读"校训"与"训育标准"，发现流淌其中的是中华传统文化的核心精神。以"诚"而言，校训讲"诚"，"训育标准"也将"陶冶言行一致之美德"列为五条德目之首，这充分体现着尊崇"诚为天道"的文化传统。孟子说，"诚者天之道，思诚者人之道"，人言行一致、重诺守信的美德正是在师法天道"四时不忒"的诚信。其余各条训育标准，涵盖"公""义""廉""群""礼"，也都能在儒家文化的四维八德中察其源之所自。每年开学第一天，我会带着全体的师生诵读"校训"；今年诵读的时候，我刚领读完第一句，下面孩子的声音琅琅而起直到结尾，许多孩子都会背诵了，我更期望他们用整个生命来践行校训。

坚守学校文化的"核心价值"，根本意义在于坚守民族文化的主体价值，用蕴含于文化经典之内的为人处世、齐家治国的世界观、人生观、价值观来滋养学生的人文精神，濡染学生的健全人格，把传统文化所倡导的知礼明分、诚信仁爱、重义轻利、自强不息和朝闻道夕死可矣精神，变成我们今天学子崇仰坚信并身体力行的准则，从而为学生的精神发育打下坚实的文化底子。按照北大楼宇烈教授的说法，就是要根植于中国传统文化之中，用中华文明打造出的一种特有品质——中国品格。

这样的坚守,要求我们把教育内容扩展到国学领域,形成国学特色课程。我们提出,省锡中的语文课不能把大好的时光消耗于无边的题海与无聊的讲解中,应该让学生读读《论语》《孟子》,念念《大学》《中庸》,系统接受中华文化根源性典籍的熏染,而且要谨记当年朱自清先生的教导,"经典训练的价值不在实用,而在文化"。在必修课程中,对高中语文一到五册教材内容重新整合,加入"国学专题",确保每学期有18个课时用于"国学"教学;在选修课程中,加大覆盖经史子集的国学模块的教学分量和力度;在校本课程框架里,采用讲座的形式,开发国学基础课程;在研究性学习课程中,引导学生自主选择国学专题,深入研究。

与此同时,以"礼乐"教化为本源,分解德育母题,强化体验教育,弘扬中华民族的传统美德。通过系统设计,使每周的晨会、班会以及志愿者活动、社区活动等,都能围绕德育母题精心组织,有效展开。

我深知"覆杯水于坳堂之上,则芥为之舟,置杯焉则胶",以省锡中现有的水平,还无力独担如此大任,所以必须引入汪洋之水,载大舟扬帆起航。我校与中国人民大学国学院联手创建"国学教育研究实验基地",合作的重要任务就是要研究国学进入基础教育体系的路径与载体,经过实验,拟联手编写国学基本教程,使博大精深的国学精粹以普及化、浓缩版的形式走入当代中学生的心灵世界,成为他们生命成长的精神乳泉。

第二,展望愿景,用民主的土壤成全人。

无论怎样,教育者的眼里都应该写满"人"字。细想来,对人的关注,也一直是我教育理解的基点。20年前,在《靠近人,走入情感》的论文中,30岁的我曾写过一段意气风发的文字:

> 学生不是纯白的画纸,可任我们涂抹意中的图式;不是无餍的容器,可以蓄纳存贮不属于他们的思想;不是教师手下的橡皮泥,可以揉捏出个人所好的形状;不是园丁剪下的梅枝,可曲就自以为美的韵致。

学生不是纯白的画纸,可任我们涂抹意中的图式;不是无餍的容器,可以蓄纳存贮不属于他们的思想;不是教师手下的橡皮泥,可以揉捏出个人所好的形状;不是园丁剪下的梅枝,可曲就自以为美的韵致。他们是人,是人,是活生生的人。这样的隐喻,至少目前仍可以用来表达我的教育观,只不过现在会选择更直白的方式:学生是成长着的生命体,教育的全部功能在于成全人。

但是,要真正成长"人性",还需要成长人的土壤;适合人成长的最肥沃的土壤,莫过于教育民主;缺失了教育民主,就流失了人性的土壤,又如何栽种、成长人格健全之树?因此,为着"人的成全",我们规划了这样的愿景:走向教育民主,建设民主的、学习型的现代学校。

教育民主的视野里,学校应该是成就人的服务机构。一所学校,应该多一些服务意识,多一些服务品种,少一些霸气与专横。人的禀赋智能是多元的,发展的途径也应该是多样的;衡定我们教育水平高下的指标,首先应该是为学生发展提供的服务的多样性与适切度。教育民主的走向,要求我们改变这样的教育:横起高高的门槛,严格剔选只适合我们教育的学生;只给出固定的套餐,吃吧,本店从来只提供这品种单一的菜式;甚至会在南天门上高悬几张勇士的画像,来示范、来号令,冲锋吧,自古华山一条道,你们别无选择! 现状转变为理想,实在不是容易的事。但我们起码要意识到问题的存在,朝向理想的前方迈一步,比如,首先要为进入我们校园的那些学生尽可能多提供几种教育服务。听人大附中刘彭芝校长讲教育故事,总感到七色阳光灿烂温暖,百花千卉自由成长。有一顽童,怎么教也不思学业,刘校长的选择是给他一个人单开一个班,量身设计课程。教育的结果并没有出现功夫不负有

> 当我们的教育俯下身来服务生长的时候,学生的发展才能获得人的尊严。

心人的奇迹,孩子还那样,毕业了。刘校长说,我们尽到责任了。这是刘彭芝所有教育故事中最感动我的一个,也是体现教育服务生长最生动的例证。我在想,当我们的教育俯下身来服务生长的时候,学生的发展才能获得人的尊严。

高中新课程方案遭人诟病的地方之一,据说是因为有太多的自主选择性学习内容,以及由此产生的走班制教学。推进之难,举国之内至今也仅有数所学校在尝试,而人们也更喜欢用高考来判其成败。但是,我们有没有评估过选择性学习对人的自主精神以及独立人格养成的深远影响与重大价值!课程的选择性是学校教育民主的重要内容。没有选择,就不会对自己负责,受影响的不只是学习主动性的减弱,还会跌破责任的底线;没有选择,就没有差异性与多样化,单一的发展样式势必损害人的生命尊严;没有选择,就不会生成自主精神,掌控未来的一代人若群体性缺失自主精神,恐怕影响的就不只是整个民族的创造活力了!高中新课程是要从课程集权走向课程分权,将教师学生从课程的消费者变为课程的创生者,这本身就是教育民主的变革。我们应该尊重改革的取向与价值,把握改革的要义与方向,大力推进选课走班,把选择权、自主权、发展权更多地还给学生。

变革教学方式,说到底是变革师生关系;教学方式的选择,从根本上说取决于教师的文化心态。专制的课堂,教师多具王者气概,拥有话语霸权,目中无人,"一言堂"是常态,"唯一性"是标准,对话是明知故问的考量,讨论是早有定论的游戏。民主的课堂,应该是开放的,平等对话式的。教师应该消除权力主义,排斥强制手段,承认并尊重学生发展的差异性;教师应该是学生发展的伙伴,以"人—人"模式构建师生关系,以真诚的自我形象走入学生情感,以平等的角色服务学生发

> 课程的选择性是学校教育民主的重要内容。没有选择,就没有差异性与多样化,单一的发展样式势必损害人的生命尊严;没有选择,就不会生成自主精神,掌控未来的一代人若群体性缺失自主精神,恐怕影响的就不只是整个民族的创造活力了!

展。民主的课堂,不仅仅营造着宽松和谐的心理氛围,"和易以思",保护了个性的发展,更紧要的是播撒民主的种子,在孩子的心田里生长民主意识。

走向教育民主,必须建立符合民主精神的管理体系,这是基础,是前提,也是保障。现在常听人们讲,校长要从传统管理者变为现代领导者,要从行政管理走向文化引领,要化刚性管理为柔性管理,这些都很有道理,但如果没有学校制度的转变,校长角色不可能有质的变化。也常听人们赞叹一个好校长就是一所好学校,总感到还是明君盛世的老套思维,为什么我们总想把一所学校发展的希望寄托于一个校长的德行与水平呢?为什么有党的领导,有法律法规,一群道德修养与知识水准都堪称优秀的人就不能做主来决定学校发展的大计呢?根本的出路,是要建立现代学校制度,用机制与体制的力量来规约校长的权力,实现依法治校、民主管理。中央教科所李继星教授有一段透辟的话,值得我们深思:"学校民主,既是一种学校治理结构、学校管理方式,也是校内和与学校有关的各人群的一种生活方式,还是一种平等的信念与观念;是一种既能体现个人尊严与组织尊严,也能体现个人价值与组织价值的道德问题。"

十余年来,我在对话百年中悟思教育,因为百年而有了教育的坚守;这些天以来,我们在追问教育中确立信念,为了百年更应有教育的坚守。但我也知道,如果不能从对明天的眺望中来坚守今天,那么,失在今天也必将误了明天!的确,现实中的我们还时时受着牵拉,有困惑,有茫然,但为了明天,为了百年,还必须有坚守。在许多场合,我都曾引用过一首诗,表达我的心志。这次本来作罢,但昨天柳袁照校长《本真·超然·唯美》的激情诗意点燃了我的盎然诗兴。我也想"本真"一回,拿出语文教师的本色来;也想"超然"一回,暂时忘却这个庄严的学术场合;也想"唯美"一回,用艺术的方式朗诵徐敬亚写的《既然》。这首诗写了一种人生的际遇与追求,就像我们这些人,身处在大海当中,四顾茫然,"前不见岸,后也远离了岸",但我们确有自己的事业与追求,"脚下踏着波澜,又注定终身恋着波澜";现实没有给我们留下多少选择的空间,"能托起安眠的礁石,已沉入海底";远远望去,对岸遥遥,"隔一海苍天"。诗人慷慨明志,豪情万丈,"把一生交给海,交给前方的航线"。最后,我也豪情万丈地宣言:

既然,离对岸尚远,隔一海苍天,那么,便把一生交给海吧,交给前方的航线!

附

坚守是一种智慧,一种追求*

◎陈玉琨

今天,我们听了唐江澎校长的教育演讲,我被他的讲演深深感动了。唐校长是一个充满智慧的校长,是一个坚定理想追求的校长,他以"百年坚守"为题而做的演讲给了我们很多的启示。在我看来,主要有三个方面。

第一,坚守是一种智慧。

作为教育工作者,要有智慧地办学。所谓"智慧"大概表现在这些方面:第一个层面,智慧地发展教育。教育需要创新,创新也需要智慧。百年省锡中有着丰厚的积淀,在历史的基础上提升教育,那一定是高水平的教育、高质量的教育。记得我曾经讲过,所谓创新的"三步曲",任何创新都是在别人走过的基础上,比别人多走一步,第二步,在自己的原有的基础上再走一步。所以我说江苏省锡山高级中学不断地在原有基础上提高,还要比别人早走一步。所以能够智慧地发展教育,一定能办出高水平、高质量的教育。第二个层面,智慧地辨析教育。唐校长进行了一些辨析,比如前面谈到了教育的"方向"和目前教育存在的"倾向"。我以为这样的辨析使我们加深了对教育的理解,加深了对当下教育问题的理解。再如,唐校长谈到了我们追问内隐的价值取向,很多时候教育是需要仔细地辨析把握的。所以辨析教育,是我们正确地选择教育的基础。第三个层面,就是智慧地选择教育。我在思考坚守百年的时候,在想坚守的意义价值究竟在哪里?今天听了唐校长的演讲,我以为可能找到了一点答案,坚守百年是为百年而坚守,

---

* 本文根据时任教育部中学校长培训中心主任陈玉琨教授在"唐江澎教育理念研讨会"上的讲话整理。

为下一个百年而坚守,为我们教育的本质要求而坚守。所以,从这个意义上说,我以为坚守是一种智慧,是发展教育的智慧,辨析教育的智慧,当然也是选择教育的智慧。

第二,坚守是一种追求。

所谓追求,包含着对教育本质追问基础上的追求。教育本质是什么?是培养人的社会活动,我们往往把教育的本质加以异化。还有对教育价值追问基础上的追求,以及对教育手段追问基础上的追求。就目前的教育现状来看,确实存在着对教育本质的忽视:我们的教育,变成为了升学率的教育;优质的学生和高分成了学校的敲门砖,学校不是为成就学生而办学,而是为用学生成就学校而办学。还有对教育规律的蔑视,功利教育的追求很难真正符合教育规律,因而,一定会产生唐校长所谈到的摧残儿童、摧残学生的状况存在,此外,还有对时代要求的蔑视,对社会进步要求视而不见,等等。种种现象的存在,使得我们的教育越来越需要坚守,坚守就是要回归我们的教育本质,要认真研究教育规律,研究社会的需要;要使我们的教育重视学生的精神生活,放飞他们的心灵。这些都是很有必要的。唐校长对这些问题的澄清给了我们很多启示。

第三,坚守是一种守护。

坚守与守护本来就是同义词。守护是守护孩子的心灵,守护孩子的精神,守护孩子的成长。这是我们作为一个教育工作者的一个境界,是我们教育工作者的理想,今天的报告会让我们看到了一位心灵纯净、充满智慧的校长。应该说从北京开始,我们七场报告,每场报告各有特点,精彩纷呈,使我们参会的代表都有不同程度的感动,受到很大的启示。借这个机会向七位坛主表示感谢和祝贺,期待着我们有更多的校长能走上人民教育家的论坛。

最后,衷心祝愿省锡中在百年辉煌的基础上,在唐校长引领之下,能创造更加辉煌的下一个百年!衷心祝愿我们各位校长所在的学校能够更加辉煌,在我们教育改革和发展的道路上创造出新的经验,引领中国教育的发展,为中华民族的伟大腾飞做出我们每一个人的贡献!

江澎的力量*

◎杨九俊

首先我代表江苏省教科院对"唐江澎教育理念研讨会"的召开表示祝贺,同时再次向陈玉琨教授等专家和兄弟省市的同行们对江苏中小学建设的关心和指导,以及光临本次会议表示衷心的感谢和热烈的欢迎!

很多校长在讨论学校发展的时候,都谈到一种境遇,就是现在应试教育根深蒂固,功利主义横行天下。在这种情况下,我们怎么办学校?怎么追寻和实践我们的教育理想?怎么成长为一个教育家?当然,这需要我们有勇气,有力量。但是,我们超越功利化社会现实的勇气在哪里?我们把学校引向理想的状态的力量又在哪里?我一直在思考这些问题。

最近,我看到美国的一个学者写的一本书,有了一点答案,这本书叫《电影的力量》,由中国人民大学出版社出版。这本书里讲了一段话,说广受欢迎、令人难忘的电影都有很多种力量,比如机构的力量、身体的力量、情感的力量、科技的力量、智慧的力量、教育的力量、财富的力量甚至性感的力量,等等。作者在列举了这些力量之后说,这些都不管用,最重要的,是电影当中英雄人物的力量。我看了以后很受启发!我们现在的教育就是一个期盼英雄、呼唤英雄的时代,也是一个应该英雄辈出的时代。我们要讨论什么人能成为教育的英雄,我想,人民教育家就是教育的英雄。他的力量在哪里?他要超越别人、超越社会某些负面的东西,他的力量在哪里?《电影的力量》里归纳了英雄的两个特质,第一个是有更高的原则,第二个有更强的意志,所以他超越了其他人,成为一个英雄。

---

* 本文根据时任江苏省教科院院长杨九俊先生在"唐江澎教育理念研讨会"上的讲话整理。

因为工作原因,我有很多机会和江澎接触,在每次和他讨论问题的时候,在每次来到锡山高级中学的时候,我也都在思考这些问题。我认为用这段话评价唐江澎,是很合适的。我还应该作一点补充,我认为在锡山高级中学的办学实践中,体现唐江澎的力量,作为一个成长着的英雄的力量,至少表现为三个方面。第一,他有更高的原则。这就是他成全人的教育理想,是他的教育价值观。2005年联合国教科文组织有一个教育质量的报告,强调教育质量的首要元素是教育价值观,在教育价值观的基础上才可能真正地考虑教育质量。我想唐江澎和我们在座的很多具有英雄气质、英雄潜质的校长,就是高举这个旗帜,手把红旗去得胜。第二,他有更强的意志。就是我们所说的不抛弃、不放弃,坚守认定的教育价值观。第三,我要重点说的,他还有更优秀的智慧。如果没有智慧,只有原则、只有意志还是不行的。

在唐江澎这里,我列举三个方面,我认为他是一个很有智慧的人,同时又是具有英雄潜质的校长。

第一方面,说唐江澎有更优秀的智慧是他的特长——教学。所谓"成全人"就是让人得到整体的发展,这样的人就是理学里面说的一句名言——"活泼泼的生命"。我们的孩子应该是一个整体的、鲜活的、灵动的、生长的、独特的生命,生命成长非常需要精神滋养、精神抚育、精神分享。我多次听过江澎的课,在他的课堂里,在他的学科教学里,我多次都很感动。每一次听他的课,我都想起有几句写京剧名角的诗。这个诗——作者记不得了,写哪位名角更记不得了,但我以为写的就是唐江澎。诗怎么写的呢?说"活跃不是在经验里,而是在你看我的眼神里;知识不是在书本里,而是在你和我的距离里"。这是一种认知的课程,是一种教育意识达到很高境界的课堂,师生在这里是一个生命的整体,江澎有这个能力和智慧演绎这样的课堂与教学。

第二方面,说唐江澎有更优秀的智慧,是因为他能够将自己的教育价值观和理想成功地转化为一种课程表述,善于通过课程体系表述他的教育信念、教育哲学、教育理想和教育主张。他建构的课程体系,由核心价值观统领,适应孩子成长的需要,适应学校和地方的特点,同时也是可操作、可实施、可推广的课程。

第三方面,我想江澎是一个有现代思想的校长,他对西方的东西看得比我多得多,但是他很智慧,他把传统的旗帜高高举起,成功地在历史和现实的结合点上把学校往前引导。这样就减少了一些误解,就多了一些本土文化的厚重。江澎在这一点上很有智慧。

总之,我认为,江澎有更高的原则,有更强的意志,今天我重点说的是他有更优秀的智慧。所以,江澎是有力量的。我在这里以"江澎的力量"为题,把这段话送给江澎,也是送给在座的有英雄潜质的各位校长。超越他人的力量,就在以上这三个方面。

熟悉江澎的同志都知道,他是陕西人,他是从唐朝的都会走出来的;江澎又正好姓唐;江澎的声音有洪钟大吕的味道;他长得也很富态,很适合唐朝的审美标准。所以我非常乐意地用一个历史学的概念来送给现在的、当下的唐江澎,这就是盛唐!这不仅仅是因为他的籍贯、姓氏、体貌,更主要是他的精神、气质、风度和境界,以及他的学校多少有些盛唐气象。所以我说江澎是盛唐,所以我说锡山高级中学现在展现给大家的就是一种盛唐气象。也许有人说,有盛唐就有中唐,就有晚唐,非也。北京大学有一位已故的诗人林庚,他的学术贡献之一就是概括了文学史上的一种现象,他叫作盛唐气象,这种盛唐气象是阔大的,是繁荣的,是向上的,是开放的,是一种精神、一种风景、一种境界。昨天下午陈玉琨教授关于感性与理性有一个阐述,说感性总是指特定的时空,理性总是与普遍性本质性关联的;林教授总结的盛唐气象就使盛唐这个概念,从特定的时空里面跳出来,成为一个普遍性的本质性的东西,所以可以没有中唐和晚唐。林教授描述盛唐气象的时候,他还描述了一个人,他说盛唐一路高歌,一路的风光瑰丽,一路的意气风发,一路的豪情万丈,那简直"欲上青天揽明月",站到了盛唐的顶峰。是谁呢?李白。我每每读到这一段的时候,我总是在心底里呼唤着江澎,盛唐的江澎,往上,往上走!我借这个机会也向各位有英雄潜质的校长们呼唤,往上走,一路高歌,攀登不已,精神焕发,生命不息,盛唐不已!让我们共同祝愿省锡中的盛唐气象,让我们共同创造我们教育的盛唐气象。

从"分的教育"走向"人的教育"

　　教育是塑造未来的事业,今天的教育预示着未来的社会样态。如果我们对明天还有坚定的信心,那就应该让今天的教育发生一些变化,哪怕这种变化不那么惊天动地,甚至微不足道,但只要心怀远方,这样的行动必然会获得历史的意义。

　　本辑收录了2017年到2020年间的部分演讲稿,主要是学校百有十年系列活动的三次演讲,还有作为全国政协委员为教育建言的四次发言。

教育自信力:担当与行动更重要*

《中国学生发展核心素养》公布了,新版《普通高中课程方案》即将公布,指向"核心素养"的课程内容与学业评价标准呼之欲出。在新一轮改革启幕的时候,我们需要探讨一个重要的话题:教育自信力。

是否可以这样定义:教育自信力,属于文化自信范畴,是教育者对"立德树人"教育价值的肯定尊崇,对教育规律的坚守践行,是心灵深处对教育改革前景的一份信心、一种期待。有自信力的支撑,我们才有不惮前行的勇气,才有攻坚克难的智慧,才有久久为功的定力,才能让体现国家意志的顶层设计变成校园里生动的教育现实。

增强教育自信力,需要我们确信教育的终极价值。当下教育的主要问题,是"升学需求"僭越价值次序,凌驾于一切追求之上,成为教育唯马首是瞻的事实导向;"分的教育"演变为一些学校的"教育品相"与生态样式。其实质是将"知识获知"这一工具性价值凌驾于"人的全面发展"这一终极价值之上;把人当作被训练的机器,把涵养熏陶的丰富教育活动窄化、僵化为与心灵隔离的应试行为,把人的精神完整性割裂成理性知识的碎片。这样的教育不仅无法培植学生热爱学习的强烈

> "分的教育"把人当作被训练的机器,把涵养熏陶的丰富教育活动窄化、僵化为与心灵隔离的应试行为,把人的精神完整性割裂成理性知识的碎片。

---

* 2016年11月,中国高中六校联盟在海口召开年会,我在会上作了演讲。据录音整理的文稿作为"刊首语"发表于2016年12月《人民教育》。

动机,无法形成终身学习的持续动力,更会让学生在一次次急功近利的阶段目标达成中变得短视、被动、无奈和应付,失去自主发展、创新创造的活力与动力,并失去心系家国、关心人类的襟怀与抱负。

我们应当确认:"教育是极其严肃的伟大事业,通过培养不断将新一代带入人类优秀文化精神之中,让他们在完整的精神中生活、工作和交往。"这种"人的灵魂的教育"才可以将"人类的精神内涵转化为当下生气勃勃的精神",才可以实现教育的终极价值。

增强教育自信力,需要我们拥有推进变革的智慧策略。"天下大事必作于细",我们倡导"精微变革",就是把"口号"变成"方案",在教育终极价值追求的宏观视野内,致力于探索合乎教育规律的变革路径,争取在课程、教学细分的具体领域内寻找到现实可行的实施步骤和方法策略。

增强教育自信力,需要我们以坚守的定力努力去实践。有教育研究者曾感慨:"教育改革很多时候被视为失败,其实不然,因为它们从来就未得到实施。"对于今天的教育改革来说,比认识更重要的是决心,比方法更重要的是担当,比批评更重要的是行动。也许我们的实践没有多少超前性与引领性,但至少我们从"分的教育"向"人的教育"努力前行了一步,一步又一步,久久为功,"每个明天都会比今天更美好"!

增强教育自信力,需要我们摆脱"要素驱动"的路径依赖。教育自信力一旦被资源要素绑架,办学者就会围绕生源、师资、投入等要素,依靠抢夺优质生源、集聚优秀教师、增大经费投入等方式实现学校发展。这种模式,放置于一个国家的基础教育发展格局中,实在是弊大于利。一所超级学校的强势崛起,总伴随着一批薄弱学校的雪上加霜,尖子生抢光、好教师挖光、名牌大学招录名额占光之后,整体教育生态会不断恶化!在发展动力上,应该依靠"专业驱动",通过提升教师的专业生活品质来提升课程品格,改善教学品质,进而整体提升办学品位。

教育是塑造未来的事业,今天的教育预示着未来的社会样态。如果我们对明天还有坚定的信心,那就应该让今天的教育发生一些变化,哪怕这种变化不那么惊天动地,甚至微不足道,但只要心怀远方,这样的行动必然会获得历史的意义。

改变教育,在我们的一念之间*

省锡中建校已经110周年了!在漫长的一个多世纪的岁月里,我们久久地期待,期待着有这样的一天,我们学校培养的毕业生所进入的各个著名高校,都能作为嘉宾欢聚在我们校园里,检阅我们的教育成果。今天,这个期待终于成为现实,这对我们110年的历史,无疑是一个莫大的安慰、莫大的鼓励。

期待这一天绝不是自今天开始,因为从匡中建校的那一刻起,我们的校主匡仲谋先生就把匡村大学的计划列入了他发展教育的宏图,连大学的地址都已经选好,连大学的师资都已预聘。但是日寇的战火,使匡公的大学梦连同他的"上海蓬莱国货市场"一道付之一炬。历史只留下了一张蓝图,以及校友秦含章先生在接受周恩来总理的指示后组建无锡轻工业学院以圆"匡大遗梦"这个百年佳话。

大学梦也不是匡仲谋先生的个人梦想。我们知道,中华民族要立于世界强国之林,必须把人口资源大国变成人力资源强国,而要实现这个百年复兴的梦想,所能靠的就是让我们大学和中学联起手来,使今天培育人才的教育发生那么一点点改变。

各位大学的来宾,在你们的教学生涯当中,都会深切体味这一点:那些以填鸭的方式、以压榨的方式、以强迫的方式锻造出的高分学生,虽然看起来光鲜,但送进大学后,很难适应大学四年的磨炼与考验。"种瓜得瓜,种豆得豆。"中国高中今天的"刷题式"教育,只能培养解题的高手,而没有办法培养出使我们这个民

---

* 2017年5月,江苏省锡山高级中学举办"百有十年校庆·大学节",国内外近100所大学的近200位校长、院士、博导等参加开幕式。本文根据我在开幕式上的演讲整理,后发表于《人民教育》2017年13-14期。

族强大起来的那支生力军。但是,当你们走进有些高中的时候,会看到"只要学不死就往死里学"那种有悖人性的口号标语,竟然还堂而皇之地张贴在那里;当你们走进有些高中的时候,会发现体育课早已远离了学生,歌声已经在校园里消失,阅读已经被禁止,学生参与社会实践已经成为一种空想。

批评中国今天高中教育的人太多了,而真有变革行动的甚少;省锡中要做的是拿出一点历史担当的精神,让今天的教育发生哪怕看起来微不足道却足以影响一代人素质的那么一点点改变。

省锡中有这样的历史传承。1927年,我们迎来了一位哥伦比亚大学的哲学博士——殷芝龄先生,做匡村中学的校长。他把全新的教育理念带到了我们学校,订立了以"发展个性、健全人格"为主旨的教育目标,提出了"十大训育标准"。时至今日,我们从"十大训育标准"中提炼出"生命旺盛、精神高贵、智慧卓越、情感丰满"十六个字,作为我们培养学生核心素养的基本追求和我们课程建设的核心大纲。

我们追求培养生命旺盛的人,让运动成为每一个孩子的习惯,于是我们每天开一节体育课。我们追求培养精神高贵的人,让学生广泛的社会参与成为校园生活的一种常态,于是我们的诚信超市实现无人值守,学生自我管理。我们追求培养智慧卓越的人,让阅读成为学生奠定生命厚度的一种基本方式,于是我们敞开图书馆,把每一间教室的后边布置成班级书房。我们还让学生去动手、去体验、去实践,把想象变成创造的一种实物。让学生在想象创造的激励中,学会一种技术语言,制造一件物化作品,完成一份工程日志,形成一篇严谨的学术报告。我们追求培养情感丰满的人,让他们能够在体验、感悟当中表现美、创造美,于是把艺术课程变成艺术与生活、艺术与情感、艺术与科技、艺术与社会四大类型的选修课程。种种的努力,都是我们在不得不面对今天高考现实的时候,不得不考虑升学率的时候,仍然追求促使学生三个方面的均衡发展,这就是学业与学术、品位与修养、竞争力与胜任力。

在中国今天的高中教育中,不谈升学率是没有今天的,但是只谈升学率,我

> 任何教育的改革都是对立的力量相互妥协以达至某种平衡的结果。省锡中今天的所有努力，就是在我们面向现实的时候，仍然仰望理想，追求这种教育过程的平衡，促进学生诸方面的均衡发展。

们民族会失去明天；不谈升学率是没有地位的，但只谈升学率我们的教育就没有品位；不谈升学率走不动，但是只谈升学率，我们的教育就走不远。罗素先生当年面对英国"古典主义"教育与"实用主义"教育的对立冲突时，曾做出这么一个哲学的判断，他说，任何教育的改革都是对立的力量相互妥协以达至某种平衡的结果。我想省锡中今天的所有努力，就是在我们面向现实的时候，仍然仰望理想，追求这种教育过程的平衡，促进学生诸方面的均衡发展。

今年是我校建校 110 周年，我们不想把校庆变成一种节日化的、仪式化的一个庆典，而要赋予校庆教育性、影响力、熏染力。要借校庆这个活动，把大学的专家、教授、名流请到我们学校，以期实现大学精神、大学文化对我们学校教育产生一种浸润、一种渗透、一种影响。

德国的著名哲学家雅思贝尔斯在谈及大学任务的时候，认为大学生命整体有四个方面：一是研究与教学；二是教育与培育；三是个体间神圣的、生命的精神交往；四是庄严的学术活动。在雅思贝尔斯看来，大学的生命整体就是这四个方面的完整结合。因为追求真理永远比获得知识重要，因此研究学术就是大学的立身之本。大学应该是研究的神圣殿堂，应该是学生生命成长的生命场，应该是庄严学术活动发生的地方。我们中学太需要这样的一种文化了：我们要用学术影响力来发展学生的核心素养；我们要用大学里那种大师与学生之间的生命交往来促进师生关系的建构，从而促进学生个性的茁壮成长；我们希望以研究的方式来促进学生的深度学习，而不要把我们的教学都变成风干了知识点的简单记忆。

我们要发展学生的核心素养，离不开大学的支持。办这次大学节，首要的价值就是要受大学文化和精神的深层影响。

第二，办这次大学节，我们希望能影响大学招生方式的转变。多年来大学招生主要是以"宣介式"进入中学的，也就是在学生接受传统的教学方式教育完成之后，在收获的端口，大学站在那里进行自我推介，以吸引那些用传统方式培养出来的高分学生报考。

我们办大学节就是在倡导把大学"宣介式"招生变成"孵化式"的一种培育。所以，今天有13个实验室进入我们的学校，又有18个大学的优质生源基地在我们的学校挂牌。我想我们有一个神圣的使命，就像欧阳院士和我们校友强文义先生所讲的那样，高中是学生人生观和价值观形成的关键阶段，在这个关键阶段有一个重要的使命，那就是让学生认识"我是谁"，知道"我将来将走向哪里"。怎么样实现人生的准确定位？这需要两个前提：一是对个性特质充分地认识和把握，我们要让学生在体验式的课程环境里边来熟悉、来了解自己的个性；二是学生能够对大学的专业有基本的了解。在了解个性和大学专业的基础上，选择匹配完成生涯规划。

现实是，中学生为分而学，考出来待价而沽。今天实行的考后填报志愿和平行志愿，也有其弊存焉。这种平行化切片方式可能使今天的一代中国年轻人没了梦想、少了爱好、缺了对自我实力的一种预估，只有被分数标注了的那一个个可怕的等第。在江苏，我考420分，就意味着我可以进入北大、清华的视野；我考400分，就可以受交大、复旦青睐。这个人是不是具有上清华的潜质，是不是符合复旦的文化气质，全被抛在了一边。我常常感慨地说，各位大学的教授，其实你们根本用不着费这么大劲来中学招生，只要叫你们学校会计来就可以，反正是"唯分"不"选人"！我不得不说，如果中国的大学不能改变只是招"分"而不是招"人"这一现状，那么，培养创新型人才，以及建设一流的学科、一流的大学都将是一句空谈。道理很简单。一流大学建设必须依靠一流的人才选拔模式，才能选拔出一流的人才，也才可能培养出一流人才。非常遗憾的是，一流大学、一流学科建设的规划中，并没有提及人才选拔模式变革这重要的一环，不知是回避还是疏漏！

现实的政策,也许是没有办法改变的,我知道。但,我们依旧可以有所作为,现实的理想是在我们学校,至少有三分之一的学生能够在高中阶段初步确立自己的志向,能够把高中的"学业"同大学的"专业"选择贯通起来,把大学的"专业"与踏入社会安身立命的"职业"贯通起来,与人生建功立业的"事业"贯通起来,甚至与襟怀天下、造福人类、安顿灵魂的"志业"贯通起来,变"为分而学"为"因爱而学"。如果使"五业"贯通,我们的学生都能真正地为了一种兴趣、一种爱好、一种追求、一种使命、一种情怀而学习,那么几十年后我们国家就将有一群大师涌现!

在此,我非常恳切地向各位大学的专家、教授、领导表明这样一个想法:每个人每天都应该给自己留一点做梦的机会,否则那颗照亮我们心灵的明灯都将会暗淡下来。也许你们不经意间的一句话点燃了我们学生心中的一盏明灯,这盏明灯就将照亮他的整个人生的前程。我不知道大家是否意识到,今天我们做了对历史多么有意义的一件事啊!我们应该为自己鼓掌!

如果只谈理想就会落于空泛,如果只谈实务就会迷失方向。要紧的是把我们脚下的每一步都同我们追求的理想联系起来,只有不让遥远的地平线在我们眼睛里消失,我们的脚才会迈出有意义的一步!

一所学校的情怀、追求、品性与精神*

百有十年庆典,使 10 月 3 日这样一个普通的日子被赋予了特定的历史意义,成为一个重要的时间节点,因而显得格外庄重和神圣。从建校 100 年到 110 年,作为这所具有深厚历史和文化传统的学校的校长,此时此刻,我有许多感慨要跟大家分享。

第一,教育是一种国家事业,办教育者要有家国情怀。

110 年前,匡仲谋先生创办匡村学校,其目的就在开启民智,振兴国家。他曾撰文指出:"教育为立国之本,不谋教育之普及,不足以图各种事业之发展,而国势不充,国运遂弱。""国家之盛衰,视民智之开明与否,民智之通塞,视乎学校之发达与否,此有心人所以兢兢焉以振兴教育为急务也。"即便在战争烽火铺天盖地的 1937 年,因看到战后国家建设需要大量的专门人才,匡仲谋先生仍然提出了创办高中和大学的计划;虽然因为战争匡村大学最终没有办成,但高中还是在艰难困苦中得以创办并发展壮大。没有校主办教育的家国情怀,就没有省锡中的今天。这些年来,我们虽也曾遭遇到这样那样的困境,但因为有匡公办教育的大境界支撑,有匡公家国情怀的精神激励,深知教育是一种国家事业,所以省锡中人始终能够着眼于未来的持续发展和人的健全成长,让学校发展可以站在历史的高度,走在时代的前头。

这里,我特别想提到的是,教育的发展离不开良好的社会环境,更离不开政

---

* 2017 年 10 月 3 日,江苏省锡山高级中学举办"百有十年校庆·校友节",老领导、老教师、老校工以及来自世界各地的校友,与全校师生万余人齐聚匡园,本文根据校友节上的演讲整理。

府各部门的大力支持;省锡中能走到今天,除了她有厚重的文化基因,除了她有一支爱岗敬业、勤劳智慧、让人感动的教工团队外,还有一个重要的因素,那便是我们赶上了一个尊师重教的好时代,遇到了同样具有家国情怀的好领导;对此,我心怀感恩。

第二,坚守百年的尺度和眼量,教育必须"成全人"。

在静下心来走进110年的历史时,我常常为前人感到由衷自豪,又往往禁不住深深地慨叹:教育其实没有多少创新观点,教育只有常识。纵观当下的教育改革,从本质上讲就是向着教育的原点——"人"的回归。我们今天心所向往的,早是我们的前人追求的;我们今天所努力要做到的,正是我们的前人做过的:早在1927年,学校就确立了"健全人格,发展个性"的教育哲学,并提出了"道德、学业、才能、身体"等四个方面的训育标准;1932年,学校又进一步提出了对我们今天的教育工作仍具有指导意义的"十大训育标准",并使之落实在各学科的教学目标中。在省锡中博物馆里,陈列着匡中时期各学科的教学目标,如果将这些教学目标与近百年后的新课程标准做一比较,我们就会惊诧于两者在精神实质上的高度相似性。比如,匡中体育的六条训育标准:1.锻炼体格,使心身发育健全,以做振兴民族之准备;2.从团体运动中培养耐劳、自治、忠勇、合作、守纪律及其他公民道德;3.养成生活所需要之运动技能;4.增进机体反应之灵敏;5.养成优美正确之姿势;6.养成以运动为娱乐之习惯。一所学校对体育有这样的认识和态度,作为后来者,我们只能肃然起敬。

为了迎接百有十年校庆,我们用了一年多的时间来收集整理建校以来的校史资料,在其基础上,我们建造了省锡中校史博物馆,编辑出版了《省锡中校史资料长编》。我们之所以这么做,一方面是我们想通过这样的方式,缅怀匡仲谋校主等先贤创办学校的不朽功绩,用一颗感恩的心向历史致敬;另一方面是想通过体悟校史,反思当下,明晰并坚守教育的终极价值。可以说,这些年来,省锡中的教育自信,大多来自校史。就我个人而言,我没有读过大学,没有接受过高等学校的理论熏陶,面对当下的教育现状,我的教育智慧、教育思考和教育力量,主要来自对学校的观察,对一百多年校史的理解与体悟。可以这么说,没有匡村学校百年厚重的史料,我们对学校和教育的理解就不会有今天这么深刻。

百年校史,给了我们百年坚守的底气和勇气。一个多世纪以来,无论在什么时候,匡村中学成全人的教育哲学始终得到了后来者的守望和坚持。县中时期,我们提出"做站直了的现代中国人";新时期,我们提出培养"生命旺盛、精神高贵、智慧卓越、情感丰满"的人,这些育人目标都是匡村中学教育哲学在吸纳了新的时代要素之后的具体阐述,其根本的要旨仍然是办"成全人"的教育。这是匡村中学百年的教育尺度和眼量。同样,我也期望 150 年校庆、200 年校庆的时候,我们的后来者还能像今天一样仍在坚守着如此崇高又如此朴实的教育信念。

第三,良善是教育的基本品性,也是师德的基本要求。

良善是教育的基本品性,在 20 世纪 30 年代,匡村学校在颁布的《校训释义》中,就明确提出,要让我校学生受到"良善之教化"。百多年来,我们一直在倡导并践行良善的教育。这些年,我们一直认为,没有良善就没有爱,没有良善就没有真正的教育。在省锡中,我们要求每个教师都做善良的师者,必须做到:一不功利,不因学生一时发展的快慢高低而对学生青白相视;二不势利,不因学生家庭的穷通富达而对学生冷暖有别;三要大度,老师的胸怀有多大,学生成长的天地就有多宽;四要宽容,不因孩子成长中的一点儿错误就苛责惩处,尤其不要动辄上升到道德的层面来评判。因为,教师是学生人生的摆渡者,首先应是一个善良者,首先应该为每一个学生的成长撑起一片蓝天。教育不是万能的,但我们必须努力做到不让

没有良善就没有爱,没有良善就没有真正的教育。

一个学生寒心,让每个孩子都感受到老师善良的温度。

善良体现在对弱小者的态度上。著名校友秦含章先生出身寒门,正是在匡公慷慨无私的资助下,负笈海外,而终成一代酒界泰斗。我相信,只要我们保持教育善良的温度,让每一个贫寒子弟都能在我们的呵护下安心地完成学业,我们定能培养出更多的像秦含章先生那样为国家做出杰出贡献的校友。

第四,教育者要有"念兹在兹"的精神。

1926年,在上海广慈医院的病榻上,匡公在回顾创办匡村学校19年历程时,曾写下一段垂箴。11年后,在学校30周年庆典时,匡公又有过一段这样的感慨:"思念者,事业之发动机。是故,一事之废兴,视乎一念之张弛。念兹在兹,则事业亦日就月将矣。"这些话,我们今天用最简单的一句话概括就是:一个教育者,就要有不达目的永不罢休的意志,他必须要有"念兹在兹"的精神品格。因此,我们看到匡公自投身教育之日起,便一心为了学校的发展倾尽全力、呕心沥血,即便他的主要产业——上海蓬莱国货市场被日军焚毁,在如此重大的灾难面前,他都没有放弃创办匡村高中和匡村大学的努力。这就是"念兹在兹"的精神,是一种使命意识,是不达目的誓不罢休的责任担当。作为学校教育的后来者,我们正是靠着这样的精神,坚毅奋进,在县中时期实现了绝地中兴,不但恢复了省重点中学的资格,而且还成为江苏首批、无锡首所省预评估的国家级示范高中;在新的历史时期,教育的现实带给我们的多是严苛的环境,我们既要坚守这所百年老校成全人的教育追求,又要接受有违教育本质的应试挑战,更要为学校的未来和长远发展自加压力,没有"念兹在兹"的精神支撑,没有"念兹在兹"的意志品质,没有"念兹在兹"的责任担当,省锡中就实现不了如今全方位的跨越发展。今天的省锡中,无论是课程建设、教师发展,还是学生成长、文化建设,我们都无愧于这个时代,也无愧于这所学校110年厚重的文化历史。建设现代高中,无论是城市还是乡村,江苏省锡山高级中学要成为全省乃至全国的示范样本。这所有都依赖于匡公"念兹在兹"的精神激励。

第五,成就一所伟大的学校,需要一群杰出的校友。

我以为,评价一所学校是否成功,就要看她所培养的校友在社会上的表现及其对母校的感情认同。我们说成就一所伟大的学校需要一群伟大的校友,是因为校友对社会的贡献其实就是学校对社会的贡献,校友的形象其实就是学校的形象,校友对学校的感情就是学校最大的社会口碑。今天是校庆日,更是校友节,我们想通过这样的节日,让各位校友回到母校,共同回忆青春,回忆过往,再次感受家庭亲人般的温暖;更想通过这样的节日,让你们的归来,带给更年轻的学子以更大的精神动力,有时,校友的一句话,就可能点亮一个或一群更年轻学子心中的梦想。如果说校友节最大的意义,我想没有哪个意义比这个意义更大!对在座的尚在学校,将来终将成为校友的更年轻的你们来说,学长前辈的今天就是你们的明天,可能你们的明天会更加灿烂,因为今天的省锡中已经变得更好,我们有一万个理由相信,在座的学子和未来会来到省锡中读书的学子,你们定会拥有更好的未来!百有十年之后的省锡中将会有更大更快速的发展,我坚信!

"卅年易过,百岁未央。期尔多士,奋翼飞扬。勿懈勿怠,作民之良。"这是匡中时期的校董、无锡教育名家钱基厚先生,在1937年为我校撰写的30周年校庆纪念碑碑文的最后几句。而今,"百岁易过",百有十年已至,不由让人感慨万千。面对前人,我们所能做的、所应做的依然是"奋翼飞扬,勿懈勿怠,作民之良"!

希望，是追求可能的激情*

我们面前百有十年校庆的这个牌子，已经翻过三次了。一所学校举行一次校庆，我以为它不仅仅是一个仪式化的庆典，而更重要的是发挥它的教育价值与资源整合的功能。我们的学校虽有110年的历史，但是发展得非常艰难。我们不是传统的一流名校，我们也不是基于大都市文化背景的那种超级学校，我们是从建校那一刻就偏在乡村的一所学校，资源相对匮乏。

于是，我们举办了"大学节"，我们把全国大学优秀的院士们、校长们、教授们请到这里，来给学生讲一讲大学的专业，来扩展他们的视野。我们举办了"校友节"，以"温暖回家"为主题，张开母校的胸怀，迎来八方的校友。最让我感动的是，我们110岁的校友在110年校庆的时候，亲来学校，颤颤巍巍地走到我们校主匡仲谋先生的塑像前，深深地鞠躬鞠躬，再鞠躬，深情地吟诵了匡公当年给他留下的生命的教诲，重述那种念兹在兹的精神，重述那种为了理想坚守不息的精神。

我们各位校长可以想一想，当一个个80多岁、90多岁甚至100多岁的校友在今天的园子里深情地吟诵校主留下的垂箴的时候，我想，没有什么再能证明比这更伟大的教育力量了。因为，一所学校教育的力量就是改变一个人一生，使他一生有了一种精神的坚守，给他的一生打下了深厚的文化的烙印。在这样的庆典中，我们深深地感受到，什么叫不忘初心，怎样才能牢记使命，我们为这所学校

---

* 2017年11月4日至5日，江苏省锡山高级中学举办"百有十年校庆·高中节"，包括中国高中六校联盟成员校、人大附中、清华附中、上海中学等全国知名高中的校长，以及省市教育部门的领导、专家等千余人参加开幕式，并参与相关论坛交流。本文根据我在开幕式上的演讲整理。

从一开始定下来的"十大训育标准",为"健全人格、发展个性"的终极价值追求而努力。

我们学校走过了110年,还要再朝前走,永远地朝前走。于是,我们举办"高中节",请来了全国著名的校长,请来了各地的嘉宾,请来了专家学者,给我们把脉会诊,让我们突破高中发展的瓶颈,那就是单纯地依赖生源聚集而实现学校发展的路径依赖,通过内涵发展走出了一条既充分满足当地人民群众对优质教育的需求,又不因为我们学校的发展而扩大地区间教育发展不平衡这样的一条路子。我以为中国高中的发展路径就在于此:办好一所、两所高中在中国是容易的,但是要办好成百上千所中学,让当地所有百姓的子女都能享受到优质的教育,这才是我们的希望所在!

克尔凯郭尔曾经说过,什么是希望?希望就是我们走向可能、追求可能的那样一种激情。让我们满怀希望、保持激情,从110年的起点朝前走,走下去。

> 希望就是我们走向可能、追求可能的那样一种激情。

感受班主任善良的温度*

善良是省锡中教育的底色和本色，早在1932年匡村中学时期，学校就明确提出了"养成健全人格，发扬个人才能"的训育主旨，在所颁布的训育目标中，第一条便是"道德——操行善良"。这些年来，省锡中每学期开学第一天，全校师生都要集体诵读《校训释义》，在《校训释义》中有"我校同学受此良善之教化"这句话，我们通过仪式化的诵读，让生活在匡园里的人牢记省锡中"良善之教化"的办学宗旨。

我想，一个可以称作学校的地方，追求的首要目标应是善良的教育。如果要说省锡中人——不管是现在还是曾经的省锡中人——身上有一种标志，一个烙印，应该就是"良善"！我曾经无数次面对这个学校百年历史上那些蜡黄的经典照片，当我看到我们的老校主给品行善良的学子、给衣着整洁的学子、给一学年以上不缺课的学子单独照一张相的时候，当我看到我们的课程选择标准是为了增强儿童学习兴趣、陶冶儿童善良德性的时候，我不止一次地热泪盈眶，感到通体的温暖。

在这里，我重点说一说班主任，是因为班主任是学校里离学生最近、最能唤醒并培植学生的善良品质的人。

班主任，是教师生涯不可或缺的身份，没有班主任经历，教育生涯总有长长的遗憾。班主任，是最配称作恩师的老师，他走入了学生成长的生命，走进了一个个家庭，是孩子们热爱、敬重的"老班"，是家长们在情感上亲近甚至倚重的对象。班主任，是最有可能成就教育家事业的一群人，只有站在教育家的境界上，才可以为了未来教育下一代，把民族复兴、社会文明、家庭幸福的每一个希望做

---

* 本文根据2018年8月在"班主任暑期培训班"开幕式上的演讲整理。

在促进学生精神完整成长的每一件小事上。

班主任的故事,就是一所学校的教育故事,故事的每个细节都体现着一所学校的教育价值、办学追求。班主任的形象,就是一所学校的教育品牌,班主任在学生、在家长那里的口碑,就是学校教育至高无上的奖杯。

班主任工作所有的方法都源自对学生真诚的爱,班主任工作最高的原则是合道德性。这种爱,这种德,追根究底应基于"善良"。我想,有四个方面的要求。一是不功利,不因学生一时发展的快慢高低而对学生青白相视。那些成绩差了点而从未受班主任轻慢、低看的孩子,往往终生铭记师恩。二是不势利,不因学生家庭的穷通富达而对学生冷暖有别。教育者有个神圣的使命,是尽力逆转社会阶层分化的代际传递趋势,为贫寒子弟创设上升通道。三是要大度,班主任的胸怀有多大,学生成长的天地就有多宽;班主任能容下五十种个性,就会有五十个生命的蓬勃生长。四是要宽容,不因孩子成长中的一点儿错误就苛责惩处,尤其不要动辄上升到道德的层面来评判。教育不是万能的,班主任肯定会有教育不好的学生,但即使如此,也应坚守不让一个学生寒心,让每个孩子感受班主任善良的温度。

人在生命中会遇到种种人,有人无意于我们的悲喜,是人生的路人;有人可分担苦痛,却未必能共享喜悦,是我们的友人。总有一种人,能为我们的忧愁而寝食不安,能为我们的欢悦而喜不自禁,这种人是我们的亲人。亲人者,父母是,老师是——班主任肯定是。

能在学生一生情感最纯粹的时期,用爱温暖他们的生命,结成至纯至真的师生情谊,这就是班主任最大的财富,也是这份辛苦最值得的地方。

走进鲁迅的精神世界，
追寻教育的终极价值[*]

这是一座宅院，是鲁迅先生曾经生活过的地方，在这里诞生了《阿Q正传》这一世界文学经典；这也是一所学校，是李大钊先生95年前发起创办的学校，从这里走出了一批杰出的中华儿女。能够把中国传播新文化、新思想的两位巨人聚会在一所中学校园中，在整个中国唯北京三十五中！作为中国高中六校联盟成员，我们很荣幸能分享这份荣耀。——我是带着中国高中六校联盟成员校万余师生欣羡的目光站在这里，表达我们对八道湾11号鲁迅纪念馆落成的美好祝福。

中国高中六校联盟是建立在六位校长感情基础之上的跨省的价值联盟。联盟成立以来，我们始终坚持以学科建设为引领，扎实地推动学校的内涵发展，学科建设的初步成果已在全国基础教育界产生广泛的影响。我们知道，高水平高中学校的学科建设须有大师级教师担纲引领，于是，我们把卓越教师的专业发展当作我们六校联盟追求的重要目标和主要的工作举措。今天，六校联盟语文卓越教师高级研修班，也借八道湾鲁迅纪念馆开张之际，在鲁迅书房里上了开班第一节课。我想，这样的第一节课，更有文化内涵和象征意义，那就是让我们的这批教师，眼前要站立一个大写的人，要读懂先生的精神，要品味教育的内涵，切实把"立人"作为我们语文老师核心的价值追求。

---

[*] 2018年10月17日，北京八道湾鲁迅纪念馆落成典礼在北京三十五中举行，鲁迅先生嫡孙周令一、李大钊先生嫡孙李剑生、中国教育学会原会长顾明远教授等出席落成典礼。本文根据落成典礼上的演讲整理。

鲁迅先生的作品进入我们语文教材，成为我们一代一代人成长的精神乳泉，滋养了我们国民的一种品性，这是近百年语文教学的一个历史。但是，我们也发现，对于鲁迅先生作品的碎片化的解构，对于鲁迅先生语言的一种应试化的曲解，使我们的学生渐渐地远离了先生，甚而至于有人把周树人、文言文和写作文并称为语文学习的"三难"。——这是我们学生语文学习的一大痛点。今天在这里，我们要正视这样的痛点并切实做出一些改变。我以为核心的就是走进先生的精神世界，追寻教育的终极价值，那就是促进学生精神的完整性成长，让我们的学生能成为先生精神的传人。

鲁迅先生曾经说过："新主义宣传者是放火人么，也须别人有精神的燃料，才会着火；是弹琴人么，别人的心上也须有弦索，才会出声；是发声器么，别人也必须是发声器，才会共鸣。"我们今天要做的，就是在我们的语文课上为学生添加精神的燃料，为学生安装弹拨的弦索，给学生添加共鸣的发声器，然后，让我们的大地上昂扬着这样一种精神，那就是站立着的国民的自强而向上的精神。

让我们从这里出发，一起努力。

> 让我们的大地上昂扬着这样一种精神，那就是站立着的国民的自强而向上的精神。

40年走过的"三条路"*

历史常常重复一些重要的时间节点引发人们的感慨,又常常重复相似的场景而使这种感慨更加深沉,在深沉的感慨中,历史发生了!庆祝教师节,第一次深刻的记忆,是在我工作第五年、教完高中第三个毕业班的时候,那是1985年;可今天,已然是第三十六个教师节了!时间真快,转眼之间当教师40年了。40年啊,此情此景,想和在座各位优秀年轻同仁、各位校长、各位领导谈谈我的感受。

据南大丁帆教授回忆,文学院的前辈程千帆教授曾有"三路"之说,所谓"当老师要走好专业治学的路,在院系要引领学科建设的路,临退休要让出未来发展的路",我也想借程老的说法,谈谈我这40年走的"三条路"。

一是走好良善人师的专业路

40年前,我是一个17岁的毛头小孩,因身体原因没有被大学录取,当起了民办教师。从那时起我对教师职业就有了独特的理解:走上讲台,我才迈开了人生的路;站稳讲台,我才站稳了人生的位置。我是在讲台上找寻到人生价值与生命意义的,这是40年来热爱学生、酷爱事业始终不渝的"初心"!

无锡坊间传过一个段子,说1993年我来无锡时带来一麻袋证书,在无锡县人事局工作人员面前倾囊而出,举座震惊。这实在是文学化的叙事!其实,我来无锡时,只是一个二级教师,实在拿不出几张像样的证书。是无锡县广纳贤才的胸怀、是老县中助力成长的沃土,接纳了我也成就了我。在这里,9个月后我评上

---

* 2020年9月1日,无锡市惠山区召开庆祝第三十六个教师节大会,本文根据在大会上的演讲整理。

了一级教师,一年半后评上了高级教师,7年之后、37岁那年,我成为江苏省最年轻的一批特级教师。

回忆几十年的经历,有三句话想和年轻的同仁分享。

第一句来自拉丁美洲著名的教育家保罗·弗莱雷,他写过那本著名的《被压迫者教育学》,他说:"教育是一种爱的行为,因此也应该是一种勇敢的行为。"

我们处在一个社会变革的时代,面对多样的选择与各种诉求的社会群体,要始终保持一种定力,要勇敢担承"爱的责任",用全部的爱去成就学生的未来,以我们的爱与智慧引领社会发生向善、向上的变化。只有把所有的孩子当自己的孩子一样去爱,我们才称得上"神圣"。在孩子情感最纯洁的时期,用我们最纯洁的情感投入和他们构建一种纯洁的师生关系,这是教师的伟大所在,也是我们职业幸福的源泉。

第二句话是我在接受央视《百年温情》节目专访时说的:"做一个良善的人师,不功利不势利,要包容要大度。"

教育有一个神圣的职责,就是让底层的人打破贫穷的代际传递而获得人生改变的通道,我们教师的仁爱之心更多应照亮贫寒子弟的前程。今天区政府大力投资公办学校,这是"执政为民"理念的体现。区政府每年给省锡中1.2亿元,每个学生每学期交费860元,算下来政府给学生每年的补贴就是5万元。正是在政府的关爱下,一些家境贫寒的学生才能在学校享受到最优质的课程。"要包容",是说包容学生成长过程中的缺点与错处,善于发现他们身上的亮点;"要大度",是说我们的胸怀要有让一个个性活泼泼生长的宽广度,不能因我们的狭窄逼仄了学生精神自由的空间。

第三句话是英国伦敦城市学校战略规划中对教师提出的

> 教育有一个神圣的职责,就是让底层的人打破贫穷的代际传递而获得人生改变的通道,我们教师的仁爱之心更多应照亮贫寒子弟的前程。

要求:"卓越的教师都应该是在具体的学科领域有专业水准的学者。"这些年来,我一直以语文学科领域学者的标准来要求自己。无论是反思日常教学实践、将经验概念化,提出"体悟教学"的理论,还是受邀参加教育部普通高中课程方案、课程标准的研制审定,审查统编本语文教材,编写苏教版高中、初中语文教材,参加江苏卷的高考语文命题,面向校内、校外开设公开课,所做的每一件事情,都力图超越经验的局限,放大眼量,追求专业标准、学者水平。我觉得,在自己的学科领域缺少专业追求与专业水准的人,不会成为真正优秀的教师,也不会成为合格的学校管理者。

二是开拓转型育人的改革路

毋庸讳言,我们的高中教育要从"分的教育"转而走向"人的教育"还有漫漫路途,但不能因为有高考的压力在,我们就放弃对"立德树人"根本任务的坚守。高考成绩是教育质量评价的重要指标,但绝不是教育追求的唯一目标,更不是教育展开的全部内容。考级能证明弹琴的水准,但仅为考级而弹琴似乎枯燥无聊。夺冠可以证明运动员实力,但仅奔着夺冠而展开的运动似乎违背人类体育的宗旨。教育也是如此,一所高中不能没有升学率,但对教育的理解不能仅仅是升学率!升学率解决不了我国从人口资源大国走向人才资源强国的路径问题,追求升学率也培养不出我国未来能应对"卡脖子"难题的高、精、尖的人才。我们的学生没有高分数进不了著名的大学,但如果没有高素质也不可能成为未来的领军人才。这是我们面临的两难选择,但正是在两难困境的艰难突围中才开拓出省锡中转型育人的道路。这次获评教育部新课程新教材实施国家级示范校,最大的意义与价值,是国家层面对我校十余年

> 高考成绩是教育质量评价的重要指标,但绝不是教育追求的唯一目标,更不是教育展开的全部内容。

> 升学率解决不了我国从人口资源大国走向人才资源强国的路径问题,追求升学率也培养不出我国未来能应对"卡脖子"难题的高、精、尖的人才。

来突围与开拓所有努力的肯定与支持!

各位校长,我们不能不关注分数,但我们还应该关注另外一长串关乎学生身心健康、全面发展的数字。比如,今年省锡中893名高一新生中戴眼镜的就有744个,占83%。我想,保持744个眼镜不再增加,也是我们作为校长要替家长担起的责任!再比如,经常参加利他性公益服务的只有35人,仅占3.9%,而从未参加过的156人,高达17.5%,我们的教育活动要不要尽快补上这一短板?在家每天承担家务劳动一小时以上的占3.7%,而半小时以下的占55%。随着城市化进程的加速和家长对学生综合素质提高的普遍重视,新生中接受过艺术课外培训的也超过了50%,比上届学生大大提升20个百分点,这就对我们艺术课程的设置提出了新的要求。还有,祖籍非无锡的学生首次超过无锡籍学生,说明我们城市人口结构发生着变化。

我把这些数字一一报出来,只是想告诉各位校长,我们的教育需要转型发展,需要全面关注人的整体性成长。我们无法改变高考以分录取的现状,只能通过课程的丰富性来满足学生个性发展的选择性,培养出担当未来使命的一代新人,探索出高中转型发展的道路。

三是铺就百年传承的未来路

省锡中建校113年了,在几代人的接续努力下达到了新的历史高度。2019年成为江苏省高品质示范高中G20立项学校,今年又成为99所教育部批准的新课程新教材实施国家级示范校之一,责任重大,使命光荣。这些年我们在服务无锡、辐射全省中也做出了应有的贡献,输出了不少骨干,一些骨干从省锡中走向了省市专业部门负责人的岗位,一批同志也担任了区内学校的领导职务。我已57周岁,其他两位校领导几年内也将相继达到退任年龄,事业发展急需一大批领军人物迅速成长。区委书记履新第一天,应我的请求以茶话会的形式召集年轻人见面谈心,鼓励大家奋发作为;新区长也在到任的第一时间来校看望大家,表达了对学校发展的关怀。

我们创新探索,在现有的干部人事制度框架内,启动了校长工作月度助理制度，以"80后"为主体选用6位部门负责人担任月度轮值校长，由他们全面主持工作、全权处理校务，进行全真岗位历练、全程任用考核，在全面负责中提升全局意识，在岗位磨砺中提高岗位能力。我们还围绕高品质示范高中和国家级示范校建设项目，设立六大创建项目的总管、选定118个项目长，建构促进学校发展的"分布式动力源"机制。让一批"90后"加入管理团队，参与到学校未来发展的进程中，一批生气勃勃的年轻团队正在干事创业中茁壮成长，前景喜人！

> 我将秉持三条原则：铺路而不占道，放权而不推责，指导而不代办。

各位领导，在未来的职业生涯中，我将秉持这样三条原则：铺路而不占道，唯有让位才能让年轻人在其位谋其政；放权而不推责，事情交由他们干，即使做错了责任也由我来负；指导而不代办，我们几位校领导主要精力放在管理的计划、反馈、评价环节，执行交由6位轮值校长助理，交给118位项目长。相信只要我们能够转换机制，在今天这样好的基础上、这么大的平台上，有区委区政府的持续支持，省锡中一定会开创下一个百年辉煌的道路。

我为教育建言(四则)

校外培训机构专项治理的盲区与误区[*]

1. 切实加强校外培训机构"教材"的整治与监管

现在每家就一两个宝贝孩子,哪个家长不望子成龙、希望给孩子提供最好的教育?所以对于家长的心态我们要理解,不能一味责怪家长,政府要做好自己应做的事情。政府一要做好加法,就是加强投入和教育资源供给,切实负责;二要做好减法,就是加强校外培训机构整治和监管,治理违规乱象。当前,校外培训机构的"教材"管理就是一个盲区。国家教材监管现在仅限于学校、校内,校外培训机构使用的面广量大的教学用书,基本处于无政策边界、无审查规范、无教育监管的状态。在多地的调研中发现,许多校外培训机构都声称使用正式出版的"教材",也形成了一套"准教材"体系。事实上,这些打着"课本""学生用书"招牌的"准教材",并不因人们否认其属于教材就影响实际的课程依托地位,所产生的负面影响非常突出:一是明显违背教学规律、强化应考套路的内容大行其道,忽悠家长,影响正常的课内教学;二是形成了从编辑出版、教材培训到市场推广在内的全国或区域性体系,潜在教育影响力不可轻忽;三是普遍定价偏高,加重家长负担。建议:国家教材委从落实立德树人根本任务的战略高度出发,将面向中小学生进行教育培训的机构中实际使用的教学用书纳入教材监管范围,明确要求,责成相关职能部门展开专项调研,健全制度、规范监管。

2. 精准整治,慎用"课上不讲课后讲"一类提法

坚持依法从教,严格查处中小学教师到校外培训机构上课取酬,是这次专项

---

[*] 本文根据 2018 年 7 月 6 日在第十三届全国政协第六次双周协商座谈会上的发言整理。

治理工作的重点之一,这对加强师德建设、保证教师专心投入校内教书育人工作,有着十分重要的意义;但正式文件中使用"课上不讲课后讲"的提法,个人认为值得斟酌。分析可知,"课上不讲"是招生手段,"课后讲"是赢利方式,是教师用"不讲"来暗示、"诱导"甚至"逼迫"学生进校外机构"听讲"以实现赚钱目的;但是,学生须为同一群体,教师必须串通同伙,且有人掌控校内考试命题权,才能让"课后讲"的内容在考试中真正有用、课后听的学生普遍增分。在现实中,这种系统复杂的昧心赚钱方式究竟有多大实现的可能?一个"课上不讲"砸了牌子的教师,在培训机构中又有多大市场?应该看到,"课上不讲课后讲"是教育培训机构制造家长恐慌、延揽生源的营销策略,客观上污名抹黑了教师群体形象。像"吃了被告吃原告"抹黑了法官形象、"不给红包不开刀"污名了医生群体一样,对此类流行语的行业伤害力要保持高度警觉。

> 应该看到,"课上不讲课后讲"是教育培训机构制造家长恐慌、延揽生源的营销策略,客观上污名抹黑了教师群体形象。对此类流行语的行业伤害力要保持高度警觉。

岂能将中国的明天交给补习班[*]

一代人有一代人的成长方式,这一代人今天的成长方式就是国家明天的核心竞争力。正所谓"种瓜得瓜,种豆得豆";未来主义学者认为,教育是"筹备未来的唯一理智方式",必须"为了明天教育下一代"!

> 教育是"筹备未来的唯一理智方式",必须"为了明天教育下一代"!

而现今的情形,实在令人担心!有统计显示,一些城市中80%的学生在课外机构补习,而其中又有80%的学生是在接受两门及以上的文化课补习。岂止城市,在笔者参与的调研

---

[*] 本文根据2018年5月在第十三届全国政协调研会上的发言整理。

中,补课风已经吹遍城乡,落后地区小镇上的补习机构也是门庭若市、生意兴隆。稍加推算,可知三十年后,到中华民族伟大复兴的2049年,这一代在补课中成长起来的学生年龄是36～48岁。换句话说,那时候承担中国梦重担的一代栋梁,今天多在补习班补课。

这是一个真正令人忧思的"成长现象"!由此看来,集中整治补习机构之乱象,就不是一个行业的权宜之计,也不仅是解决人民群众反应强烈问题的阶段之策,而是探寻立德树人落实机制的重大举措,是"筹备未来"的战略步骤;必须站在育人模式的教育高度来审视,从而找到根本上解决顽瘴痼疾的策略与方法。

补课能补上什么?这是我们思考问题解决路径的现实起点。长期以来,由于考试评价指挥棒出现了偏斜,无论是学校的阶段性考试,还是中考、高考,过多地关注了知识结构的第一层面,即由学科碎片化知识所构建的"内容之知"。受此影响,教学活动变成了"反复操练",学习要求变成了"记住背过",考试评价也变成了"记得牢、答得出"的"解题比赛"。应该说,这种围绕"记忆力"打转的教学模式、评价方式,对反复操练的补习应试机构,恰恰提供了"应运而生"的氛围和环境。如果我们的教学与评价更关注学科的逻辑和思维方式,更关注学生基本的学科素养与能力的"方法之知",甚至更进一步关注学科的深层价值诉求,让我们的教学真正从关注"记得住的知识"走向关注"一生带得走的素养",让我们的评价命题真正从"知识立意"走向"素养立意",考查学生在真实的情境下,运用知识解决复杂问题的关键能力,那么,"知识之补"机构的野蛮生长,也将会从根本上失去市场的需求拉动。

个性成长需求的多样化与学校课程供给的有限性冲突如

> 教学活动变成了"反复操练",学习要求变成了"记住背过",考试评价也变成了"记得牢、答得出"的"解题比赛"。应该说,这种围绕"记忆力"打转的教学模式、评价方式,对反复操练的补习应试机构,恰恰提供了"应运而生"的氛围和环境。

何化解？这是我们思考问题解决路径的机制选择。应该看到，部分学生选择艺术、体育等素养类机构学习，是校内课程资源不足的无奈选择，费时费力，耗资耗神。我们应该借鉴深圳等地成功探索的经验，建立课程类公共服务产品政府购买机制，探索"政府向社会购买优质课程供应学校，学校依托校内资源支持课程实施，家长合理分担部分课程成本"的课程供给形式；这样一来，把一些优质的课外机构从机制上转化为优质课程的供给中心，从根本上解决学校师资短缺、课程单一的现状，为"适合的教育"提供可选择的"适合的课程"。

根本的出路还是习总书记在全国教育大会上指出的方向："要深化教育体制改革，健全立德树人落实机制，扭转不科学的教育评价导向，坚决克服唯分数、唯升学、唯文凭、唯论文、唯帽子的顽瘴痼疾，从根本上解决教育评价指挥棒问题。"唯有如此，真正从"分的教育"走向"人的教育"，教育才能培养出担负中华民族伟大复兴重任的一代新人，我们的明天才可以期待。虽然"顽瘴痼疾"从"根本上"解决，是长期的、艰巨的任务，但请坚信这一条，从眼下的改变起步，就能走向明天。

普及高中教育：基层学校的期盼[*]

总理《政府工作报告》谈高中发展，两年的文本一字未改，词序却有调整，去年是"推进普及高中阶段教育"，今年是"推进高中阶段教育普及"。我的理解是，一字不改，表明普及高中教育对于提高国民整体素质、增强综合国力与国际竞争力具有重大战略意义，必须一以贯之、扭住不放；词序调整，表明这项工作的关注重点已由启动推进转向目标达成。实现高中教育普及，是更有质量标准下的普及，是推进高中育人方式改革进程中的普及，是与高中新课程改革、高考综合改革攻坚战协同一致的普及。作为一线委员，我们既备感振奋，也感到责任重大、压力巨大。为实现宏伟目标，这里想谈谈基层学校的期盼。

---

[*] 本文根据2019年3月在第十三届全国政协二次会议界别联组会议上的发言整理。

期盼财政部门尽快明确高中生均公用经费拨款标准,积极健全普通高中经费投入机制,在建校舍、添设备的同时,发达地区的教育投入要向教师和课程倾斜,支持学校购买优质课程资源,促进育人方式变革,为培养高层次创新人才奠基。期盼发改部门建立与普及高中教育相适应、不同区位有差别、科学合理的学费及住宿费标准的动态调整机制。

期盼人事与社保部门及时增加教师编制。现在的情形是,发改增指标扩招的学生进得来,人社没指标教师进不来,基层学校的校长感叹"牛儿已到山坡吃草,放牛的还不知道到哪儿去找"。促进育人方式改革要求推进选课走班,学校师资结构性缺口亟待补齐。同时,教师职称岗位设置比例造成许多老牌高中教师职称晋升通道严重拥堵,年轻老师要等老教师退休腾出位子才能晋职,教师发展困难,岗位设置比例要尽早优化调整。期盼人事社保部门在核定绩效工资总量时,充分考虑高中新课程改革与高考综合改革后教育教学的实际情况,结合高中教师的工作时间、工作负担,予以适当倾斜。像我们这样的寄宿制学校,班主任们六点起身看早操,十点宿舍查睡觉,工作时间长,心理压力大,待遇应该也提高一些。

期盼教育部门统筹协调推进新课程改革、高考改革与高中普及三大攻坚战,坚持速度服从质量的原则,完善配套政策,让改革目标落实落地。

期盼高中新教材尽早面世。我们江苏作为改革的8省之一,现在是对着新课标、教着老教材、迎接新高考,穿着老鞋走新路,难度很大,风险也很大,搞不好就会使新课程改革走了样。

在新课程培训中,期盼更贴近基层学校一线教师的需求。现在的培训,多是听专家的报告,一线老师反映"听听很美妙,想想找不着调儿,回去一上课还是老一套"。希望多找一些优秀教师,在专家指导下用示范课表达新课程理念;多选一些优秀高中作为基地,让老师们走进课改现场学习改革方法;多树一些先进典型,展现他们探索立德树人落实机制的生动实践与先进经验。

期盼高考改革有突破性进展。在全国统一高考还是最重要的评价形式的情况下,集合众智,借鉴国际测试先进经验,研究并改进高考命题就显得非常重要。

考试内容必须改，试题形式也不能固化，真正从考查"记得住的知识"走向考查"带得走的核心素养"，切实引导高中学科教学走出"刷题增分"的泥淖。还应该按照全国教育大会的精神，明确提出这样的要求，以高考指挥棒是否发挥了育人功能、是否发挥正面导向作用，来评定命题质量、评价改革成效，用效果倒逼，啃下这块硬骨头。

期盼综合素质评价的结果真正"用"起来、"硬"起来，确保德育、体育、美育、劳动教育在综合素质评价中的刚性要求落到实处，使之真正成为发展素质教育、转变育人方式的重要制度，发挥其对促进学生全面发展的重要导向作用。

期盼全社会共同营造促进发展的良好环境。就政府而言，经济发展不唯GDP，评价学校也不能只看升学率；就家庭而言，孩子成绩要关心，身心健康全面发展更要关心；就媒体而言，主流媒体不炒状元，自媒体也应自律担责。无论是教育主管部门、宣传媒体还是学校管理者，一定要高度关注学校日常教育行为，发挥好积极的、正向的价值引导作用。比如说，组织学生复习备考是对的，但不能去搞那些杀气腾腾的"百日誓师动员大会"；提倡学生发愤学习是对的，但不能让校园里充斥着"只要学不死，就往死里学"的血腥标语。让我们一起努力，坚守立德树人的价值取向，把党的教育方针落到每一个教育细节。

普及高中教育，是推进教育现代化、建设教育强国的重要环节，是国之大计；要站在"筹备未来"的高度来担起责任，为了明天，培养担当中华民族伟大复兴中国梦重任的一代新人。

振兴县中,营造均衡发展的教育生态[*]

当前,引发广泛争议的一些省市"超级中学"教育现象,应引起高度重视,建议尽快出台政策,明确发展导向。

所谓"超级中学",不是传统意义上的高中名校,具有三条突出特征:一是以跨地市"掐尖"招生为主要手段,聚集优质生源;二是以"清、北"升学人数为主要标志,打造学校品牌;三是以强化应试为教育模式,在复制中扩大办学规模。"超级中学""尖子生掐光、好教师挖光、清北指标占光",直接导致区域教育生态的整体恶化和教育水平的整体降低,弊害很大:

一是拉大了区域内基础教育发展不均衡的差距。一所学校挺出来,一批学校倒下去;数所"超级学校"的强势崛起,总伴随着省域内诸多地市学校办学境况的雪上加霜。一些省市对"超级学校"发展默许、支持的政策,与对促进区域教育均衡发展的声称自相抵触,热门高中越来越热,优质学校越来越少,薄弱高中越来越多,市域之间、校际之间、城乡之间教育差距越来越大。有不少省份考取清华北大人数的80%以上,集中在三至五所甚至一两所"超级学校"之内,许多经过几十年甚至上百年发展起来历史名校在此背景下生源、师资流失,质量严重下滑,辉煌多年的"县中模式"整体消解。让每个县区都有一所好高中,已经成为不少省市人民群众对美好教育的梦想!

二是加剧了上好学预期与优质资源稀缺之间的矛盾。有的"超级中学"以公办名校为依托、借民办学校收费政策发展,"公""民"混合;有的还与跨区域校外补习机构联手建立生源输送通道,形成事实上的利益链。家长为孩子上"超级中学",支付了昂贵的教育成本;学生为上"超级中学",背负了超限的竞争压力。在一些省市内,"超级中学"比这个省市的名牌大学还要少,上"超级中学"比上"双

---

[*] 2019年8月,列席政协第十三届全国委员会常务委员会第八次会议。本文根据在专题讨论会上的发言整理。

一流大学"更难,而且越是"超级中学"现象严重的省市,"上学难、上好学难"的矛盾就越突出。这种由公共政策与管理失措导致的资源稀缺性、竞争激烈度,弥散开来加剧了社会成员群体性的教育焦虑。

三是强化了"分数至上"的评价导向与舆论氛围。"超级中学"高高竖起的"清北"排行榜,事实上已成为社会关注办学成果的集中点、评价教育质量的刻度仪,在这一不断强化、功利而现实的教育导向面前,立德树人的根本任务被矮化,全面发展的要求被窄化,诸多教育改革的举措遭遇了落地、落实的重重阻遏。

"超级中学"现象屡禁不止,问题在学校,根子在政府;地方政府教育政绩观的偏失与省级教育行政部门对高中跨地市招生的默许与不作为,是"超级中学"野蛮生长的根本原因。要从源头上根治,多方联动,开展集中专项整治,以营造良好的教育生态。为此特提出如下建议:

一、贯彻《中共中央国务院关于全面深化教育教学改革,全面提高义务教育质量的意见》"落实优质普通高中招生指标分配到初中政策,公办民办普通高中按审批机关统一批准的招生计划、范围、标准和方式同步招生"的要求,出台《实施办法》,明确政策边界、实施细则。在实施义务教育"公""民"统招时,建议不留政策死角,明确严禁义务教育以各种名义跨学区招生;明确严禁高中阶段跨地市招生,要求各省制订促进高中县区范围招生的时间表。

二、明确省级人民政府及其教育行政部门为专项整治的责任主体,明确具体的整治目标。由国家层面相关职能部门牵头开展"乱招生"专项整治。对高中跨地市招生问题突出的省,进行教育生态治理问责。

三、以"县中"优质化引领县域教育整体振兴。推进校长职级制和高中校长跨区域选用制度,拓展校长职业发展空间和任用通道,吸引更多的优秀人才争当"好校长"、办出"好学校"。以建立和完善三级教研制度为重点,配足配优县级学科教研员,改进其工作方式和激励机制,充分发挥我国教研制度的独特优势。在持续加大教育投入的基础上,优化投入导向,统筹建设一体化智能教育平台,建立智能化、可视化、交互式的教育教学体系,依托信息化优势,推进"名师课堂""名校网络课堂"建设与应用,加强"基于在线课程的课堂教学能力"专项培训,实质性推动优质教育资源县域共享,用五年左右时间大幅提升县域教师的教学水平,实现每50万人口区域就有一所受当地群众认可的优质高中的目标。

青春的刻画

青春是通往未来的选择，是外在形态和内在气韵的塑造，是自我从自然属性过渡到社会属性的一次哲学意义的确认。青春的形象，应该刻画为终身运动者，使命担当者，问题解决者，优雅生活者。

本辑收录了在大型社会活动现场、毕业典礼上围绕"四个者"展开的有关演讲文稿。

青春的刻画*

走上这个讲台,在这一刻,我又一次触摸青春,真是感慨良多。17岁那年,因为身体的原因,没有迈入大学的门槛,于是我的青春就定格在讲台上。从普通县城的一个民办教师做起,一路走来,到今天已经整整40年了。

青春已成为我对过去的一段温热的回忆,是不能再回去的过往。而我又在和孩子们的每天的交往中,重新体验着青春,回味着青春,并一次次感悟青春对于生命的意义。

青春是什么?我选择的关键词是"刻画"!青春的刻画包含三层意蕴:青春是通往未来的选择,是外在形态和内在气韵的塑造,也是从自然属性过渡到社会属性的一次哲学意义的确认。

青春有着通往未来的无限多样的路,有着多种选择的可能和不确定性。因此,它是美好的。青春是重要的,因为青春的每一次选择都要付出你后来生命的长度,无论是选择学业、职业,还是选择一生的伴侣。对于你们而言,今天最重要的选择是高中生关于学业的选择。人们常说人生有两次重要的选择,一次是选择大学的专业,一次是选择人生的伴侣,这两次选择都不可重复,这两次选择都必须以爱为前提。我常听同学们抱怨,我们今天的课业仍然显得繁重。但我要说的是,在中国,高考仍然是确保教育公平的最基本的形式;当我们没有办法改变这一切的时候,我们能做的就是把今天的学业与未来大学的专业贯通起来,把

---

* 2020年9月30日,无锡市委宣传部、市委网信办、市教育局主办"致乘风破浪的青春"短视频大赛颁奖典礼,省锡中学生拍摄的《云上的和声》获特等奖。颁奖典礼现场设置为课堂形式,观众为学生,按主办方要求,我选择"刻画"为关键词发表演讲。本文根据现场视频整理。

未来的专业和我们一生安身立命的职业贯通起来,和我们建功立业的事业贯通起来,和我们造福人类、安顿灵魂的志业贯通起来,让今天的学业超越分数,让未来的专业超越功利,让我们的职业超越谋利,让我们永远因爱而生存,生命里保有信仰的力量——人生因信仰而激情澎湃。

> **责任担当者:** 善良感恩,有人道精神和悲悯情怀。敬畏自然,追求正义,诚信谦恭,坚守良知,做人有尊严,做事守底线。包容大度,善于合作,有团队引领力。热爱祖国,认同本土文化价值。有理想追求,信念坚定,热心公益,服务人类,有能力担当未来家庭、职业和社会角色的责任。

青春是一次塑造,无论是对我们外在的形体还是内在的精神气质,都是一次塑造。我所在的学校在1932年的时候颁布了"十大训育标准"。在我看来,"十大训育标准"就是向同学们提出的对生命塑造的规格和要求。你们因青春的塑造应该成为终身运动者。奔跑是上苍赋予健康人的多么神圣的权利和所有快乐的源泉。你们应该动起来,应该跑起来,甚至应该野起来。让你们的生命因对运动的爱好而丰盈,让运动成为你们终身的习惯。罗素先生在《教育与美好生活》一书中提出奠定人格的四大基础,第一就是充满活力。青春就应该在奔跑和跳跃中昂扬生命的活力,塑造旺盛的生命力。

你们应该成为使命担当者。青春就应该以团队领袖的样子,站立在大地上救助贫困与弱小;就应该以世界公民的身份,眺望时代的远方,担当未来社会的责任。

你们应该成为问题解决者。知识的拥有量不是定义你们青春质量的最重要的因素,你们应该富有智慧,用善与智慧去给我们这个世界以问题解决的方案。

你们应该是优雅的生活者。青春就应该沉浸在大剧院,沉浸在博物馆,徜徉在诗词歌赋琴棋书画里,行走在名山大川、现代都市,流连在街巷里弄、故土乡野里……以此培育高雅的情趣,塑造丰满的情感。——只要你们眼里有美,这个世界都会被你们的眼睛照亮。

青春是从人的自然属性到社会属性的一次哲学意义上的确认。古希腊德尔菲神庙门柱上刻着的阿波罗神谕是"认识你自己"。历经了青春,你就应该堂然而立于天地之间,坚定地告诉世界:我是谁,我从哪里来,我要到哪里去。

最后,我想引用诺贝尔文学奖获得者挪威作家克努特·汉姆生在接受诺奖时一段深情的致辞与同学们共勉——那年他已经62岁了。他说,我愿在这灯火辉煌的时候,在这与众多杰出人士聚会的场合里,献上我的礼物,献上我的花朵和诗歌。让我们再度年轻,再度乘风破浪,向所有在场的年轻人举杯,向世界上所有的年轻人举杯,向生命中的一切的青春举杯!

省锡中毕业生应有的形象*

真的非常想念大家,整整四十多天了,因为疗伤我远离了你们,远离了匡园。但是时间和距离,把惦记和思念酝酿得更深、更纯,也更浓。今日作别,在往后的岁月里,我想你们也一样能感受到对校园的那种怀念,对师长的那份惦记。孩子们,无论什么时候,母校在,你们的家就在。

刚才,我在途中通过视频看了毕业典礼的实况,非常激动地倾听你们深情地演唱级歌。我不知道这首级歌是由谁在什么样的背景下确定的,其实它多少让我感到意外。因为正值青春年少的你们所选的、同年级人所同唱的那一首歌,竟然是叶芝写给他生命中那个挚爱对象的、让人无限感怀的歌声:当你老了,头发白了,睡眼惺忪;当你老了,走不动了,在火炉旁打盹,回忆青春。

听着歌声,我似乎明白了,选择这首歌作为你们的级歌有着深刻的意蕴,它启发我们思考:任何为人生奠基的教育都必须指向未来,都必须关注生命的长度;都应该在当你老了的时间点上回首凝望时,去确认我们今天所做的一切是否有价值,是否有意义!

今天还有一个盛大的仪式。经过对匡村学校至今100多年历史中有关教育目标和毕业生形象的系统梳理,我们找到了在1927年的时候,关于道德、关于知识、关于能力、关于身心的形象刻画;我们找到了在20世纪90年代初期关于"做站直了的现代中国人"的内涵的揭示。我们又在瞭望了世界上各个国家所提出的学生的胜任力之后,提出了体现着省锡中教育价值追求和培养目标

---

* 因疫情高考延期,江苏省锡山高级中学2020届毕业典礼选在7月23日举行。此前6月9日因巡察学校工地跌伤住院,为参加毕业典礼,从医院返回学校。

的一种形象化表述,这就是"匡园毕业生形象"。"匡园毕业生形象"对你们而言,不应该是一个个陌生的概念,也不应当是一条条外在的人生要求,它是你们在这个园子里历经三年,每一天所接受的课程、教学、活动在你们身上所累积下来的气质,它是我们这个学校价值追求、行事方式在你们身上所打下的烙印。

每个人应该去触摸这些词语,应该去践行这些要求。总有一天,当我们老了,白发飘飘的时候,我们相聚,虽然我们已经无法通过容颜辨识出对方青春面孔的模样,但是我们都有一个共同的名字,就是匡园学子;我们都有一种共同的气质,就是"匡园毕业生形象"。

教育是影响人的有计划、有目的的社会活动。这样的一种活动必须有追求,必须有使命。我们要培养的是学业与学术、品性与品位、适应力与胜任力综合均衡全面发展的一代新人。

这个新人应该生命旺盛,身心健康,是终身运动者。他呵护生命,对于生命怀有敬畏之心,他守护健康,能有担负自己健康的那种毅力,永远保持健康的生活状态,天天保持正常的作息时间,永远保持旺盛的生命活力。坚强自信,阳光开朗,乐观向上,坚信每个明天会比今天更好!

这个新人应该精神高贵,是责任担当者。匡村中学走出的所有学子和我们今天省锡中的毕业生,百年传承的基因是善良。我们只有立身善良,才能够获得天下的认同,才能够奋翼飞扬。我们要有感恩之心,我们要有悲悯情怀,我们要有慈善的品性。按照"十大训育标准"的要求,我们应该追求正义、谦恭、守信,还应该担负起未来社会和家庭角色应该担负的责任,有理想,有追求,生命因信仰而澎湃。

这个新人应该智慧卓越,是问题解决者。在你们即将选择大学专业的时候,我特别要讲一句话,那就是我们学校在国际教育话语体系里,就是一所学术性高中。中国把高中分成普通高中和职业类高中,国际上通常把高中分成学术性高中和技术性高中。大家上的就是学术性高中。我们应当以学习立身,以研究立业,用实业报国。我们处于一个具有易变性、不确定性、复杂性、模糊性的世界里。

> 问题解决者：成为终身阅读者、负责任表达者。保持好奇心，坚持独立思考，崇尚科学，勤勉持恒，以学习立身，重研究立业，熟练使用现代技术工具。热爱劳动，注重实践，反思审辨，开拓创新，用智慧给世界提供问题解决的行动。

今天世界格局变化令人难以判断、难以捕捉，但是我们能够说清楚的是，担负中华民族伟大复兴的一代新人，必须有一技在身，必须创新创造，必须用科技来振兴我们的国家。如果你们再不担当这份重任，如果你们再不突破那些还被"卡脖子"的关键技术，我们又能靠谁呢？因此我希望你们在选择专业的时候选择工程师，选择医生，选择律师，选择教师，去创造社会的财富，去呵护人类的健康，去维护社会的正义，去传递人类的文明。我要反复强调的是，如果省锡中毕业的学子把所有专业选择的标准都聚焦在金钱的多少与待遇的差别上，那么我们下一代民族精英的眼界也太低了。胸怀天下，造福人类，把今天的专业和今后的职业、未来的事业、一辈子的志业贯通起来，这才是我们省锡中毕业生应有的选择。

这个新人应该情感丰满，是优雅生活者。伟大哲学家罗素曾经用活力、勇气、智慧、敏感四个词来定义理想人格的基石。这里的敏感绝不是林黛玉般的多愁善感，而是一个人永远对世界保有敏锐的感受力，能感受美、发现美、体验美；乐于表达美，乐于创造美；乐于欣赏自己，也乐于欣赏他人。他热情、幽默。幽默，对于一个社会来说是精神的自由度和社会民主的体现，对于一个人来说是他的自信度，是他弥合社会各方的基本能力。优雅生活者还应该注重生活的细节，有优雅的仪态，能够给这个世界带来欢乐，能给他人带来美感。对这一点我非常非常的自信，因为省锡中的男孩都帅气，省锡中的女孩都优雅。这不是我偏爱的评价，而是大家共同创造出来为社会共同认可的对省锡中学生形象气质的基本判断。

时间过得非常非常快，你们踏进校园的时候，还记得吗？

那是2017年,我们在大操场上隆重举行建校110周年庆典。庆典结束时,所有的嘉宾,所有的校友,所有的老师,所有的学生站起来同唱一首歌,歌名是《我不想说再见》。你们确实能够感受得到,我非常爱你们。面对你们,我的确不想说再见,但是所有把雏鹰都护在自己翼翅下的老鹰,不是称职的父辈;所有把孩子放在家里的家长也不是称职的家长;所有想把毕业生留在学校的校长和老师,肯定不是好老师。虽然我不想说再见,但孩子们,为了天空,为了前程,为了你们的明天,我还是得说:再见,孩子们!

天天锻炼是生命活力的标志[*]

同学们,今天是一个盛大的节日:多年以来我们追逐的一个梦想实现了!为了落实学生"每天锻炼一小时"要求,学校历经"课程结构变化""运动时间增加""教师增量"等多阶段实践,整体构建了巅峰体育课程体系,以"天天一节体育课"呈现了"每天锻炼一小时"的解决方案。从今天开始,将在全校所有年级执行巅峰体育课程体系。

强健的肌肉是欢乐、活力、镇静和纯洁的源泉。

大家知道,受应试教育的影响,许多学校学生的运动机会被剥夺了,其实剥夺运动就是剥夺成长,剥夺运动就是剥夺健康,剥夺运动就是剥夺活力。顾拜旦在《奥林匹克精神》演讲时说,强健的肌肉是欢乐、活力、镇静和纯洁的源泉。实际上,一个国家、一个民族的强大与文明,很大程度上与这个国家、民族的体育人口多寡密切相关。当看到我校二十世纪二三十年代那一张张运动会合影时,照片中无一戴眼镜的匡园学子,多次让我热泪盈眶。

我们参照学校二十世纪三十年代的体育课程目标,按照"生命旺盛、精神高贵、智慧卓越、情感丰满"的人才规格,确立了"天天一节体育课,每天锻炼一小时,健康工作五十年,生命旺盛一辈子"的理念和"做终身体育的践行人,做健康生活的拥有者"的体育学科宣言。就是要使同学们体格茁壮,"以作振兴民族之准备";就是要让同学们养成"生活所需之运动技

---

[*] 本文根据在江苏省锡山高级中学 2015 年巅峰体育节开幕式上的演讲录音整理。

能","养成优美正确之姿势",进而养成终身运动的习惯,成为支撑体育大国的"体育人口"。

我们再也不能陷于"分"的教育的泥潭里面,我们应该走向促进人精神整体发展的人的教育,于是我们选择了巅峰体育课程。巅峰体育课程从去年9月开始实施到现在已经整整一年了,巅峰体育的完整受益者是现在高二年级的同学,他们真正地实现了把体育课由两节开到四节,再加上每周一次的班级团队拓展活动,走向"天天一节体育课,每天锻炼一小时"。

这样做的全部目的就是让参与锻炼成为学生校园活动的基本形式;就是让运动技能与水平的提高成为我们学生追求的一个标准;就是想让我们的学生在这样的参与当中,养成天天锻炼的良好习惯;就是让我们的学生在体育比赛中能够体验到团队合作的精神,尊崇规则的法的意识和勇于挑战自我的意志品格。英国伟大哲学家罗素在他的《教育与美好生活》中曾经谈到,人要实现完整人格的成长,第一位就是要有活力,而运动就是使人持有活力的一个源源不断的动力源泉。

刚才,何老师作为一位生物老师,已经对运动的机能进行了深度的解析,我相信他说的不仅是知识,更是常识,是科学。因为运动至少可以让我们身体产生三样物质:第一样物质叫作多巴胺,多巴胺是我们快乐源泉的受体,它能够使我们情绪持续向上;第二是血清素,血清素与我们注意力、记忆力直接相关,运动之后可以使人们的记忆力得到增强;第三个重要的物质是正向的肾上腺素,正向的肾上腺素可以使人们对于某一项东西的持续关注得以增强。我想即使从纯粹的生物角度上来讲,我们也应该看到运动对人充满活力是大有益处的,所以多运动无疑能宣泄不良情绪,集中有意注意。我常说,没有

> 我常说,没有比运动一场大汗淋漓更有效也更痛快的心理教育了。

比运动一场大汗淋漓更有效也更痛快的心理教育了。

同学们青春年少,在省锡中的园子里面,我们已经提供了足以让全球的中学生们羡慕的运动场所、运动环境。我常想,如果你们生活在这样一种美好的环境当中,没有实现天天锻炼,那实在是天大的遗憾。我想,从省锡中毕业的所有学生一定要把这四句话牢牢记住,让我们一起说出巅峰体育课程的终极目标:天天一节体育课,每天锻炼一小时,健康工作五十年,生命旺盛一辈子。我不希望在你们垂垂老矣的时候,才想起学校当年的倡导,懊悔地说:我怎么就没坚持锻炼呢?

同学们,我们可以骄傲地宣布,天天锻炼是省锡中每一个学生生命活力的一种标志。巅峰体育不只属于同学,巅峰体育还属于生活在这个园子里面的所有老师。各位同学,在你们班级拓展活动的时候,邀约你们的老师一块去运动,一块去锻炼吧,让他们也加入到你们的行列里去,好不好?

同学们,巅峰体育运动不仅属于我们的师生,更属于你们的家庭,属于你们的家长,在双休日的时候,在寒暑假的时候,也组织你们的家长一起运动吧,好不好?

我们永远记住南开学校创始人张伯苓校长的一句话,强国必先强种,强种必先强身。

百感交集的青春*

同学们，记得余华在《温暖和百感交集的旅程》中提到一件有意思的事情，博尔赫斯的遗孀玛利亚·科达玛在丈夫去世一年后接受记者采访时说："我想我将会梦见他，就像我常常梦见我的父亲一样。密码很快就会出现，我们两人之间新的密码，需要等待……"这位老妇人的新"密码"将会在一个神秘的午夜敲开所有记忆。我们每个人都有自己的密码，它封存着一些秘密，有些美好而醇厚，适合留在漫长的岁月中独自静享；有些则不能贮藏太久，它需要释放、表达和理解，再强健的体格也包裹不住暴戾情绪的无限发酵。

青春也是这样一种状态，它有许多值得一生抚摸的秘密，也有一些是藏在隐秘角落伺机撕裂灵魂封印的情绪。青春不只是一本打开了就合不上的书，更是一本需要努力破译才能读懂的书。人类拥有自我意识以来，那些由性格、生活、时代、未来盘根错节般缠绕而成的心灵密码，谁都不能够完全破译，否则"认识你自己"也不会像宗教偈语一样被刻在神庙门柱上，从古希腊绵延至今，直至无数个未来。

马克斯·范梅南和巴斯·莱维林合著的《儿童的秘密》一书曾提出，拥有秘密能够为儿童隔离出一个完整的自我领地，

---

* 2014 年 5 月，参加江苏省锡山高级中学高二年级校园心理剧汇演并作演讲。本文据录音修改后，作为序言收入《心理情景剧——让学生在体悟中成长》一书。

而分享秘密又使儿童能够很好地和外部世界交流,这有助于儿童人格的形成。

于是,心理剧便成了我们开展高中生心理健康教育活动的一个主要方式。我们想以表演的方式将那些无法言说、怯于表达的青春秘密以艺术的形式呈现在舞台上。青春的孩子表演青春的迷惘,青春的观众咀嚼青春的故事。无论是那些困扰着一代代青春的永恒秘密,还是独属于这个年代的青春烦恼,都可以经由心理剧在舞台上一展无遗。

心理剧最初并不是一种以演出为目的的戏剧形式,而是一种心理干预疗法,我们用心理剧的形式破译青春密码,则更侧重于理解、引导和表现。尽管我们都知道,舞台艺术无法代替现实生活,戏剧冲突无法代替生活矛盾,但我们能肯定的是,在心理剧的创作、排练和表演中,隐秘的内心一定会在亲历和体悟中解锁密码,袒露真诚,以某些"体验"经历一次成长与蜕变。

> 通过角色扮演,你们能够体察不同社会身份的境遇和心理;通过换位思考,你们能够养成体察他人的习惯,发展同理心和共情力;通过理解角色,你们能够走出自我中心,在身心成长中养成体谅他人的能力。

从教育价值角度看,心理剧是一种以活动促成长的教育形式。通过角色扮演,你们能够体察不同社会身份的境遇和心理;通过换位思考,你们能够养成体察他人的习惯,发展同理心和共情力;通过理解角色,你们能够走出自我中心,在身心成长中养成体谅他人的能力。

心理剧是一种通过任务培养人际交往能力的学习形式。在彩排、演出等任务过程中,同学们可以打破异性交往的封闭与拘谨,超越单一的知识学习场景,实现人际交往的深度沟通与交流。

心理剧是一种通过团队协作培养合作能力的活动形式。它打破了单一的学习模式,通过项目团队中不同责任角色之间的分工开展深度合作,以结果呈现的方式证明合作效果与团队效率。

　　从课程角度看,心理剧具备研创式大任务课程的基本特征。心理剧以项目制的方式运行,以任务串起整个学习活动。它具有综合心理学、剧本创作、舞台设计、表演艺术、论文写作等跨学科、跨领域的知识组织特征。活动中心理剧通过情境规定性、潜台词设计等剧本创作标准,解读剧本、构建人物形象、组织舞台调度等导演基本素养,灯光、音响、舞美、道具等技术操作能力实现专业规范的深度学习。最后心理剧以物化成果(舞台表演)的观众认可度作为评价结果。

　　从学习活动角度看,这种完全交由你们写戏、排戏、入戏、演戏、出戏、评戏的活动过程,是体悟教学"设题——自悟——交流——归理"四个阶段学习理论从语文学科拓展至研创式大任务课程的可行性探索;也是"活动体悟"学习方式从话剧表演拓展至心理健康教育的推广实践。

　　在话剧表演中,学生领取角色是"设题"(明确任务);记台词、揣摩角色是"自悟"(活动体验);话剧表演是"交流"(呈现展示);撰写感悟文章是"归理"(反思总结)。

　　而心理剧则稍显复杂,"设题"(明确任务)是项目团队先从自己生活中提炼出具有典型意义的青春困惑,再安排编剧,剧本初步定型后分配角色;"自悟"(活动体验)不仅包括记台词、揣摩角色,更包含多次彩排、修改剧本、舞台调度磨合等前期工作;"交流"(呈现展示)由舞台表演和剧本汇编两个部分构成,时空跨度较大;"归理"(反思总结)包含撰写感悟文章,但更注重演员和观众获得情绪宣泄的机会和干预心理危机的隐性知识。那些无法言说、无处诉说的生活矛盾以及矛盾中的困惑、痛苦、纠结、焦虑、暴躁等情绪在被无限放大后最终获得个人的意义。一生很短,青春更是稍纵即逝,

> 一生很短,青春更是稍纵即逝,无法复制,舞台生活并不是在别人的故事里流着自己的泪,而是在创设体验情境中复刻那些耿耿于怀的青春片段,这些片段中所隐藏的秘密在艺术再现与审美观照中最终转化为心理的免疫能力。

无法复制，舞台生活并不是在别人的故事里流着自己的泪，而是在创设体验情境中复刻那些耿耿于怀的青春片段，这些片段中所隐藏的秘密在艺术再现与审美观照中最终转化为心理的免疫能力。我在"体悟教学"中说过："内隐的知识……只能在实践当中展现而被觉察、被意会，例如过程、经历、情感、价值观等需要在观察其经历体验的过程中，通过他们参与、交流、分享、考察的情况，获取其感受。"就像我在书中提到的一位扮演周朴园的同学，他说："周朴园这个人为了钱，他可以不择手段；但为了弥补自己的罪过，他可以用 30 年的时间、光阴和情感来怀念一个人。这么一个矛盾而又霸道的人给了我一种了解的冲动，让我更愿意去接近他，更试图去走进他的内心世界，更好地理解他的矛盾与复杂——而这一切，在我扮演这个角色的体验以及与同学交流中获得。"这是学生自发地对剧中人物做出创造性反应，我们也完全相信这位学生能够在道德是非面前，做出正确的价值判断。

为了把作为学校工作计划的心理剧表演任务转化为高中生心理健康教育课程，我们正计划从学理上逐步规范化和专业化，比如制订专业的课程标准，编写经典的学习教材，配套规范的评价体系。欣慰的是，这种以创设体验情境为主要任务、以活动体验为主要学习行为的心理教育"课"已经在匡园落地生根，通过近几年的探索实践，正逐渐标准化为心理健康教育"课程"。

从心理干预疗法到高中心理健康教育活动，从舞台艺术到高中课程，心理剧能够让大家在浸入式、全过程的"体验"中把握心智的变化、了解情感的成长，而青春秘密也在表现和观赏中得以敞现，并促成同学们从"体验"到"体悟"的升格，进而可以优雅高贵地活在当下、阳光自信地迎接未来。

用我们的善良和智慧，
向世界贡献一个问题解决的行动*

同学们，在你们的生命历程中，第一次这么近距离、这么长久地遭遇了真实的灾难。你们与你们的家人，和全体社会成员一道，共同生活在新冠疫情引发的灾难危机中。每一次灾难总以极端的方式对人类生存提出严峻的挑战，每一次灾难也总以极端的方式迫使处于灾难中的人们淬砺意志，进而寻求灾难问题的解答。

面对灾难，很多平凡的人在普通的岗位上挺身而出、交出答案，在我们面前站立成一道道英雄的雕像。如我校99届校友余贤一样，许多校友和你们的家长，逆行而上赴湖北战"疫"，我们这座城市就有167位这样的英雄。让这个城市热泪盈眶的，不仅是他们脸上口罩的压痕，还有他们奔赴前线背负的行囊中一大袋一大袋挑战个人生理极限的成人尿不湿。不止逆行而上者是英雄，春节以来从未休息、守护着每一座城市的医生都在这个行列。著名作家贾平凹近日动情地感慨：医生逆行而上，才让我第一次深刻理解了"天使"的含义！除了白衣天使，那些公安干警、社区干群、环卫员工、快递小哥，

> 每一次灾难总以极端的方式对人类生存提出严峻的挑战，每一次灾难也总以极端的方式迫使处于灾难中的人们淬砺意志，进而寻求灾难问题的解答。

---

* 受疫情影响，2020年2月23日，2020年春学期开学典礼在线上进行，"匡园云校"如期开学，我作了这一演讲。演讲经网络传播，受到广泛关注。受教育部新闻发言人续梅约请，在2020年3月20日教育部《战"疫"公开课》栏目中，向全国居家学习的学生开讲《向世界贡献一个问题解决的行动》。本文根据在开学典礼上的演讲整理。

那些在灾难给城市按下暂停键时仍然艰难维持着我们生活正常运行的人们,都是这个时代的英雄!也许他们就在你的身边,就是你的亲人,他们早出晚归,付出了辛勤的努力,请给他们深情的拥抱,也代表我、代表我们省锡中人向他们致敬!

灾难给每个人都提出了解决问题的要求,每个人都在用自己的行动向这个世界展示着问题解决的方案。伟大的钟南山所贡献的智慧,给整个民族带来希望的力量;而一些平凡者解决问题的行动,也带给世界温暖的感动。在这里我想讲两个让我感动的小故事。

一个是武汉"90后"快递小哥汪勇的故事。灾难让汪勇看到的心痛如绞的难题,是武汉封城后金银潭医院的医生、护士每天上下班需要步行四五个小时的艰难,是医疗队小护士的朋友圈里"想吃一口大米饭"的期盼。

汪勇是善良的,他在心底用善良算了一笔生命的账:如果他每天接送60个医生,让他们省下1个小时用于救助病人,那么从大年初一到正月十三,他就会节省下800多个小时的黄金时间,这能挽救多少条鲜活的生命啊!汪勇也是智慧的,为了保护家人,他一个人住进了快递仓库。同时,同伴们严格的自我保护措施使他们能够解决好医疗队的配餐问题,又守护住自己的健康。

另一个是交警们的故事。交通管制是灾难带给高速公路上长途货车司机们的难题,有的执法者给出的方案是让司机调头折返,驱赶他们尽快离开自己的辖区,让货车司机们强忍着困顿驱车前往不知何处的前方;有的交警给出的方案是引导司机到服务区,递上一杯热水,送上一碗泡面,提醒他们车上原地休息,曾看到一个中年司机在数省之间辗转几十个小时终于可以停车休息时泣不成声的感谢!

> 这个世界上人们所能感受的温暖与美好,常常并不在宏大的宣示而在于细节,在于困境之中闪现着人性光芒、可以解决问题的行为细节。

我想，这个世界上人们所能感受的温暖与美好，常常并不在宏大的宣示而在于细节，在于困境之中闪现着人性光芒、可以解决问题的行为细节。许多天以来，我们多次被这样的细节感动，泪流满面。这并不是我们意志脆弱和情感失控，而是我们的精神需求，每个学生精神成长的需要。每个人都需要在泪流满面中滋养我们的善性，在泪流满面中坚定我们价值体系中对于正义与伟大的定义和崇尚！我们学校《2020，每一个日子的定义》年册扉页上，引用了雨果的一句话："善良就是太阳，善良的人几乎优于伟大的人。"这也是我们坚守的教育信条，在灾难给人类带来的危机之中，人性与善良的价值被放大了，在放大的背景下，我们更感受到了这种坚守的正确。

> 每个人都需要在泪流满面中滋养我们的善性，在泪流满面中坚定我们价值体系中对于正义与伟大的定义和崇尚！

同学们，灾难也同样给我们学校呈现了一道道难题，有的已经解决，有的留待将来。学校应急物资奇缺，几乎每一只口罩，每一瓶消毒水，每一件测温仪，都成为我们必须解决的难题。

从小年夜开始，第一时间我们调动多方资源，让爱心与善良向匡园汇聚，到大年初二，首批应急物资全部到位。匡园的历史应该记住几位老师的身影，他们戴着仅有的口罩到药店排队，为校门保安人员购回第一批应急所需的 10 只口罩。

开学延期，学校必须启动"匡园云校"线上教育，而高三年级还尚未配备平板和匡园深学系统，于是我们在除夕夜开始研究方案。这样一些镜头我们需要记得——大年初二，一些老师来校商讨高三数学用于板书的教学设备问题，此前他们已经比较了 20 余个方案；大年初四，确定方案；大年初五，紧急寻找货源、启动采购程序；采购遇挫，大年初六发出爱心捐赠请求；大年初八，惠山红会将首批 20 台高三急用的教学设备捐赠到位，保证我们在大年初十也就是 2 月 3 日，高三寒假作业答疑正常进行。

2月10日,"匡园云校"如期开学,向人们展示了省锡中"停课不停教"的问题解决方案,而书写在这个方案背后的是这样一些让人感动的故事和数字:

2月3日至2月10日,先后有56位老师从全国各地赶回无锡,参加教学培训;2月10日,217位老师如期全部在线上开课,包括6位受疫情阻隔困于外省的老师;全校2560名学生在全球各地坚持线上学习,其中67名同学行程受阻滞留省外、国外,但没有一人中断学业。我的手机中还保存着一位高一同学从湖北老家发来的线上上课照片。

常听到一种说法——这场疫情给了学校一个加长版的假期。但我要告诉大家,对许许多多老师来说,没有一个寒假比这个寒假更紧张、更繁忙。我在这里显然不能一个个地报出他们的名字,但是省锡中的历史会铭记他们,从1月20日到今天2月23日,许多老师未曾有一天的休息,未曾有一天停止过对他们心爱的教育的付出。我们的学校正因为有了这样一群教师,才有了她的光荣和梦想,让我们向他们表达敬意!

前几天,我去查看抗疫应急隔离区,经过空空荡荡的大剧场,看见有位清洁工阿姨一个人在认真地拖舞台的地板,我提醒她:"开学还早,不急着打扫。"老阿姨回答我:"要每天开开窗,通通风,扫扫干净,学生们回来要用的。"这是省锡中一个清洁阿姨做事的原则,也是她做人的信念,她启发着我们更深入地思考教育的价值。我想,一所学校的价值不应该只看她能培养多少成就杰出的学生,只看她能培养多少干成大事的人物,学校教育的价值更重要的是看她培养的每一个学生是否坚定了这样一种人生信念:用我们的善良和智慧为世界贡

> 教育的价值更重要的是看她培养的每一个学生是否坚定了这样一种人生信念:用我们的善良和智慧为世界贡献一个问题解决的行动,让世界因我们的努力而发生向善、向上的变化,变得更加温暖,更加美好。

献一个问题解决的行动,让世界因我们的努力而发生向善、向上的变化,变得更加温暖,更加美好。

这个世界也需要批评者,伟大批评者深邃的洞察和先觉的预见,常常指示着我们问题解决的价值与方向;但这个世界不需要抱怨者,尤其是面对真实情境中具体问题的解决一筹莫展、怨天尤人的抱怨者;这个世界更需要行动者,尤其是善良而智慧的问题解决者。这是灾难给我们教育的启示,也是我们学校确立的培养目标。

省锡中每一个学生应该坚定这样的人生信念——做一个问题解决者,以我们的善良和智慧给世界带来向善、向上的变化。唯有如此,才能实现我们的教育追求——勿懈勿怠,作民之良。唯有如此,才能不忘校主匡仲谋的遗训,在一发千钧之际挺身救国、担承大任!

最后,让我们再一次齐诵《校训释义》:"今我校以诚敏为校训,使立身有诚实之美德,作事有敏捷之习惯。我校同学,受此良善之教化,应如何拳拳服膺,互相劝勉,勿蹈机械变诈之习,勿为苟安旦夕之计,以救国于一发千钧之危,庶不负本校校训之宗旨也。"

向卫国者致敬,是最好的爱国主义教育*

很久以来,我都怀着这样一种愿望,那就是通过我们学校的教育能够让一大批有志有为的热血青年,献身于国家的国防事业,成为共和国的脊梁,护我家国,固我长城。今天,胡国良先生捐资300万元设立国防奖,奖励我校今年被高校录取的7位国防生,我想这也是基于他军旅生涯的一种价值倡导。

下面,我想选择三个角度来谈谈设奖的意义。

第一,从人生经历上来说,我一直都认为,有军旅生涯是一个男儿完美人生不可或缺的经验。有了军旅生涯的男人更显血性阳刚,更具有钢铁般的意志力,更具有雷厉风行的执行力,更具有献身奉献的价值取向,更具有团队合作的基本精神,而这四条也奠定了做人做事的基本品质。看一看当今活跃在中国政界、商界那些精英的经历,不少人都有着军旅生涯。有人说,正是因为30多年前的那场大裁军,他们转而从商,才造就了今天一个一个的企业巨子。正像我们身边所坐的国良先生,他的经商业绩,以及今天回报国防事业的心愿,都得益于军旅生涯对他人生品质的磨炼。

军队是一所大学校,给人们的不仅仅是一段经历,也是一份责任,是一种荣誉。战友情在今天看来恐怕是超越其他情

---

* 2016年8月17日,在"国良国防奖励基金设立"暨首次颁奖仪式上作演讲。本文根据录音整理。

感的一种情意,而这种情意也可以使你们人生事业获得丰富的资源。在以色列考察的时候,看到以色列这个创新国度之所以具有创新能力,一个重要的原因是以色列学生在高中毕业之后,第一批选拔的就是国防生,把全国最优秀的学生选送进顶尖的国防科研机构,让他们和那些大科学家在一起训练研究。就是那三年的亦军亦学的锻炼,既使他们知识与能力得以提升,更使他们意志与品质得以提升,更使他们团队的精神和情感得以提升。以色列还有一个非常重要的机制,那就是退役之后,每隔两年,所有老兵还要按部队的建制归建集训,这既是国防动员的一种形式,也是促进战友共享资源、共搭平台,促进创新发展的一个过程。导弹研发的战友与医学检测的战友相互碰撞,就有了胶囊胃镜透视技术的发明。因此我说,我非常羡慕你们,你们的同龄人也应该羡慕你们,军旅生涯是你们成为优秀男儿一段难得的经历。时间将证明你们是幸运的!

第二,从学校教育角度来说,我总认为,培养学生国家意识有一个最好的方法——向卫国军人致敬。教育是体现国家意志的一种社会行为,如果学校教育没有对国家整体利益的关怀,那么学校教育势必有严重缺陷。如果教育全都是谈个人的、谈自私的目的,都是着眼于自己是不是能找份好工作、多赚一点钱。没有人虑及人类,没有人虑及国家,没有人虑及社会,那么教育只能培养出极端的、精致的利己主义者!其实,当整个社会都以利己为整体取向的时候,利己主义者最后也没有办法真正实现利己。上帝给了每人一把长柄的勺,只取物自食,谁也吃不到东西;互相喂食,反而人人有获。多年以来,我们学校一直倡导培育国家意识,1932年颁定的"十大训育标准"第四条就要求"激发舍身为国之精神"。"舍身为国"本质上就是一种"义利"选择,是价值选择。正因为如此,我们每年才安排了军训活动;正因为如此,我们才组织了走进崇高、体验崇高,向"远望号"致敬活动;正因为如此,我们每年才会在11月25日(1937年11月25日,无锡沦陷),让同学们徒步25公里,用脚步来丈量国防的概念;也正因为如此,我们今天才以隆重的仪式,设立国防奖学金,鼓励更多的青年在国家和民族利益面前做出取向崇高的价值选择。

第三,我想再谈一谈我对胡国良先生行为的敬意。在市场经济大背景底下,到今天确实仍有一批"不忘初心"的人,我们也确实需要这样的一批人!大家都知道,郁达夫在评价鲁迅的时候说过这么一句话:"一个没有英雄的民族是不幸的,一个有英雄却不知敬重爱惜的民族是不可救药的。"今天,从青少年到社会各界人士,热衷于追明星、当粉丝,而多少轻忽甚至冷落了那些曾经为我们这个民族、为我们这个国家立下功勋堪称英雄的人,热衷于向明星献花,而无意于向英雄致敬!不向英雄致敬,我们民族整体品位就必将走卑下;不向英雄致敬,我们就很难激荡出那么一股浩然正气!胡国良先生,虽多年在市场经济的大潮中沉浮,虽在金钱涌动的环境中拼搏,但他还记着,记着当年和他一起在老山猫耳洞里战斗的那些战友,记着如今还长眠于麻栗坡下的那些英魂,更记着今天要为强军威、壮军魂助威帮阵。如果有一批老兵,有一批社会人士,有一批家长,今天还坚持做这个事情,送子女入军校,或是向军人致敬,那么比空喊口号、比那些狂热非理性的爱国行为要来得切实得多,有效得多!我相信有一天,如果国家有需要,像胡国良这样一批有着高尚情怀的人,不见得会立即趋身赴疆场,但是一定会慷慨赴国难,捐资固长城,让我们对社会上这批人士表达我们深深的敬意!

孩子们,你们是幸运的,我真羡慕你们有这段亦学亦军的生涯!在此也为我们学校多了这样一个良好的教育机会而感到高兴!我们向卫国者致敬,就是最好的爱国主义教育。更希望我们像胡国良先生这样为国之防,作国之良,为国防事业的强大做善事、做良事。

青春的刻画

在后人的敬重中成长*

我衷心地祝贺你们,为你们取得的成绩倍感自豪,也骄傲地分享你们的荣誉。我看到了一个数据,在今年澳洲方向的大学录取过程中,超过97%的学生进入了世界前100强的大学。大家知道,全球大约有24000所大学,真正堪称一流的是公认排名前100位的大学。今天,有那么多的同学——我刚才看到有25位同学进入墨尔本大学,有10位同学进入悉尼大学,有21位同学进入新南威尔士大学——都进入了世界一流大学,这实在是让我们、让同龄人羡慕的一件盛事。正因为如此,我才说骄傲地分享你们的喜悦,也请允许我再次向你们表示热烈祝贺!

孩子们,我发自内心讲——可能在座的家长也都有同样的感受:你们遇上了一个好时代,一个让我们这代人羡慕的时代。因为改革开放和你们父辈的努力,给你们提供了如此良好的机会,可以让你们在全球范围内选择自己成才的路径。你们的确比我们幸福得多!

但是,在这里,我必须告诉你们两组重要数据,请你们用年轻的心去感受这两组数据,读懂这两组数据。第一组,即使在无锡这个中国经济最发达的地区,2015年城镇人均可支配收入也只有45000元,大约1万澳元;而城镇职工平均月薪只有6700元,大约1500澳元。我请同学们用心去感受一下这个数据,对比你们在澳洲的学费单、生活费,感受这个数据背后家庭的付出、家长的辛劳,请大家珍惜这难得的机会。第二组,2015年的数据我没有看到,现在引用的还是

---

* 参加江苏省锡山高级中学国际部2015届澳洲优飞班毕业典礼作演讲。本文据录音整理。

2014年的数据,2014年全年到国外留学的人数为45.98万人,从国外学成归来的人数是36.48万人。所以我们不能沉浸在绝少有此机会的欢愉当中,目前出国留学和学成归来实在不过是一件非常平常的事情了。留学的经历本身不能给你们带来更多的增值,能够使你人生增值的只有你自己的努力。请同学们用心感受一下这两组数据,明白自己将来会面对一个怎样的世界和未来。

同学们,当你们在省锡中学习的时候,我对你们说的最多的话,是我们学校的《校训释义》。"今我校以诚敏为校训,使立身有诚实之美德,作事有敏捷之习惯。我校同学,受此良善之教化,应如何拳拳服膺,互相劝勉,勿蹈机械变诈之习,勿为苟安旦夕之计,以救国于一发千钧之危,庶不负本校校训之宗旨也。"临别之际,我还是想把"诚敏"校训和这样一段庄严的《校训释义》诵读给你们听,请你们铭记于心。

最后,我想再送同学们三句赠言。第一句赠言是"实践、思考出真理"。一个人只有勇于实践、善于思考,才能获取真理,真理永远在你探究的过程中向你走来。拿到文凭,获取知识,并不是人生学习的终极价值,而终极价值在于我们能否获得真理。今天有许多同学选择工科,我想实践对你们来说更为重要,所以我引用新南威尔士大学的这句校训作为第一句赠言。

第二句赠言是悉尼大学的校训:繁星纵逝,智慧永存。它说的是哪怕我们头顶浩瀚的群星都倏忽远逝,但是智慧将永存心中。智慧是我们处于新情境、面对新问题时,运用策略和方法解决问题的那种核心品格、关键能力,也就是我们现在所强调的核心素养,也是经合组织所强调的胜任力,更是美国和澳大利亚教育所强调的4个C——21世纪必须拥有的核心竞争力,即沟通交流的能力、合作协作的能力、批判性思维的能力和创造力。我想拥有了这4个C,我们就能真正地成为智慧的人。纵然繁星逝去,智慧永伴我身。

最后一句赠言,大家一定会想到是墨尔本大学的校训。是的,我看到过世界上许许多多的大学的校训,墨尔本大学的校训却是让我伏惟致敬的一个校训。因为它说了一种精神品格,说了一种人生姿态,说了一种生命方式,我每每想起这句话就怦然心动。让我们所有的人共勉,包括你们的家长,包括我们的老师,更包括你们这些成长着的年轻一代。每个人都是前人的后人,每个人也都是后人的前人。今天你们的一切形迹,都将在你们后人的注目中。后人敬重的,不是政治地位有多高,也不是经济地位有多富,而是你们的精神品级、精神境界足以赢得后人对你们的敬重。墨尔本大学的校训就是:在后人的敬重中成长。

高中,应该有美的和声*

今夜,好多次我都有流泪的冲动。虽然我知道你们的合唱水准已达专业级,我也知道你们在维也纳金色大厅里演唱过——此时,我还想起了你们从金色大厅回来讲的让我难忘的两句话。一句话是,去了维也纳才知道人们生命中为什么需要歌唱;另一句是,进了金色大厅才能感受到什么叫优雅的气质。

刚才合唱团长对我的介绍,让我非常感慨。他说,这个合唱团能走到今天,离不开校长的理解、校长的支持。那言下预设的判断,似乎大多做校长的人对高中孩子的歌唱、对合唱都很难理解、并不支持。

是啊,校长为什么要走向歌声与美的对立面?为什么这感人的歌声只有在校长的支持下才能美好绽放?在举办这次合唱音乐会的时候,同学们起了许许多多的名字,最后我们还是挑中了一个,叫"一所高中的和声"!这真是一个意味深长、让人感慨的名字。大家都知道,像我们这样的高中,身上压着沉甸甸的压力。这种压力我们不能够曲解,也不能够回避,它是一种真实的存在,压在每个孩子的身上,压在每个家长的心里,也压在我的心里。我们不可能想象,一个被慕之为无锡最好的高中,却实在拿不出什么让人足以自豪的高考成绩,这个毕竟说不过去。华东师范大学的陈玉琨教授——我所敬重的老师经常说:"一所学校没有升学率就没有今天,但是我们这个民族只有升学率,恐怕就没有明天;一所学校的教育如果没有升学率就走不动,但只有升学率就走不远;一所学校如果没有升学率就会被边缘化,但只有升学率,这种教育肯定是庸俗化的。"我们要做的

---

* 2018年6月17日晚,江苏省锡山高级中学天馨合唱团在无锡大剧院实验剧场举办专场音乐会,应邀于演出中发表演讲。

就是在今天和明天的统筹中，在走得动与走得远的兼顾中，在不被边缘化更不至于庸俗化的挣扎中寻求到一种平衡。

如果说这也算理解，这不是我对合唱团的理解，是我对教育的理解。如果学生天天只顾刷题，只能培养刷题的能力，他们可能会在高考中取得他们应该取得的成绩，但是失去了很多。比方说，刚才我们所享受到的那种青春的和声，在这种和声中间他们感受到的美、创造出来的美，以及在集体的合唱中间所寻找的那种人生定位与团队意识的表达。教育是促进人精神整体成长的一个事业，不能只顾其一而不顾其他，需要的是兼顾，是交融，是彼此促进而不是分割、对立。

> 教育是促进人精神整体成长的一个事业，不能只顾其一而不顾其他，需要的是兼顾，是交融，是彼此促进而不是分割、对立。

请不要说校长今天的话太多了，我必须接着说，因为主持人对我说，你一定得讲十分钟以上，否则，孩子们的嗓音缓不过来，吃不消。

这些孩子从来没有过这么长的时间，在这里演唱，这是他们人生的第一次，很辛苦。其实，我们还可以想另一个方面——如果我们不搞对立思维的话，其实可以把很多东西想通。比说团长王同学，他对阿卡贝拉疯狂投入，一个嘴巴就可以是一个乐队，特别棒，进大学后用阿卡贝拉发来的新年祝福，让人惊艳称奇。高中时，他知道他未来的走向，想上那种能够使他的艺术天分得以充分发展的大学，于是他选择了中国传媒大学。他的奋斗方向，使他有了另一种强大的动力，把今天的学业同未来大学选择的专业贯通起来，能把大学的专业同他们一生的爱好甚至今后安身立命的职业贯通起来，变"因分而学"为"为爱而学"，学习就具有了源源不断的动力，这种动力不是家长所要求、所迫使的，所以力量强大而持久。人，终其一生能为爱好而奋斗、工作，真是幸福的绝好体验！

合唱团里有好多孩子实际也是如此，他们得到的甚至更多。他们对音乐的感知提升了感性素养,使他们对美有了更敏锐的感受力、表现力、创造力,提升了生活的品位感、优雅度。即使从最简单的角度来说,我们要求每个孩子对他所吟唱的作品都有深层次的了解,这种了解其实也是一种深度学习。就知识而言,我们不可能仅关注表层的、碎片化的知识,更应该关注构成知识的逻辑和思维方式,更应关注知识深层次的价值追求,而到了这个层面,所有的知识都是相通的。

> 优雅生活者:对世界保有敏锐的感受力,善于发现美、体验美,乐于表达美、欣赏卓越。有高雅的情趣和精神生活追求,热情幽默,仪态优雅,注重生活品位,能给生活带来美感与欢乐。

有时,总感觉到国人的整体素质中似乎缺少了一点什么,但一时又琢磨不出。很多人会把这种缺失归结于人们的行为习惯,或者人们的文明素养,或者是人们的知识水平,而没有意识到这其实是教育中的一个重大的缺失——对美深刻而专业的体验的缺失。正是这种缺失使我们中的许多人具有强大的"丑的耐受力"。我们对许多东西都能容忍,比方说,公然的喧哗;比方说,我们不知道音乐会里面安静的意义;比方说,我们制造的产品没有精致化的美的追求;等等。这一切都源于我们美的教育的缺失。这样的深层次美感体验的缺失,难免会让我们感到尴尬。

合唱教育有着专业化的美感训练方式,无论声部、和声、音准,还是对位与结构,历经专业训练,可以将审美经验与感受用审美理智和技术表达出来。我欣喜地看到,一些孩子他们历经专业的合唱训练后,精神气质由内而外地发生着变化,甚至是发声的方法和谈吐的方式。人生能在高中,有这样的一种经历,受到美的专业教育,这是他们幸福的所在。就我而言,我的全部的梦想是让我们的校园,真正变为一个"可以称作学校的地方",不是补习班,不是训练营,更不是决斗场,而是学校。学校有一个最重要的标志,就是应该有歌声,最好有学生合唱团。不仅仅是我们的合唱团在歌唱,我们学校所有的孩子都要歌唱。在我看来,合唱是艺术的必修课,合唱团是一所高中的标配!要知道,在省锡中这样的高中,全面推动合唱课、合唱团的活动,不是一件很容易的事。我做过调查,到我们省锡中来的学生中,在幼儿园里面接受过艺术方面专业训练的,男生只有8.7%,女生只有13.4%。当然到明年、后年,我们的比例会提高一些——我刚才说的是今年高三的一个调查数据。而今年高三的孩子意味着什么呢?意味着到中华民族的伟大中国梦实现的时候,他们49岁,高二的学生是48岁,高一的学生是47岁。他们都是决定我们民族那个时候以什么样的姿态站立在世界强国之林的中坚力量,而他们竟然没有受过应有的音乐训练,这岂不是非常遗憾的一件事吗?我们不可能想象,当他们成为我们共和国栋梁的时候,我再把他们叫回来,说你实在五音不全,应该重新给你补课,你以这样的姿态走上世界舞台有损于我们泱泱大国的优雅。

今天孩子的素养就是明天的国家的实力,我们如果要对明天负责,就必须使我们今天的教育发生一点儿改变,哪怕这种改变只有一点儿。再过几天,我们省锡中就要举行高三年级的毕业典礼了。大家知道,毕业典礼上有一个烙上省锡中印记的环节,那就是所有700多个孩子,在我们的剧场里面,分为四个声部,合唱属于他们那个年级的歌曲。我总有这么一种梦想,每一个学校都应该在学生的身上刻画属于他们特有的那种文化印记,多年以后,这群孩子变成白发苍苍老人,再次邂逅,老去的容颜使他们难认彼此的时候,只需要询问:那首歌你还记得吗?如果能够记起,如果能够唱起,如果有四个人恰好就可以构成四个声部,那个时候歌声再次响起,这将是一所高中最美妙难忘的和声。

我的时间,差不多已经够了吧?

下面,按要求我将客串主持,介绍下面孩子们演唱的三首歌曲,第一首是《蒲公英》。蒲公英可以飞到天上,飘飘荡荡,而作曲者是旅美的一个博士。他用这样的一首曲目来表达他的一种思绪;而和声的构建也非常特殊,尤其是在后半部分,会以每个声部来模拟一种乐器,当我们的孩子们把各个声部齐声打开的时候,好像是一场交响乐在我们的耳畔奏鸣。

第二首是《思乡》。合唱团在由教育部主办的全国第五届中小学生艺术展演活动获一等奖时,曾经唱过黄自先生的《旗正飘飘》,今天演唱的是黄自先生的另一首作品。黄自先生曾经是我们江苏人,因为他的故乡川沙那时候还属江苏省,现在已归于浦东了。黄自是20世纪初期的作曲家,是伟大的民族教育家。他考入清华学校,又从清华学校考取了庚子赔款的公费留学生,到耶鲁大学去学习音乐,回国之后致力于民族音乐教育。黄自的作品具有强烈的中国古典音乐的气息,他把中国古诗词吟诵的基本方式用于合唱,用于他的作品。"柳丝系绿,清明才过了,独自个凭栏无语,更那些墙外鹃啼,一声声道,不如归去。"我们把这样的诗词吟诵一番,也可以感受到那样的古典美。天不假英年啊,黄自先生在34岁的时候,生疟疾而亡。在他病危的时候,他对妻子说:"快去给我找医生来救治我的疾病,因为我还有半部音乐史没有写完。"我想,这样一种未了的心愿,在我们今天对他的作品的再次演绎和传唱当中,或许可有一丝告慰,也聊以表达我们对黄自先生的敬重与缅怀。

最后一首是《大鱼》,大家会听到这种空灵的歌声,优雅又飘荡的歌声,让我们在身心放松当中想象庄子"北冥有鱼,其名为鲲"的情怀。

我这样介绍声乐作品,实在有些喧宾夺主,但心里正藏着一个语文老师的私念。常常给我们的合唱队员提出要求,千万不要以为只能在语文课这里学语文,如果你们能把每首作品的背景、作曲家都了解得像我一样,还愁作文没有材料吗?今年江苏高考语文不就是写语言表达吗?如果你能够把歌声、把作品背后的东西都写出来,岂不可获高分吗?

我非常感谢为这场音乐会做出努力的所有人,谢谢你们所有的理解、所有的关注,对我们学校来说,今年是建校第 111 周年——创办高中的第 75 年,在 111 年与 75 年的历程当中,我们终于有了在大剧院环境中享受孩子们歌声的一次机会,这是历史的第一次,应该记入历史!

培养终身阅读者，培养负责任表达者*

2016年底，有机会详细了解研制"中国学生发展核心素养"的过程与方法。专家团队通过实证化社科研究，采用思辨分析的方法，收集了大量的符合性描述证据支撑观点；他们进行过国际比较，梳理了历史文化，还展开了大样本的实证调查；一个个关键词一次次被聚焦、被审视、被筛选、被排列组合、被定义内涵，这才建构了三个维度的整体框架和六个方面的指标体系；接下来"各年段各学科学生核心素养表现水平"的研究更是工程庞大，但都已构筑起"四梁八柱"。

留给我们实践者的，一是确认方向，二是探索前行，用我们的实践智慧切实把核心素养落在学生身上。

学科宣言，坚定我们的教育信念

目前，研究者形成一个共识，应从"语言建构与运用、思维发展与提升、审美鉴赏与创造、文化传承与理解"等四个维度建构语文学科核心素养，这涉及交流能力、思维品质、审美品位、文化视野等多个方面，也全面精细地刻画了语文核心素养的样貌特征、行为表现，以此统摄语文课程设计、促进教学过程转变、引导评价方式改革。我认为，语文教学可以期待一个更美好的未来。

---

* 在多个场合发表过同题演讲，部分文稿先后发表于2014年第3期《语文学习》、2017年3月《人民教育》，收入本书时作了整合。

但是,这种体系化的表述方式面面俱到,似乎问题指向不明,学理严谨但行动引导力稍显不足。高中语文教学现状与语文学科核心素养培养的尖锐冲突在哪里?我以为就是"做题多,读书少""听讲多,实践少",无尽的"刷题"成为语文教育的标准"品相",知识碎片的短时记忆成为学科教学的基本样态。这样的语文教育无法培植学生对母语的热爱,无法形成终身发展的核心素养,无法夯实言语功底,无法厚植人文底蕴,只能让学生远离阅读感悟,远离语言实践,在一次次急功近利的目标达成中蹉跎应付,导致能力荒废、精神荒漠!

转向核心素养发展就要从解决这些问题入手。这也是在各学科核心素养已然公布的背景下,我们仍然要针对问题解决,追问终极追求,指向核心素养,以简明的语言表达教育理解、表述学科宣言的原因。

"培养终身阅读者,培养负责任表达者",是我校历经多年锤炼并在2012年最终确立的语文学科宣言,是我们坚定的学科信念、行动指针。今天,这也是用我们自己的句子表述的语文核心素养。

1. 培养终身阅读者

语文课应激发学生阅读,从而培养有终身阅读习惯的阅读者,这是常识。但在今天仍能听到不少学者在大声呼吁全民阅读,有不少人仍在喋喋不休地论述阅读对于一个人乃至一个民族精神发育、对于一个国家文化强盛的价值与意义。不必责备他们的絮叨,要知道,一个民族到了连常识都需要人们不断澄清、提醒和告诫的时候,不能不说已经陷入了某种认识危机!

现实不容乐观：一个学生，除了听课学教材，现在能有多少时间面对人类的精神文化遗产，进行真正意义上的阅读？一所学校，这个本该是阅读普遍发生的场所，而生活于其中的师生有多少时间在精神上与阅读发生过关联？有的高中学生，三年时间几乎没有接触过精神典籍，有的语文教师的阅读也已经是遥远的回忆，甚至有的语文教师做了班主任或学校管理者，也会规定严格的"禁读令"。

如果确是个别现象，倒也不足为怪；可怕的是这种状况偏偏很普遍。如果转向社会层面看，如今的家庭，以阅读为主的精神性消费支出究竟能占多大的比例？最新的国民阅读状况调查显示，我国年人均纸质文本阅读为4.39本，大约不足以色列的十五分之一，不足日韩等国的一半。如果别除学生海量练习册的贡献份额，阅读状况更是让人汗颜！

我曾随教育部全国高中校长高级研究班去芬兰考察，感受最深的是国家层面的阅读系统建设。当学习被定义为国家发展战略时，芬兰境内联通的图书馆系统无疑就成为实施国家战略的有效保障。在芬兰，去任何一间图书馆，你不会遭遇有什么书便只能借到什么书的境况，而会得到需要什么书便千方百计给你找什么书的阅读支持。走进芬兰的中学，几乎每所学校的每间教室都有书柜。这也许是其教育竞争力国际排名位居前三的深层原因之一。

有一年，在世界阅读日里，与公众一起走入图书馆的我国总理曾感慨："我愿意看到人们坐地铁的时候能够手里拿上一本书。"而这种宏愿在许多发达国家里是常见的景致，在机场，在车站，捧书阅读者随处可见；因为阅读是他们最基本的生活方式。我甚至想，一个国家的领导者，是否去听一节语文课似乎并不十分紧要；紧要的是，应大力构建公众阅读的支持系统，让阅读成为国民的生活习惯。由此而产生的影响一定会让民族发展获益。

第一，我们应该在核心素养的体系中，理解培养终身阅读者的地位。

语言能力在阅读优秀的母语范式中建构，良好语感在语言材料的积累中养成，感受力与理解力在亲近文本中提升，审美意识与能力、审美情趣与品位在阅读鉴赏、品味感悟中熏染，传承文化、增进理解在经典阅读中实现。离开阅读，语文核心素养的培养无从谈起。比较欧盟、经合组织、英国、澳大利亚的核心素养，他们也都在关注阅读理解能力。可见，阅读并非语文学科独有，应该是每个人终身学习、发展的必备品格和关键能力。

第二，我们应该从时代特征上认识培养终身阅读者的价值。

一方面，视觉文化的兴盛，使阅读遭遇了前所未有的冷落。因为人们的眼光总喜欢关注那些灵动的、活跃的形象，而不愿意停留在静止的文字上。根据盖洛普的调查，承认自己在过去一年中未读任何书的美国人，从1978年到1990年，已经由8%增加到16%，翻了一番。与此同时，以漫画、卡通等对象为主，浅阅读之风也日渐强盛，难怪一位著名的小说家悲观地感慨："对书的需求如同高台跳水，一代严肃的读者消失了！"

另一方面，精神消费的多样选择，让阅读在精神生活中被严重边缘化。从"电视在隔壁"到"电视在手上"，现代人十余年来精神消费形式的变化真可谓日新月异。而仍以阅读为精神消遣方式的阅读者，难得一见。据一项国际调查显示，世界上有三十亿人平均每天看电视的时间超过两个半小时。出版市场虽然一派繁荣，但那只是表象，调查显示，教科书与杂志占其大端，即使学术书籍，人们购书的目的也多用于查询而非阅读。强调阅读尤其是对纸质文本的阅读，这是因为无论是从视觉文化产生的历史长度看，还是从其所达致的精神高度看,起码在当下它还不足以成为提升人类精神品级的主要支撑。因此,"若要增广我们的精神领域,就必须研读独具创见的思想家所呕心沥血写作成的充满智慧火花的著作"(雅斯贝尔斯《什么是教育》),阅读纸质文本。

第三,还应该从人生哲学的高度审视培养终身阅读者的意义。

世界级语文学大师、维也纳大学教授 Ernst Steinkellner 看来,语文学的宗旨是正确理解文本的本来意义。而今天我们这个世界赖以继续生存下去的条件,就是需要人们正确理解个人、社会、国家互相发出的各种文本和信息。因此,语文学不仅是处理文本的一种学术方法,而且还是一种世界观,是指导我们如何理解他人、处理与他人关系的一种人生哲学。从 Ernst Steinkellner 教授的观点中,我们应该受到一种醍醐灌顶的启悟,阅读不仅是方法,是能力,更是关乎人类幸福的世界观和人生哲学。

在我看来,在一个没有阅读的国家,要想建设学习型社会,要想把人口资源大国变成人力资源强国,其难度可想而知!而提升一个民族的精神品级,要从改变这个民族的阅读习惯开始。在一个没有阅读的学校,要想培养出人格健全、精神优秀的学生,实在无异于缘木求鱼!优化一所学校的教育生态,要从营造这所学校的阅读氛围开始。在一个没有阅读的语文课程里,天天乐此不疲地进行肢解式阅读教学,像黄玉峰先生痛恨那种先"五马分尸"再"敲骨吸髓"式的教学,想促进学生的智慧发展、精神成长,岂非南辕北辙!突破语文课程的困境,要从为学生提供大量亲近文本的阅读机会开始少些讲解,多些感悟,少做点题,多读点书。一个人的阅读史,串联起他的语文学习历程;一个人的精神发育史,就是他的阅读史。

作为语文学科背景的中学校长,我们实在应持有周国平先生的基本认识,"把受教育者引领到经典著作的宝库里,让他们了解、熟悉、领悟存在于其中的传统,受其浸染,加入到人类精神探索的伟大进程中去,不可能有比这更名副其实也更有效的素质教育了"。记得博尔赫斯曾说,天堂就应该是图书馆的模样。我想说,让学生去阅读,就是一所学校天堂般的模样。唯其如此,我们工作的地方,才不是竞技场、训练营,才可能如古德莱德所说,是"一个称作学校的地方"!

2. 培养负责任表达者

说与写,是信息表达的基本手段,也是参与公众交流的基本形式。联合国教科文组织对于"读写能力"曾有过一个定义,认为是"能够辨识、理解、解释、创造、交流、计算和使用与不同情形有关的印刷和手写材料的能力",而这种能力的学习和获得"使得个人可以实现自己的目标,发展自己的知识和潜力,充分参与到一个更广泛的社会当中"。

培养负责任的表达者,首先要关注表达的明晰性。明晰表达属于逻辑学范畴,它的背后应该是思维的严密与清晰。无论说或写的训练,都应关注明晰话题的边界,概念的确指,努力使言说表达合乎逻辑;都应遵循判断、推理的基本规则,学会用严密的思考获取令人信服的论断力量;也都应重视表达的顺序、层次与重点,努力在表达中呈现清晰的思路。

其次要强化表达的对象意识。参与交流的表达,总要针对特定的对象,总要有一定的目的,不能罔顾读者与听众。表达与交流应引导学生不断强化对象意识,关注表达的场合与目的,从而找到合适的表达方式,收取良好的表达效果。对象意识越强,也就越能找到合适的表达方式,也就越能征服对象。一个负责任的表达者,不会不动声色地照本宣科一个小时。将表达建立在对倾听者的观照上,这是一种核心素养!

第三,要重视表达的伦理。我们的信息传播方式已进入"自媒体时代",个体参与公众交流的自由度与影响力空前提高。每一个表达者,应该成为自我表达的"全面把关人",做好"自己的主编",关注个体表达的立场、观点、价值取向以至表达品位。一个负责任的表达者不仅能够清晰、规范地表达,显示表达者的技术与能力、智慧与力量,更能坚守表达的伦理,显示出表达者的立场与追求、教养与风度。

课程基地,创设支持核心素养发展的学习环境

2011年启动的课程基地建设,是江苏基础教育独有的创新探索,旨在创设新型学习环境,以促进学习方式转变,支持学生核心素养的发展。我校申报的语文课程基地获准立项5年多来,从顶层设计到基地建设,始终坚持价值选择,努力把"培养终身阅读者与负责任表达者"的追求落实、落地。

第一,以学科宣言统摄基地建设。语文课程基地一期建设的任务,是将天堂搬到距学生最近的地方,为终身阅读习惯的养成创设基础条件。把新华书店开进校园,要求有关新书品种与市内门店同步更新,使书香清流源源不断;雅致的"匡园书屋"店堂内,读者自主阅览的区域数倍于图书展售的面积,即使不买书,也可以选一本倚着落地大窗静静阅读。图书馆底层设置浅阅读大厅,随意取阅。每一间教室的后面,配置一个班级书房,摆上师生选择的五六百种图书,定期更换。戏剧、微电影等专用教室内,学生发展中心的大学专业长廊上,专业图书随手可取。二期建设中,又建设了典藏馆、百年母语

教材展藏馆、国学馆、西学馆等阅读研究场馆,让学生涵泳于书的世界。我们在做这样的努力:创设随处可见、随手可取、随时可读的优雅阅读环境,让学生在阅读中形成终身阅读的习惯,打下厚实的精神底色。

第二,以环境变革促进学习方式转变。演讲厅教学环境按照提升表达自信与交流沟通能力的要求设计,用追光正面照射演讲者强化心理素质历练,将听众区设置在讲坛两侧,演讲者只有环顾左右才能"目中有人",引导表达者在视线交流中强化对象意识。辩论厅在辩手席的后方设置两片立场席,在前方设置无立场席或观察席,要求参与论辩进程的学生按照观点、立场选席就座,防止辩论练习不注重表达伦理、只发展诡辩滔滔的表达技能,从而切实培养负责任的表达者。基地是具有专业品质的教学环境,在小剧场上戏剧课,舞台、音响、服装、道具、录播设备等都有效提升了课程实施的质量。更重要的是,在这样的学习环境中,学生的学习方式发生了根本性转变,他们必须开口讲演、诘难论辩、角色扮演,在活动体验中提升全面的语文素养。

第三,以丰富的课程提升核心素养。课程是基地的载体,基地因丰富的课程避免空壳闲置。我们将语文必修课与选修课整合,设定"自主阅读"的课时配比,保证阅读时量;从研究叙事类文本、论述类文本、非连续性文本阅读笔记的写法入手,开设阅读方法指导课,有效促进读写结合;探讨整本书的阅读方式,以读书征文、阅读交流加以促进,实现每个学生高中三年阅读总量达600万字的目标。"名家讲书"是语文基地的品牌课程,周国平、王开岭、曹文轩每次讲座都会引发阅读旋风;"美文金声"被誉为"最豪华的语文课",每年都有一批著名艺术家走进校园举办专场朗诵会,诵读高中语文名篇。依托语文课程基地,语文学科开发的"诵读课""倾听声音文本""问答之间""领导者演说""经典话剧"等课程,英语学科开发的"哈佛演讲与辩论""英美经典戏剧"课程,政治学科开发的"模拟联合国""高端法务"课程,历史学科开发的"触摸历史典籍""口述史研究"课程,都以"培养终身阅读者与负责任的表达者"为核心追求,全面提升学生的人文核心素养。

培育优雅生活者*

优雅生活，与经济地位无关

对我今年在两会"委员通道"上提出的培育"终身运动者、责任担当者、问题解决者和优雅生活者"，网上有许多的讨论。我发现，大家对"终身运动者"的认同度最高，几乎没有争议；对"责任担当者""问题解决者"，也没有多少争议，但对于"优雅生活者"却有一些不同的声音。集中起来看了一下，主要有两个方面：

质疑一：优雅生活，是不是只针对发达地区、对经济达到一定程度的人士提出来一种生活追求？对于落后地区，对于大量还处在温饱线上的人们来说，提优雅生活是不是太过分了一点？

这其实是一种误解。我以为，优雅其实与经济地位与生活区域没有直接关系，它是指一种审美的素养、审美的品位。哪怕是我们处在一个落后的地区，同样可以欣赏山川自然之美，同样可以欣赏作品中的形象之美，同样可以聆听音乐之美，这种对美的追求与向往，谁也不能剥夺。而生活中随处可见经济富有而未必随之提升审美素养的例子，倒可以说明审美素养与经济地位不是一回事儿。

不能认为，具备了相当的经济条件才有资格谈审美。曾有位领导来我们学校听合唱课，我给她说，合唱队员中，从幼儿园阶段开始接受课外专业艺术培训的，男生只占8.7%，女生只占13.4%。有一部分学生是外来务工人员的子弟。

---

* 2021年12月11日，第二届东钱湖教育论坛以线上直播方式举行，论坛主题为"面向未来，向美而行"。论坛主席龙永图先生、联合国教科文组织前总干事伊琳娜·博科娃等发表演说，40多位不同领域的知名专家、学者聚焦"美育"阐述见解。应论坛秘书长杨念鲁先生邀请，发表演讲。演讲内容由记者张惠娟整理并刊发于12月13日《人民政协报》，收入本书时有改动。

听完我的介绍,这位领导眼睛潮湿了,她动情地说:"是啊,有些人认为落后地区的孩子就应该通过死读书来改变命运,而拒绝对他们进行艺术教育,这不仅是一种文化偏见,更是一种文化歧视。"是的,我常说,一个孩子校服穿着干干净净,能够欣赏自然之美,能够欣赏艺术之美,应该接受良好的审美教育,就能够成为优雅的生活者。

质疑二:在现在的高中学生课业负担这么重,学习压力这么大,甚至连睡眠时间都无法保证的情况下,我们再谈"优雅生活",对孩子来说是不是太过奢侈了?

前不久,我应著名主持人董卿之邀参加了央视《朗读者》节目的拍摄。在现场,董卿也代表一部分听众向我提出了同样的问题。我说,其实优雅与生活的紧张和繁重程度也没有直接的关联。在荧屏上,我们见到的你总是光彩照人、优雅雍容。但这次拍节目走近你的生活后才发现,原来你是那样的繁忙劳碌,节奏紧张,甚至连吃饭的时间都没有,用你自己的话形容就是一群"电视苦力"。但高强度、高压力的生活,影响你优雅的呈现了吗?

我想,高中生处于人生成长的关键期,他们应该能够把握好一种节奏,哪怕是在紧张高强度的学习活动中,也一样应该有机会去欣赏艺术的美,去表达艺术的美,去用艺术感受来释放他们课业的压力,他们一样可以保持从容优雅的状态。

在农村,面对同样繁重的劳动、艰苦的生活,有的家庭妇女,能将日子过得井井有条,怡然自乐,我们西北方言称之为"板怡";而有的将所有的苦恼与劳累都写在脸面上、体现在生活的常态上,就显得很"枉累"。

我想,人应该努力追求一种境界,试图在我们的生活中,以审美的眼光和方法来表达对生活的感受,以饱满的精神和

> 我想,人应该努力追求一种境界,试图在我们的生活中,以审美的眼光和方法来表达对生活的感受,以饱满的精神和情绪来呈现生活的一种状态,这是"优雅生活者"的一个重要的方面。

情绪来呈现生活的一种状态,这是"优雅生活者"的一个重要的方面。

"优雅生活者"的内涵

美是纯洁道德、丰富精神的重要源泉。百年前匡村中学时期,学校音乐与美术课程就提出"开启学生审美本能,涵养其性情""发展其设计创造之思想与能力""涵养美的情感及融和乐群奋发进取之精神"等教学目标,制订了如"态度安详、礼貌适中、精神活泼、志趣高尚、生活美化"和"活泼愉快之态度"等训育目标,这些都是培育"优雅生活者"的优秀传统。

在国际上,经济合作与发展组织提出"社会和公民素养、文化意识与表达"等审美素养目标;一些发达国家也提出"能够管理自己的情绪、精神,欣赏自我与他人,以道德伦理准则为行动指南,尊重他人"等课程目标;塞利格曼"六大美德"提出"自制、低调、谦虚、不张扬、不装腔作势,欣赏自我与他人,对未来持有积极的观点,相信每个人每件事都有更高的目的和意义"等积极心理学观点,这些也从不同角度提供了培育"优雅生活者"的国际经验。

"优雅生活者",是根据国家"以美育人、以美化人、以美培元"的要求,从美育角度提出的培养目标。其内涵从四个方面加以阐释。

第一,要对世界保有敏锐的感受力,善于发现美、体验美、乐于表达美。罗素说,奠定伟大人格有四大基石,一是活力,二是基于仁慈的勇敢,三是智慧,四是敏感。他所选用的敏感这个词并不是心理上一种过度的反应,不是林黛玉那样的多愁善感,它是指对外界所发出来的美的信号有一种敏锐的感受力。是否拥有对美的敏锐感受力,是我们能不能发现美、体验美、享受美的前提。

同样面对碧天黄叶,同样面对高山流水,有的人感慨万千,有的人无动于衷……这个世界上从来都不缺少美,而只是缺少发现美的眼睛,只是缺少感受美的敏锐。

我们欣赏音乐,就要有帕格尼尼的耳朵;我们欣赏绘画,就得要有拉斐尔的眼睛。这一切都要历经专业而严格的审美的教育,才能够把我们的审美经验上升为一种审美的理智。同时,我们也要有能力把自己所感受到、体验到的美,创造出来、表达出来。这个世界上如果缺少美的表达,那么我们将永远生活在丑陋之中。孩子们的眼睛里因为有了美,会把世界照亮,整个世界会变得美丽起来,明亮起来。

第二,要有一种优雅者的心态,能够欣赏卓越,尊重他人。如果任何人的优秀都会给你制造伤害,你不会成为优雅者;你的心态将会把自己逼迫到自我设造的窘迫中。世界上最窄的路在自己心里,比天地更广阔的空间也在自己心里,优雅总与大度相伴而行,是因为优雅实在离不开大度的陪伴。优雅者在尊重他人中彰显自我的优雅,在礼敬他人中庄严自己的优雅。

面对世界,应该始终以笑脸相对,热情就是匡村学校提出的"活泼愉悦",让笑永远洋溢在优雅者的脸上。笑是我们面对生活的一种自信,也是我们的一种生活态度。生活中,常常被一些干净、明朗的笑声所打动,那一定是朗声大笑者的生命状态感动了我们。

第三,要有幽默素养,心态平和从容。幽默是许多国家学生核心竞争力体系都放置的一个词语,让人多少有些意外。我在想幽默为什么这么重要?幽默对于整个民族来说,是民族精神的舒展,是民主的环境和氛围。对于个人来讲,它不但是一种豁达,一种自信,更是弥合了自身与社会各种碰撞有利的润滑剂。因为幽默,我们化解了许多纷争;因为幽默,我们向世界展现优雅的风度。幽默需要幽默表达者与幽默接受者优雅的默契,像是相声需要逗和捧的智慧与艺术一样。幽默是生活的调色板,幽默也是生活的调味剂,因为幽默,我们的世界多了些色彩,生活添了一些趣味。

优雅生活者也是平和的、从容的,他不会太功利地急切驱

世界上最窄的路在自己心里,比天地更广阔的空间也在自己心里,优雅总与大度相伴而行,是因为优雅实在离不开大度的陪伴。

生活中,常常被一些干净、明朗的笑声所打动,那一定是朗声大笑者的生命状态感动了我们。

幽默需要幽默表达者与幽默接受者优雅的默契,像是相声需要逗和捧的智慧与艺术一样。幽默是生活的调色板,幽默也是生活的调味剂,因为幽默,我们的世界多了些色彩,生活添了一些趣味。

赶节奏、苛求自己的生活状态,总是那么云淡风轻,即使让人感觉到步履匆匆,但也有节奏、踩着点儿行进在生活的道路上。

第四,拥有高雅的情趣和崇高的精神追求。离开了对崇高美的追求,不可能成就一个优雅生活者,优雅者有恪守的情调、情趣,注重美的品质、品位,尤其关注生活的细节,应该以优雅的仪态来展示在世人面前。会关注自己的一言一行能不能给他人、给世界带来美感,带来欢乐。大型赛事结束后看台上不留一片垃圾的人群,优雅的素质绝对让人敬重、赞佩不已!机场候机厅里大声的嘈杂,音乐会上手机无休止的拍摄,有时候我们会把这些理解为人们行为上的一种缺失,但往深层说,那是因为我们缺少了审美教育,没有审美教育,便没有了优雅生活者对美的敏感,他就不太关注自己的行为是不是给世界与他人带来了美。

如何有效开展审美教育

当前教育中,尤其是高中教育中,由于应试教育的牵拉,一些学校歌声早已远离学生,审美教育已经被严重弱化。所以,为了全面加强新时代的美育,有关部门出台了一系列的政策,比如说把美育也加进了中考。但我也产生了一些担心,是不是在中考、高考中加考音乐或美术,就一定能加强审美教育?如果试卷当中以纸笔形式检测的仅仅是一些乐理知识、作曲家与著名作品的知识,这能够完成我们的美感教育吗?——没有体验就没有美育,没有创造就没有美育。如果我们把培养人的感性思维素养,培养人们的想象力的教育都变成了风干的符号并加以记忆的时候,是不是离我们所想要的美育又偏了很远?我可以知道《黄河大合唱》是谁写的,但

> 我可以知道《黄河大合唱》是谁写的,但是,如果没有亲身的感受,没有加入现场的合唱,没有用生命的原始力量去怒吼的体验,我们能够感受到音乐的美吗?

是,如果没有亲身的感受,没有加入现场的合唱,没有用生命的原始力量去怒吼的体验,我们能够感受到音乐的美吗?

现在,我们的教育出现了许许多多的问题,有时我们会把它理解为一种知识的缺失,有时会理解为一种行为上的缺失,但最深层的问题,我认为是我们这个民族太需要审美教育,太需要用美发展学生的感性素养,在感性素养的基础上激发学生的想象力、创造力,让他们学会用审美的手法来表达他们对世界的感受。

推进高中美育教育,我认为应该把握两个基本的原则:

第一是体验性。应该开设众多体验性的课程,让学生开口唱、亲自演、动手画,在他们体验当中提高审美素养,发展感性思维。我们曾经开出了众多的选修课,从艺术与生活、艺术与科技、艺术与情感、艺术与社会四个维度上,开出众多的课程让学生体验。

第二是专业化。人类审美教育的历程也告诉我们,从审美经验要发展成为审美的理性需要长期的专业的训练,要实现深度学习。

对于我们这样的一所处在城郊接合部的学校来说,许多的学生并没有接受过专门而系统的审美训练。我曾经做过多次统计,我们学生在幼儿园阶段接受过课外的专业的艺术训练的比例非常低。在前几年,男生只有8.7%,女生只有13.4%,到去年这个比例大幅提高,也仅达到32%。

普通高中艺术课程只有6个学分,即使课程开齐,也只有每周一节课。怎么样在这样短的时间里,使学生历经专业的艺术训练,提高他们的审美素养,是摆在我们面前的一大难题。显然让学生再去绘画、弹琴,时间是远远不够的。于是我们选择让学生接受专业的合唱训练,用自身的嗓音,这种人身体自带的最美的乐器来感受美、体验美、表达美和创造美。

合唱是人类最古老的一种艺术表现形式,是人类艺术音乐的母体,世界各个民族的音乐也都可以在合唱那里找到源头。合唱是最接近也最能够完美表现和谐的一种音乐状态,中国合唱协会副理事长田晓宝教授在其博士论文中,梳理了西方古典合唱发展演变的历程,将其美学特征概括为和谐与崇高。古典合唱所

> 古典合唱所追求的和谐与表现的崇高,对于我们培养优雅生活者来说,都是至为重要的。
>
> 每个人只有在恰当的声部发出恰当的声音,才能够表现和谐;每个人也只有在团队当中,才能够实现美的集体表达。
>
> 合唱是美育的基本形式,合唱团是一个可以称作学校的地方的标配!

追求的和谐与表现的崇高,对于我们培养优雅生活者来说,都是至为重要的。更重要的是经过严格的专业训练,学生们会在音程、和声、对位结构等专业训练当中,提高他们的审美素养。

我们要求每个班级都有自己选定的班歌,用和声表达自己班级的审美理解。每个年级都有自己年级所选定的级歌,他们用自己的声部,来表达自己对于人生定位的理解和团队意识的理解。每个人只有在恰当的声部发出恰当的声音,才能够表现和谐;每个人也只有在团队当中,才能够实现美的集体表达。我认为没有比这更好的集体教育,没有比这更有意义的能够构建和谐之美、崇高之美的教育形式了。正是从这个意义上,我多次呼吁,合唱是美育的基本形式,合唱团是一个可以称作学校的地方的标配!

每年的毕业典礼上,800多个孩子站在礼堂里分四个声部合唱属于他们年纪的那首级歌,歌咏属于他们年级共同的文化记忆。去年毕业典礼,800多个孩子站在剧场里合唱他们的级歌《当你老了》。开始我不太理解,一群十七八岁的孩子怎么会选择这首歌作为他们的同一首歌?在现场,我看着他们饱含深情甚至热泪盈眶的演唱,我的心被深深地震撼了。对我的启发是,任何一个关注生命成长的教育都必须关注时间的长度,关注"当你老了"的时间节点上回望时,我们的今天的教育究竟给他们生命的深处留下了哪些难以磨灭的记忆?

教育需要想象。我常常想,当这样的一群孩子,多少年之后重回校园,岁月改变了他们的容颜,使他们难以辨识对方是谁的时候,只要四个声部凑齐,只要他们的同一首歌唱起,他们就会辨识出对方,因为有他们共同的文化记忆,这种记忆会唤醒他们一段段温热的青春记忆。

我们每年都会有合唱节,每个班级的孩子都会用多声部来展现他们班级的同一首歌。我非常高兴的发现我们的孩子因为历经了严格的合唱训练,他们发声的方法,他们的言谈举止,甚至他们的精神气质也发生了喜人的变化。更重要的是,有一群孩子因为在合唱中历经了严格的美的教育,变成了自己的专业素养与专业爱好,变成了他们选择大学专业时的一种人生选择。

我常常想:一个人如果能够在高中确立一种人生的志向与爱好,并且一生为自己的爱好而努力工作,这该是多么幸福的一件事。

优雅生活者,关乎民族的创造力和想象力

目前,我们国家的第一个奋斗目标——全面建成小康社会已经实现了,正在朝着第二个目标——全面建设现代化强国而努力奋斗。我们的这群孩子应该是现代化建设的主力军。2035年我们要全面振兴工业,这一方面需要我们在被别人卡脖子那些关键领域核心技术上突破;另一方面,我们的工业产品,特别是日用工业产品的审美品质,也必须有层级的提升。为此我们必须培养一大批能够表达美、创造美、富有想象力的未来工程师。今天的许多工业产品对精致度追求不够,对美的表达有许多的欠缺,这源于我们的设计者对美没有敏锐性,而对丑有强大的耐受力。因此我们的学生必须善于融技术与艺术,善于把想象变成创造的实物。

我们建设了想象创造课程基地,有一门工业设计课程,通过5个单元的模块教学,从开始的字母设计变形,到后来的三维设计、非标设计,到实景设计,最后致敬经典设计,一步一步让学生把自己想象的美表达出来。

前几年我们征集建校110周年的标志性雕塑,许多人投了稿,学生们也积极参与。经过专家的评审,最后选定的一幅作品竟然出自孩子们之手。面对这个雕塑,我问他们这些结构体型表达一种什么样的理念?孩子们告诉我,这是多样的门,表达了他们对学校未来发展的一种理解:那就是多样的门,多样的可能,培养出多样个性的创造型人才。这幅作品最终入选,我想正是因为他们用了一种

艺术化的手法，表达了对学校教育哲学的一种理解。

其实今天的孩子并不缺少想象力，也并不缺少创造力，只是他们的学习空间过为拥塞，已经被无休止的刷题所全部填充满了。"种瓜得瓜，种豆得豆"，只用刷题的方法永远不会培养出有审美素养的一代，也永远不会培养出优雅生活者，更不会培养把我们未来的世界变得更美好的一代新人。

在我看来，优雅生活者，绝不只是关乎一个学生个体的优雅风度、精神气质的一件小事，它关乎的是我们整个民族的精神品级、审美品位，关乎我们整个民族的创造力和想象力。一个现代化强国国民优雅的精神气质和审美品位，也许才是我们国家真正的软实力。

毕业典礼即席演说三则

办善良的教育，培养善良的人[*]

同学们，最后一次以这样的称呼来称呼你们，因为从接过毕业证书的那一刻起你们就成为省锡中的校友。当你们坚持以站立的姿态向母校致敬的时候，作为校长有必要再向你们讲一讲省锡中的本色，省锡中的追求。

刚才大家诵读的《校训释义》里边有一句话，也许人们不曾关注，那就是"我校同学受此良善之教化"，其实"良善之教化"应该就是我们省锡中教育的本色！这个学校，这个学校里边的人，和从这个学校里边走出去的人，如果要说有一种底色，有一种境界，有一种标志，应该就是"良善"，即品位优良、品质善良！我想，一个可以称作学校的地方，追求的首要目标应是善良的教育。我曾经无数次面对这个学校百年历史上那些蜡黄的经典照片，当我看到我们的老校主给品行善良的学子、给衣着整洁的学子、给一学年以上不缺课的学子单独照一张相的时候，当我看到我们的课程选择标准是为了增强儿童学习兴趣、陶冶儿童善良德性的时候，我不止一次地热泪盈眶，感到通体的温暖。有著名画家曾感慨，那个时代的教育很善良，很温暖。我想，历史上匡村中学的教育是超越了功利性

> 教育因着眼于人生命的全面成长而更加善良，也使学校教育有了应有的温度。

---

[*] 本文根据在省锡中2015届高三毕业典礼上的演讲整理。

追求的人的教育,是善良的教育。

教育因着眼于人生命的全面成长而更加善良,也使学校教育有了应有的温度。如果说当今教育什么问题严重,那就是我们把分数还看得太重太重,把人看得太轻太轻,冰冷的分数有时冰冷了人的成长环境。如果这三年省锡中还有一些让同学们感觉还不那么愉悦的地方,那一定是我们从分的教育转向人的教育的过程中,我们行走得还很艰难。但是同学们,给母校一些时间和鼓励吧,因为在今天这种环境下,在高三年级仍开出击剑、游泳课,在高考前仍能歌唱、绘画,能艰难地向人的教育转型,实在不是一件轻松的事情。

刚才,你们班主任走上台时你们起立欢呼、喝彩,那是发自心底最真挚、最动人的声音。人世间能产生如此至亲至纯的关系,是班主任之福,是你们之幸。这些班主任和我们学校所有的老师一样,他们个性可能有差异,学科可能有分别,处事方式可能不尽相同,但有一点一定会让你们一辈子铭记在心而不会忘记,那就是他们的善良。他们的善良体现在:他们不势利,不会因为你们出身背景的不同而对你们冷暖有别;他们不功利,不会只盯几个尖子生,因成绩的高低而对你们青白相视——虽然他们也会计算你们每一次的成绩,但在他们的心里,始终相信,你们发展有缓有速,但结果一定都通向优秀;他们大度,他们的心胸足以容下四五十个活泼泼成长的个性;他们宽容,不会因为和你们有一两句言语的冲突,或者你们有些礼节不周,他们就斤斤计较。我可以说,你们走出去,走向社会,你们会遇到许许多多的人,但是你们今生今世都会铭记住他们,因为这些人,这些善良的人,是你们生命中的恩师。

从省锡中走出去的人,应该涵养了这个园子里人行事的基本方式,应该刻上他的文化烙印,那就是做一个善良的人。积善成德,善是"十大训育标准"中"诚、公、义、群、礼"五德的基石,也是我们立身的根基。善良的人讲诚信,绝不以欺诈为怀;善良的人有担当,知道有义利之别,善良让我们选择正义;善良的人知廉方有操守,绝不突破做人的底线;善良的人善合作,用宽广的心胸去接纳每一个人;善良的人重修为,谦恭厚重而不轻狂跋扈。我们是有教养的人,而有教养的人最突出的特点,就是让别人感受到我们的温暖。孩子们,看到今天典礼之前,你们自发组织的为"东方之星"遇难者祈福的简短仪式,我非常感动。在紧张的高考时节,你们仍心系不幸的人们;在人生盛大的典礼上,你们向遇难者致哀,悲悯情怀与人文精神让这个世界都感受到了你们善良的温度。我要由衷地说,孩子们,你们,人真好!

　　善良还是我们立业的根基,今后你们会有各种各样的社会角色,如果以学为业,应该去做善良的学问,科学如果没了人文情怀,也可能成为暴虐的利器;如果从商经营,也希望守着善心,让每一分钱经过善德的浸润;如果为官从政,也要向善利民,成为那一个地方民众的善仆……无论从事什么样的行业,母校期望,人们对你们的最高评价,不是有多大成就、多高荣誉,而是你身边的同事、朋友说起你时,会由衷赞叹:真不愧是省锡中毕业的,人真好啊!

　　今后,你们每个人还会有一个最核心的角色,现今是儿子、女儿,以后也会为人夫、人妻,更后还要成为父亲、母亲,我恳请你们记住今天的站立姿态,聆听我作为师长的临别赠言,那就是做个善良的人,让你们的家人因为你的善良而获得幸福。送给你们两句话,"为学化道祸远",是说读书明鉴变化之道,你们可以远离灾祸;"修身积善福长",是说如果注重个体修为,积累善行,那么你们将会幸福绵长。

　　希望我们学校永远是一个善良的学校,希望大家永远做善良的人。这就是我今天演讲的题目——办善良的教育,培养善良的人。

> "为学化道祸远",是说读书明鉴变化之道,你们可以远离灾祸;"修身积善福长",是说如果注重个体修为,积累善行,那么你们将会幸福绵长。

择己所长，立足社会；择己所爱，获取幸福[*]

今年的高考作文题用了俗语"有话则长，无话则短"。在今天的毕业典礼上，我有千言万语要殷殷嘱咐，但是也只能把它浓缩为最简短的话语，说给你们听，以便于你们牢记终身。我想说16个字，那就是"择己所长，立足社会；择己所爱，获取幸福"。

先说择己所长，立足社会。同学们都知道，在高中有一个重要的任务，就是认识自己，规划人生。有人说，有规划的人生是蓝图，无规划的人生是拼图。我们之所以要开设那么丰富的课程，我们之所以要开展那么多彩的活动，其重要的目的，就是想让各位同学，通过这些课程，通过这些活动来发现自己的所长，来认识自我，规划人生。能够把个人的信仰与专业的类群，能够把个人的需求和社会的需求结合起来，明晰地找到未来立足于社会的根本所在。我非常遗憾地告诉大家，那就是在高中阶段，我们这样的一个教育，还远远是开端，而没有完成。今天，我们可以以高的分数把大家送入大学，但远没有以恰当的形式，让同学们真正地发现自己一生立足社会的那个长处所在。

我多次举过以色列人择业的例子。那里的人最要选择的专业是工程类的专业——一个母亲，如果家里有三个孩子，她会说老大是工程师，老二是医生，老三是律师。我之所以再次讲这样的一个故事，那是因为我们所身处的社会更需要我们去学习创造，学习对于人类生命的呵护，学习对社会公平正义维护的本领。

再说择己所爱，获得幸福。我想人生有两个重要的选择，一个是择友，一个是择业。这两个重要的选择在高中时代，我们都还没有完成，我们应该去学会选择自己终生所爱的事业和自己终生所爱的伴侣。获得幸福，有两个简单的方法。第一个方法，是永远与亲人保持亲密的关系。正如刚才家长代表提的一个建议，

---

[*] 本文根据在省锡中2016届高三毕业典礼上的演讲整理。

那就是到了大学,也像在中学一样,天天与家长通话。我觉得这是我们获得幸福最重要的途径。第二条就是学会感恩,因为感恩会使人类获得最简单的快乐。

择己所爱另一层意思是能够把工作、事业和使命结合起来。一个人有工作不是一件非常难的事,难的是工作是你的事业,而且能够把工作事业和使命完整地结合起来,这样你便会获得最大的幸福。

哈佛大学泰勒·本－沙哈尔在幸福课程里说,一个人要获得幸福,最关键的是有幸福的思维方式和行事方式。比方说养成良好习惯,例如我们省锡中养成的那些充分的阅读和休息的习惯;比如说每天记录自己的生活;比方说,学会接受失败,学会接受自己并不完美这样的一个事实,要允许自己有各种正常的情绪,包括积极的情绪和消极的情绪……

择己所长,可以使你立足社会,保障生活;择己所爱,可以使你获得幸福,更好地贡献人类。省锡中祝福大家成为幸福的、并且对人类做出贡献的人。

保持省锡中的姿态,前行[*]

人生路漫漫,能到达多远的前方,不在一时跑得多快,而在恒久保持行进的姿态。在你们离别匡园的时候,我要叮咛一句:保持省锡中姿态。

什么是省锡中姿态?我想,应该就是由嵌在省锡中学子生命深处的文化基因所决定的那种人生态度、行事方式与行为习惯。刚走出母校,渐行渐远,蓦然回首的一刻,感受到这种姿态,忽然有种倍感珍贵的体验!

保持省锡中的姿态,就是不论在什么地方,还像在省锡中那样天天晨起跑步锻炼;不论生活节奏多么紧张,还像在省锡中那样准时作息,按时用餐;不论工作任务多么繁杂,还像在省锡中那样一节一节过,踏歌前行,以尽量优雅的姿势;不论人际关系多么复杂,还像在省锡中那样做良善的人!总有书卷在身旁,是终身

---

[*] 本文节选自在省锡中2018届高三毕业典礼上的演讲。

阅读者的模样；总会想了再言，是负责任表达者的立场；还有谦恭，还有大气，还有更重要的一条，就是不论年岁多长，都要像在省锡中那样，单纯、干净，一颗心永远葆有 18 岁的梦想！

胡适先生在 1932 年北大毕业典礼上的演讲时说，人生堕落的方式很多，总结起来，约有这两大类：第一条是容易抛弃学生时代渴求知识的欲望；第二条是容易抛弃学生时代对理想人生的追求。始终坚持学生时代的状态实非易事。因此，我们应谨记胡适先生的这句话，并时刻以此鞭策自己。将来无论在大学校园里还是走上社会，都能保持以省锡中的姿态前行。

> 人生堕落的方式很多，总结起来，约有这两大类：第一条是容易抛弃学生时代渴求知识的欲望；第二条是容易抛弃学生时代对理想人生的追求。

教育，让心飞起来

不管教育发生在哪里，也不管教育由谁完成，教育的使命，首先在于唤醒，唤醒孩子的梦想，让孩子的心飞起来，有憧憬，有眺望。

本辑收录了我回忆少年读书求学、高考落榜自学初为人师往事的几篇文章。

教育，让心飞起来

老家洛南在秦岭深处，现今以曹子建流昒惊艳的洛水得名。《洛神赋》写尽了"斯水之神"的美艳，秾纤得衷，修短合度，丹唇外朗，皓齿内鲜，明眸善睐，那瑰姿艳逸、柔情绰态，直让人精移神骇。遗憾的是，洛神只有曹公子在绮丽清梦中遇过，我等凡人是见不着的；但洛水一直流淌在身边，选一处青山河湾"远而望之"，还真能看到婉若游龙、流风回雪的神采，这也就算见着洛神了——但，这是在过去；现在的人，想看见一湾绿水也恐怕只能是洛神清梦了！

洛南历史上也称华阳县，前一阵子讨论洛南改名，"华阳"便是选项之一。但我总觉得华阳是陌生的他乡，生不出对故土的依恋。地理上以山南为阳，山北为阴，这耸然突起的山便是险峻奇丽、大名鼎鼎的西岳华山。只是华山的声名都被山北的华阴占尽，虽然太阳照耀的华山南麓，望不尽的群山万壑，都是故乡的疆场。

其实洛南不偏也不远，就在西安东去一百多公里处。如今回老家，出了咸阳机场，穿隧越桥，一路高速，也就一个多小时到家。常听朋友诮，说在洛南打了热豆腐，开车到西安提上餐桌吃，温凉正合适，便捷之誉溢于言表。可我对洛南的记忆总与山的阻隔相关，总与翻山越岭的想望相关，有时对阻隔的宁静，甚至有一丝莫名的眷念。

家乡山水的特征，灵口小镇可以充分体现。灵口在洛南最东边，洛水出了灵口就流入河南灵宝、洛阳。大山将灵口团围得密密实实，只在山峦之间给洛河留了一条通道。在过去，要是以脚步来论说，十多公里外有个大点的集镇，半天走得到；四十多公里以外是县城，翻过高高的后庙岭，要走整整一天；七十多公里外是商州，更高的麻街岭横在云下，紧走慢赶也得两天才到得了地区行署；一百多公里以外便是西安，要去省城先要翻越横亘天际的秦岭。当时，没有多少人去过县城、州府，更少有人进过省城。到1979年，我考大学的时候，灵口没有通客车，也没有用上电灯。晚间上自修，用废铁皮卷了根灯芯插进糨糊瓶，教室里点亮一片煤油壶。老师办公的灯具要精致明亮些，是加了玻璃罩的"罩子灯"。有一阵子，公社里用柴油机发电，可教室里的光亮总随着机器的轰鸣有节奏地忽闪，反而让人眼花心烦。大概是1973年前后的一天，一辆上海牌小轿车突然开进了灵口那青石板铺就的小街，这相当于把一个现代化的成品隔着前朝扔进古代，够刺激也够震撼了！争相围观看稀罕，场面好不热闹。据说轿车是为了招待哪国的亲王，专门从西安开来拉洛河甲鱼的，只有养鳖场的老头儿有福气钻进去坐了坐。

群山之间流淌着干干净净、清清亮亮的洛河水，让灵口显出生动和灵气的一面。从小学二年级到高中毕业，我们住在洛水岸边。儿时的许多记忆，也都在这一条河上。

夏天时，孩子的心长在洛河里。灵口方言没有像"游泳"这么洋气的词汇，县城的小孩说打江水，我们则称洗身子；洗身子不是洗澡、沐浴，和这没有太大关联，那是概括各式水上活动的专有名词。正如无锡方言，"澈浴"是洗澡，而"澈冷浴"一定是在河湖里游泳。灵口小学后窗对面，隔一堤绿柳、青石的人娃岩下，日出到日落，乡俗约定，那就是男孩子们欢乐无尽的水上天体运动中心。"杂沓儿男，命俦啸侣，或戏清流……或采明珠"，爬到岩崖的高处，一个猛子扎进深潭；伙伴们虽不懂跳水比赛的规则，胜负高下却能判得分明，能头先入水又不会激溅起大片水花的一定是高手。我不行，最多只能像插葱一样入水。"采明珠"是伙伴们的绝活,在岸边选好一块白石头,投入远处的水域,然后潜入水底大睁眼睛找寻,找到的举出水面欢呼,掷下去大家再找,这样子循环往复一个下午。我们还喜欢卧"神渚",照现在的眼光看,那绝对是高档的健身美容休闲方式了。先下水里泡一阵子,上岸后从头到脚用沙泥涂裹,仰面曝日,等到沙泥晒得龟裂如片时再下河洗,如此循环往复也是一个下午。当然我们也可以像洛水众灵那样去"拾翠羽",捡拾些鹳鸟羽毛,岸边有那么多灰白色的老鹳。

那时,语文没有背不完的书,数学也没有"熬"不尽的赛,大家多的是时间,想着办法玩儿就是了。玩兴太过的时候,逃了学也要下河,尤其是杏黄时节老师回家割麦子去的时候。班主任也有高招,放学时让男生一一伸出手臂来,只轻轻地一挠,留下白痕一道的家伙们自然得留下面壁思过了。但反思的内容决不会是荒废课业的过错,而是事关小命的溺水后果。

两棵参天的古树,遮蔽着灵口小学的院落,浓荫密匝,整个操场就在树的佑护之下。村镇里最老的老人说,他爷爷小的时候两棵杨树已经这么高了,而我们拉起手围抱大树,起码也要四五个人合作。小学的院舍是旧时的关帝庙,尊奉着关公的塑像,还有明清时期的戏楼。多好的读书院落啊!遗憾的是,到我们上学时,塑像早已被粉碎了,连匾牌也不知翻过来变成了谁家灶间的案板。四年级时,大树经几十天的斧伐锯解轰然倒下,那种惨烈至今难忘!其实,在工匠们大斧砍伐的时候,我们还莫名其妙地好奇与兴奋着,甚至捡拾了不少木片回家当柴烧。可就在大树轰然一声倒下时,那沉闷的巨响着实震疼了我的心,整整一天失魂落魄,中饭没回家吃,放晚学时又弄丢了家门的钥匙。树顶上老鹳的巢窝覆毁了,黄口小鸟摔死在树枝间,鹳鸟哀鸣了几天,后来再也不见踪影。再后来,我们的教室——高台上的戏楼也被拆除了。我们这一群孩子,也和这院落一样,离文化越来越远,像野草一样,在山水之间自由地疯长。

眼看要上中学了,心里并没有一丝升学的急迫。对我们来说,上初中不过就是把教室搬到前窗对面的中学里,只是离河远了些,从教室的后窗逃出去洗身子不那么方便了。

但中学,即便是那个年代的中学,毕竟与小学大不相同。中学有脚踩的风琴,有瓶瓶罐罐的仪器,有摆满了几间屋子的图书,更有好多操着南腔北调的老师。父亲就在中学教书,从他那里知道学校里有不少学问很大的先生,有些老早就是城里的名师名家,大多因家庭出身不好调到山里来;有些是上海、西安名校的大学生,毕业分派到基层锻炼。父亲也从城里发配到乡下,所以我和这些老师早就熟识,上了中学倒有一些生分。

一天,一位老师唤住了我。这位老伯平时就严肃,背头永远一丝不苟,中山装永远风纪严扣,上兜里永远插着两支钢笔;两眼大而突出,让你不敢对视。至今也不明白他为什么喊我,为什么问我。他实际上并没有教过我,但这次谈话实在地影响了我。老伯问,读过哪些书?说来我听听。我读过高玉宝的《半夜鸡叫》,但没敢说。读过《红楼梦》吗?《三国》呢?《西游记》总读过吧?看我的头越来越低,他有些吃惊。原著没看过,小人书总看过吧?我心里想,外爷家里的电影连环画是看了几摞,《金光大道》《艳阳天》什么的,可没有你问的这些呀。老伯看出了我的窘迫,想换个话题,背首唐诗吧?顿了顿,就李白的《静夜思》吧。又顿了顿,我起个头你来背,床前明月光……他彻底失望了,重重叹了口气:你们这些孩子,不读书将来怎么得了啊!他再无一词,但那声叹息让我远远地躲开他,唯恐在大庭广众之中他再窘我一回。

母亲是医生,乡下医院那时也不乏名医,最出名的教授曾在省城中心医院当主任,响应领袖号召送医送药到贫下中农炕头才来山乡。还有一位上海医科大学毕业的高材生,白皙的脸上架一副黑框的眼镜,十分儒雅秀气。眼镜大夫的办公台上常摆着几本红色塑料套封的《毛泽东选集》,看书的姿势却十分奇特,总是拉开抽屉把"红宝书"放在里面读,倘有人来便一挺胸腹关上抽屉。太强的好奇心,驱使我蹑手蹑脚走到他身后想看个究竟。《毛泽东选集》的字是竖行印的,曲曲折折的符号中只夹个把汉字,电影里的情节和"千万不要忘记阶级斗争"的教育让我一下子得出个可怕的判断:特务!他发现了我,仍是一挺胸腹,关上抽屉锁好走开。我呼吸紧张,抖抖地告诉了妈妈。她严肃地告诫我，出去不要乱讲，他在看医学书。我说，才不是你们的医书呢，他还在唧唧哝哝地念。妈妈说，我知道的，他在学日文。过了几天，眼镜大夫给妈妈说，你的孩子应该学外语，学了外语将来才能走出山去。千万别听上海的那帮人在台上讲的话，上海的中学里可是一直开着外语课的。后来恢复高考，眼镜大夫考上研究生回了上海。

读书，也不知道应该读点什么；学外语，更没有条件也没有"特务"的胆气。但还是十分庆幸在那个时代、那种环境中，有人告诉我读书的重要、知识的价值，虽然当时并未真正领会这些话的意义。但也就从那时起，玩兴减了不少，渐渐地捧起了书本。当然也有好的条件，我们家属于城镇居民户口，不必像同学们那样，放学后还要放羊拾柴剜猪草。

> 十分庆幸在那个时代、那种环境中，有人告诉我读书的重要、知识的价值，虽然当时并未真正领会这些话的意义。

父亲小书架的布帘开始被频频掀动，里面也就七八十本书，除了马华先生的《成语历史故事》趣味盎然，其他并不怎么吸引人，如张志公先生等编的《暂定汉语教学语法系统》、吕叔湘先生的《文言虚字》、傅庚生先生的《杜诗散绎》、陈望道先生的《修辞学发凡》，还有就是北大中文系55级集体编写的蓝皮的《中国文学史》等。这些书大多是繁体字，实在读不通，只是翻翻放下，无书可读时就再去翻翻。这种漫不经心的翻阅，说不出有什么效用。但后来自学大学中文系课程时，才发现我的知识结构原来和父亲小书架藏书的格局相关，心里竟萌生过一丝抱怨：怎么不再放些西方文学、美学、哲学一类的书呢？最近有好友从手机上发来一则《教子定律》，其中一条说，越是想让儿子看的书，越是要当着孩子面藏起来。父亲一定未曾读过这个短信，自然不会有藏书诱读的设计，不过好在从未给我定过书目，虽然他也是语文老师。

后来较为喜欢的两本，《唐诗三百首》和龙榆生先生的《唐宋名家词选》，并未精读，只是翻得更多一些。读书的情形现在想想也好玩，《唐诗三百首》开卷的一篇，张九龄的什么"蘭葉春葳蕤"，五个繁体字只认得一个，就跳过去，想着大概与春天相关；好在最后两句"草木有本心，何求美人折"字都认识，意思自以为也大概知道，就记住了。这样不求甚解地翻读，倒涨了读书的兴味，等到后来《黑三角》电影中特务用"曲径通幽处，禅房花木深"来接头对暗号，我接着往下对"山光悦鸟性，潭影空人心"时，读书的好处竟在一片莫名其妙的赞誉中得到充分体验。有时候，人学习的动力竟来自受夸奖的虚荣，不知道学习理论是否已总结了这一条。还有，如果每首诗的生字都注了音，要读十遍再抄百遍，打上星号标明的都要背诵、要默写，而且整日惴栗地预备着周考月测，说不定蘅塘退士的诗选当时早让我恨之入骨了。看来，学习基于热爱，热爱源于兴趣。虽不能说有兴趣便一定学得好，但起码可以说凡扼杀兴趣、消弭热爱的举动，一定会让人远离学习。"过"学习，可能伤学习，也可能使人"厌"学习。

> 虽不能说有兴趣便一定学得好，但起码可以说凡扼杀兴趣、消弭热爱的举动，一定会让人远离学习。"过"学习，可能伤学习，也可能使人"厌"学习。

上高中时恢复了高考。当时确实有一群人为恢复高考激动得热泪盈眶，不像现在高考好像成了中国教育所有问题的罪魁祸根。最早投入备考冲刺的是老师们，像初中的班主任谷老师、亦友亦师的春生兄等。谷老师是老三届的高材生，如果不是"文革"的耽误，他至少可以考进名牌大学，那时却只能做个民办教师，拿十来块钱一月的工资养五口之家。那些日子，他熬夜复习又忧心高考，梦想的大学与生计的窘迫在煎熬着选择，有时不免在我们几个亲近的学生面前一声长叹。在那一声声长叹里面，我们真切感受了读书与命运的关系！我的周道齐老师读过大学，张立老师念过中师，他们总是用自己的体验告诫我们：你们遇上好时候了,好好学呀,上个大学,不然一辈子窝在山里有个啥出息!他们总在激发着年轻的心"翻山越岭",甚至用山岭的名称来具体标注学子的理想:好好学习,高考成绩能翻过后庙沟岭,就可以去县城念中师、卫校;成绩翻过麻街岭,就可以去商州读大专;成绩翻过秦岭,就可以到西安上本科了,就可能走到山外去了。

大山的阻隔给了山里人独特的文化心态,有梦者那时总把梦的起点落在翻越大山的想望上,总希望有朝一日把人生的舞台搭建在山外那片广阔的天地间。而让我也成为有梦一族的当然是我的老师们,还有那些智者,他们使年轻的心飞了起来,越过秦岭,飞出山外。他们的作为也诠释着教育的价值与力量,不管这种教育发生在哪里,也不管这种教育由谁来完成。看来,教育的使命,首先在于唤醒,唤醒孩子的梦想,让孩子的心飞起来,有憧憬,有眺望。

> 不管这种教育发生在哪里,也不管这种教育由谁来完成。看来,教育的使命,首先在于唤醒,唤醒孩子的梦想,让孩子的心飞起来,有憧憬,有眺望。

早几年,在初中的教材里读到了一首诗——《在山的那边》,这首稚气的诗却让我有异样的感动。节录如下:

小时候,我常伏在窗口痴想
——山那边是什么呢?
妈妈给我说过:海
哦,山那边是海吗?

于是,怀着一种隐秘的想望
有一天我终于爬上了那个山顶
可是,我几乎是哭着回来了
——在山那边,依然是山
山那边的山啊,铁青着脸

给我的幻想打了一个零分!

妈妈,那个海呢?
在山的那边,是海!
是用信念凝成的海
今天啊,我竟没想到
一颗从小飘来的种子
却在我的心中扎下了深根
是的,我曾一次又一次地失望过
当我爬上那一座座诱惑着我的山顶
但我又一次次鼓起信心向前走去
因为我听到海依然在远方为我喧腾
——那雪白的海潮啊,夜夜奔来
一次次漫湿了我枯干的心灵……

这里,把崇高的敬意献给诗中的"妈妈",那位让山里的孩子眺望海从而使雪白的海潮一直漫湿孩子心灵的女性。如果要评选教育家,我把第一票投给她。

在恩师身上,悟读师道

人们追忆恩师,会含泪写下感戴。作为教师,我的追忆在感戴之外还收获了更多的专业感悟。每位恩师,不管他们是否声名卓荦,是否立一家言,只要真心待学生,用心做教育,他们总能在学生的心田播下爱与智慧,写下经典的教育论著。翻看书扉,这些教育的细节让我们品读不尽,思悟不尽……

给我开蒙的张双群老师,兼教多门功课,语文的第一课是"天上星,亮晶晶,我在大桥望北京"。老师大个子,长面颊,像个威猛的军官,不怎么声响,也难得一笑。清晨进课堂,他会给每个学生发放两支削好的铅笔,放学时收上去,用橡皮圈扎好,晚上再削。他当面给我削过一次铅笔,记忆尤深,到现在我削铅笔仍然用老师的刀法。当时我们没有卷笔刀,张老师用小锯条磨成的刀片先在铅笔上滚割一个圆圈,再对齐圆圈慢慢往下削,削出的笔端竟像是刀卷一样的齐整。我不知道他是怕我们划破了手指,还是怕我们削坏了铅笔,总之是一天天帮我们削好,直到我们升了年级。粗心的家长对自家孩子未必能如此不厌其烦,可我们的张老师对每个孩子天天如此。我们的铅笔是不用自己买的,校园里有一片空地,老师们种药材卖了钱给我们买笔用。

还有一位史老师,他是记不得名字的老师,没有教过我们课,校园里也常见不到他,听说他是教"跑学"的老师——担任巡回教学点的课务。后来的一天,史老师病了,说不出话来,老师推荐了我们五年级的几个学生去顶岗。史老师吃力地交给我一支哨子,交代了教学任务。我去的是相对近些的下河村,教室设在一个圆形的粮仓里,土坯搭就了几个台子,墙上挂着个斑斑驳驳的黑板。吹响哨子,笛音招来了十几个孩子,每人挎了个小板凳。按史老师的吩咐,一二三年级的孩子分坐三列,左边先写字,右边做算术,中间的跟着我读"列宁的故事";然后布置中间的写字,转过来教左边的读书……后来我知道,这叫"复式教学",对教学组织与安排有极高的要求。我不知道苏联电影中的乡村教师瓦尔瓦拉是否这样辛苦,只看国内那"美丽的大脚",她教书的日子一定比教"跑学"的史老师来得舒适些。我若是导演,史老师的故事一定用这样一组镜头缓缓叙说:清晨,涉水去洛河对岸的教学点;中午,翻岭去北山的教室;午间,在派饭的农家端起一碗玉米糊汤。背上的板胡,是孩子们练耳放歌的艺术教育;斜挎的皮球,是孩子们健体强身的体育课程。在我电影的镜头中,我不拍摄寒风吹彻、骄阳似火,也不出现山洪暴涨、雨雪交加,会让道具师为老师多备几双耐磨的胶鞋,会让编剧设计盛咸菜的碗碟中山民悄悄卧进一个鸡蛋的细节,会安排在他退休的时候如愿转为正式公办教师的结局……最后的镜头,是远山层叠,田野泛绿,或旭日朝阳或落霞余晖拉长了史老师的身影,给他的教育行走一个油画般辉煌的背景。画外音,是孩子们错落的读书声与欢快的笑声。

> 爱自己孩子的那是"人",爱所有孩子的便是"神",而像爱自己的孩子一样爱所有孩子的就是"圣"了。

两位老师都是民办老师,没有上过师范学校,更没有读过《爱弥儿》或《爱的教育》,他们对教师职分的理解多源自做人的本分,善良而有爱心,把学生当成自己的孩子来对待。曾听到一句很感人的话,爱自己孩子的那是"人",爱所有孩子的便是"神",而像爱自己的孩子一样爱所有孩子的就是"圣"了。我的张老师、史老师实在是平凡普通的人,但因为对学生的大爱,他们就站上了"神圣"的高地,成为受人敬仰的师表。

老师是大爱的仁者,更是聪慧的智者。教物理的万启林老师后来首批评上特级教师,他来上课从不带教材、教案,只在掌心里握几支粉笔。画图也不用直尺圆规,随手一圈,黑板上就飞出一个标准的圆形,教室里那一片佩服呀!《学记》里说教学语言应该是"约而达,微而臧,罕譬而喻",我想万老师是达到这一境界了。他的语言简约通达,完美精到,比喻不多而深入浅出,让你记忆深刻。初中讲光学,有同学颠倒顺序说"入射角等于反射角",老师冷冷地问:可以说老子长得像儿子吗?此外,别无一语。讲布朗分子运动的规律,他说,现在把教室里的桌凳都搬出去,窗户也堵上变成密实的墙体,每人发一个篮球,你们随意地掷出去,若又抓到球便再扔出去,永不停息,结果怎样?众皆大笑,笑浪过后,他问:想一想,人体与球体这种永不停息的碰撞运动有规则吗?齐声回答:没有。万老师点点头,对喽!分子也如此,永不停息地做无规则的运动。布朗运动当然没有这么简单,他还领着我们拜识了对着显微镜观察花粉的植物学家布朗,以及提出布朗运动理论的伟大的爱因斯坦。遗憾的是,那些知识都忘记了,只记住了他精妙的比喻。数学周道齐老师的绘图可比万老师精密得多,上函数图像、立体几何简直就是搞测绘。周老师大学念的是水利系,他把工程设计专业的技术规范全搬到数学里来了,我们的作业,凡画图必须在印有网格的绘图专用纸上画好,剪了贴在本子上。描点画线不容一丝差错,连图上的文字也一律要用仿宋体标写。好在那时作业不多,精描细绘当中倒养成了严谨细密的习惯。周老师辛辛苦苦教我的数学题目大多还给他了,只有这个习惯留了下来,受用至今。周老师从不当面表扬我,却把我的数学作业拿到隔壁给理科学生看,还悄悄在母亲面前夸我"思维逻辑性很强,数学很有潜力"。这句话像有预卜未来的灵效,此后我似乎也把数学当作了强项,多演了许多习题,得了不少高分。交上去的本子,凡做对的题目,周老师会打上大大的钩,错了的,则画个小叉;大钩是大大的嘉许,小叉是些微的不满意,提醒你赶紧剔去那些瑕疵。

接下来,应以较多的笔墨来写张银德老师了。我和同学们更喜欢称他为银德张老师。张老师教我高中的语文和历史课,他对我教学、做人影响之大,实非万言可尽,甚至"体悟教学"的许多思想就是他的衣钵传承。

我读高中时,语文教材更像是领袖文选,要么就是鲁迅先生痛斥梁实秋们的投枪匕首,小说只有马克·吐温的《竞选州长》、浩然的《房东大娘》,古诗也就教

"抓壮丁"的《石壕吏》。张老师似乎并不满足于这些内容,他常刻了讲义来给我们教。《小石潭记》《捕蛇者说》《石钟山记》《廉颇蔺相如列传》《鸿门宴》《木兰辞》《孔雀东南飞》《老夫采玉歌》等名篇。就在那时,连同他那标准的黑体字、绿色的油墨一起走入了我的记忆,至今不忘。他选的教材,大多是他能熟背的,因此,在课上他并不多讲,也不像别的语文老师让你抄上几本中心思想和段落大意的笔记,只是背给你听并要求你背书。说来奇怪,我的张老师本有较重的言语缺陷,讲课文时口吃,但背起书来了无磕绊。他用双指为尺,在讲台上敲击着节奏开始背诵,不多时教室里就敲出了一片琅琅书声:从小丘西行百二十步,隔篁竹,闻水声,如鸣佩环,心乐之。伐竹取道,下见小潭……最感人的一次,是老师背诵《孔雀东南飞》。他不会讲普通话,操着浓重的方音来读,目视着教室的上方,依旧缓缓地敲击桌面,"孔雀东南飞,五里一徘徊",感慨的语调中透出几多悲戚苍凉,让我的心头掠过寒风。他缓缓地背诵那哀婉的故事,我们的眼光则在刘兰芝的命运上移动。"举手长劳劳,二情同依依",老师挥手作别,班里的女生开始感伤而抽泣。"奄奄黄昏后,寂寂人定初",低沉的声音更让教室里的空气凝固,等到"揽裙脱丝履,举身赴清池"之后,我们的心全浸没在这一池苦泪当中。老师久久没有声响,泪眼望去,只见张老师头微昂着,一任泪流滂沱。

> 欲使学生对文本产生深入的感悟,教师必须设法引领着学生真正走入文本,而必要的前提,是教师真正走入了文本,把心放进了文本。

后来教书,我多次教过《孔雀东南飞》,也多次朗读过课文,朗读时甚至精选了悲戚悱恻的《梁祝》来烘托气氛,用大提琴与小提琴如泣如诉的对歌去配"举手长劳劳"的话别,用管弦乐的轰然交响去渲染"举身赴清池"的惨烈,然而始终没有找到张老师那滂沱的情感,当然也无法让这首被誉为"五言乐府双璧"之一的名作去感染学生了。我甚至在悬揣:老师是否会有类似的经历或感受？是否因为把真切的生命体验融入了作品，才诵读得如此感人至深？但不管臆测是否有据，有一条可以肯定：张老师上课，把心放进了教材。我提出的"体悟教学"也在强调，欲使学生对文本产生深入的感悟，教师必须设法引领着学生真正走入文本，而必要的前提，是教师真正走入了文本，把心放进了文本。

张老师的作文教学也多依凭自己的写作经验，他擅长叙事，写过剧本，文字有诗意；但不长议论说理。他的作文训练就以记叙文为主，评改方法也很特别，多改少评。因此，我的作文本常常被红笔涂满，却少见诸如"中心突出、结构完整、层次清晰、语句通顺"一类包医百病的判词。他也常喊我去面批作文，却常常不讲修改的道理，最多就是嘟囔几句。"疙瘩！"于是提笔捋顺字句。"啰唆！"于是圈划删减几行。他叼着烟卷，微眯着眼，一边反复斟酌他修改的地方，一边不无欣赏地自夸：嗯，这式修改好得多了！最后，像把一个范本交给你：回去好好看看改的地方。不止在他的房间里，他也常把修改搬到课堂上。预先让我用毛笔在大纸上抄了作文，张贴在黑板上供同学看，上课时他提了红笔来，问：这一句要不要改？咋改？同学们七嘴八舌地指点议论，他在上面龙飞凤舞地修改，一改就是一节课。正如他的理论，文章不厌百回改，作文水平不是写出来的，是改出来的。我现在也常学舌，不要只看学生写了多少文章，关键要看学生改好了多少文章——这是我的体验，也是得益于先生的经验。我想，改文章也许比评文章更见出教师的写作功底，也更利于提高学生的写作水平。斟酌字词、锤炼语句、捋顺疏通、删削增润的功夫与妙道，有时真是可意会而难言传，而把一个个具体的修改过程与实例展现出来，让学生对比着思悟，这样对智慧策略的传递应该更有实

> 改文章也许比评文章更见出教师的写作功底，也更利于提高学生的写作水平。

效。由是常常感慨,以现今我们教学的现代化手段,用实物展示平台投影,用电脑里文本修改的工具,向学生展示或让学生参与作文的修改过程,在修改中提升学生运用语言的悟性,已是如此快捷、方便、直观了,而又有多少语文老师会像张老师那样上作文课呢?

张老师身材低矮,又好穿长长的四兜中山装,腿部就格外显短;加上衣兜在上身画了几条横杠,远看去身材体型就是一个"真"字,这也的确是他最本真的画像!常见一圈人围在那里,一个人放肆地讲张老师的逸闻趣事,众人大笑捧腹,有的话连我也难接受,心下愤然。但你仔细看,张老师一定就在那圈人里,他会认真地纠正故事的细节,但纠正的地方更是让人笑出眼泪来。很长时间,我想不通张老师为何对别人的笑谈竟如此不恼不愠,甚至怨他太过委屈自己了。但以张老师的天性,我知道他不会这么想的。他给我看过一张照片,还不无得意地讲过一个故事。公社里要在高山坡上用白石头摆"农业学大寨"几个巨大的字,点名要大名鼎鼎的书法家张银德老师去。张老师去了,公社干部一看来了个小孩子,呵斥道:回去,回去!叫你的张老师来,来你个碎娃子(商洛方言谓"小孩子")会写啥?张老师嘿嘿地黠笑,却并不挑明,只是说:张老师叫我来的,试火试火(商洛方言"试一试")。干部没办法,只好窝着火带他上了山。上了山就被认出了,但干部还是无法把眼前的小个子与书法家对上号。张老师不管这些,只是捏着石灰在坡上撒线,指挥着农民搬运石头往格子里填。几天之后,五里之外就看得见老师的大作了。他请人拍了张照片,就蹲坐在"寨"字顶端的一点上,人的面目看不清,但那架势就是个寨主。我想,张老师是能在心里规划出巨幅大字的人,个头自然就限量不住他的高度了。也许他从未在意过身材与言

幽默是性情的舒展,胸怀的恢廓,更是生命的一种境界,而幽默到了自嘲,流露出的便是十足的人生自信!

语的欠缺,生命的状态才如此真率、豁达。从张老师身上,我更确信了这样的观点:幽默是性情的舒展,胸怀的恢廓,更是生命的一种境界,而幽默到了自嘲,流露出的便是十足的人生自信!

老师沉醉于吸烟,经济又不宽裕,上课铃响了往往还要饱吸两口,然后把余下的丁点儿烟头往墙上一拧,揣进衣兜。有一次烟头没拧灭,正讲课时灰中山装棉衣兜内竟冒出了烟。后来的版本演绎成老师讲《赤壁之战》,学生见了烟,喊叫"着啦!着啦!",老师却正色道:别乱喊,早着呢,东风还没起呢!好几年前在外地开会,恰巧碰上洛南的同事,顺便给老师带了些铁盒的烟,在我记忆中,老师是喜欢用铁盒来装烟的。收到烟后一人分发一盒显然数量不足,老师便盘点着身边认识我的人数,写好了清单,一人数支烟分发出去,然后再向每人讲一遍我的情况。想想看,除了父母与老师,不知道世界上能有多少人会如此精心地分享你的丁点儿进步!后来回老家,专门带了烟去拜望老师,老师的身体却不能抽烟了——隐约听同学说老师遭遇了巨大的不幸⋯⋯

张老师已然作古,老师的墓地却一直没有前去祭奠。谷老师远在豫陕交界、大山深处的坟园,我们同学还从县城到灵口,到庙湾,再到佛岔,去那里磕头,上香。同学们不敢去看张老师,实在无法接受生活与命运给恩师的造设,好人一生,生前身后天塌地陷。

我多么希望老师依旧能陶醉般地吸烟,微眯着眼,斜叼着烟卷⋯⋯

朝来寒重自学时

1979～1980年的天空，好像始终是阴灰的。但我总想表达得明朗一些，实在没必要总在心头布设阴郁，哪怕是回忆。法国哲学家拉罗什富科有句经典的话：命运降临到我们身上的一切，都由我们的心情来定。

6月底的时候，沙河水暴涨，冲毁了岸堤和公路。山里的河水总如此，干旱时连影子也看不见，发起威来就汪洋恣肆。路断了，本来灵口就不通客车，这回便连卡车也开不进。高考要到县城，只能由周老师踏着自行车驮我去赶考。我们前面走，自行车后跟着稀稀拉拉的小跑的"步兵"。一路艰辛，折腾了大半天时间赶到县城。

在师范的大通铺宿舍里，学校特意请了县城里的党广诉老师、原来在灵口当过校长的张德义老师等给我们临阵磨枪。父亲还让我拜见了洛南中学的地理大师蔡乾辉老师，帮我系统梳理了"气候"的知识内容。西关中学的郭象老师拿了自己写的几篇杂文给我看。只记得有一篇《鸡说》，很有意味，文笔十分老辣。名师毕竟是名师，受他们的点化，你会获得茅塞顿开的贯通感。后来与这几位名师共事，说起当年考前辅导的情形，他们基本上忘记了。老师就是这样，从不刻意地去记着曾有恩于谁、曾有助于谁，对每一个学生，哪怕是偶尔前来求学问道的学生，都同样尽心尽力、毫无保留地帮助和教诲。老

> 老师就是这样，从不刻意地去记着曾有恩于谁、曾有助于谁，对每一个学生，哪怕是偶尔前来求学问道的学生，都同样尽心尽力、毫无保留地帮助、教诲。

师从来不图回报,却在求学者的心田撒播了无数感恩的种子。这些种子也许不会长得太大,也许永存心底,只是一丝记挂、牵念和祝福,但老师特有的职业幸福也就从学生丝丝缕缕的记挂中得以感受和体验。

考点设在西关小学。第一场考试,翻开语文试卷,就感到十分幸运。作文是让改写《陈伊玲的故事》,故事的母本是作家何为的《第二次考试》,这篇文章早在一本20世纪60年代的《散文特写选》里读过,比较熟悉。文言断句、翻译也是在林汉达书里早已目睹的"韩信将兵",韩信自称善于将兵且多多益善。那一年政治题特别难,首次出现了材料分析题,农业生产方面的话题,上级统一要求各地种植黄豆,这当然是死记硬背无法答出来的。好在平时一直读《光明日报》,那一阵儿关于坚持从实际出发、具体问题具体分析、按照客观规律办事的讨论非常热闹,我还剪了几篇。高考当然不能全靠这样偶然的好运,但偶然的好运若用哲学观点分析,也是必然链条上的一个环节,毕竟多读书、常读报的习惯为好运的光临做了准备。

其实,做准备的还远不止这些。高二原来也预备转学到县城西关中学的,外婆家就在学校坡下,也很方便。只是李华昌校长挽留说"舍不得让走",加上我也难舍老师,便继续留在乡下。为了考上大学,在一年多的时间里,每天起早打着手电筒背书;一年多的时间里,立誓不去看一场电影。要知道,那时在乡下看电影是多么难得的一场饕餮盛宴啊!围墙圈起个院子,露天里只有两个高杆悬起银幕;要早去占座,可以用条凳、马扎、墩子,甚至用石头、砖块、胡墼(土坯),买不起票的,要早早挂在院子外边的大树上。那时看一次电影,哪怕是越南的飞机大炮,朝鲜的哭哭笑笑,阿尔巴尼亚的莫名其妙,哪怕是样板戏的拖腔拖调,都要期盼上几天,激动上几天,甚至模仿、谈论上几天。有一次放映《早春二月》,最折磨我的意志。母亲珍藏了几本60年代的《大众电影》杂志,从小就无数次地翻看,孙道临饰演的肖涧秋、谢芳演的陶岚、上官云珠演的文嫂,一次次在我的眼前生动起来,我甚至可以嗅到芙蓉镇上柳丝新绿的早春气息。去看吧,父亲让我去。妈妈最了解我的心思:难得看一次,也不算食言。我早动了心,又有妈妈给搭的台阶,赶紧提着马扎走,最好别遇见老师同学,趁黑溜进去看一场。到了电影院门口,灯光一照,脸上却一阵阵发烧,不禁责怪自己,没志气,发了誓却管不住自己,让人瞧不起。于是,大丈夫般毅然转身,义无反顾地撤回,点上灯,翻开书,复习备考。一个多小时过去,眼前还是那一条国际日期变更线,脑子里却满是陶岚、文嫂、肖涧秋,守不住阵脚时就狠狠写一行字:战胜自己,再加上五六个惊叹号。不知在哪里读过这句话:坚定不移,来自禁止自己心灵的骚动的艺术。我好像坚定过,最终却没有做到不移。高考结束后,头等大事是马上补电影,在县城有座位的影院里泡了半天看了两场哭成泪人,对着《望乡》里命运凄惨的阿崎婆还有美丽的栗原小卷……

> 坚定不移,来自禁止自己心灵的骚动的艺术。

高考发榜了,就张贴在县城西门口副食品商店的西墙上。成绩在县里排文科第一,说是地区也是第一,省上也列前茅,高出能"翻过秦岭"的本科线五六十分。最高兴的是外公,家就住在西门口附近,整天站在榜下,指着名字说,这是我外孙。我似乎高兴不起来,父母也有心事。接下来的体检,别人的报告只敲个合格的图章,我的却多写了一段话。这段话让填报志愿受了很多限制,我的目光依旧长久停留在北京大学的专业上。也不知从何时起,梦已落在未名湖畔的红楼里。那个梦想的神圣地方,后来无数次进京城,都刻意避开而不愿贸然走入。记得有一次,是上《在庆祝北京大学建校一百周年大会上的讲话》一课,无限的感慨又油然而生,转身在黑板上默默写了几行字:北大,是中国读书人永远的情结;北大,是奋斗者的责任,这种责任你现在不荷于肩上,将来也总会希望你的后人担当。平心想来,上北大只不过是求学之一途,完全不必如此执着,但我近乎偏执的观念,实在源自这一段刻骨铭心的记忆。

我的期待让母亲异常焦虑,她不愿意粉碎我的北大梦,委婉地告诉我西北大学也很好,当年在西安上学是如何羡慕那些别着"西大"校徽的学子。她替我做的选择非常现实,西大图书馆学专业,然而这种选择仍旧走不通。越来越多的同学接到了通知书,他们相互传递喜讯。我希望的大圆圈在一天天地缩减,缩减到只余下隐约的一点。高考的榜文经夏雨的冲刷,已经字迹模糊,外公依旧天天去看,只是少了言语,回到家也一样的沉默。

打破沉默的是西关中学的王善玺老师,父亲的新同事。就在暑期,父母调回城里,家也随之搬入了县河边的联合医院。铁肩热肠的硬汉王老师,当年才华横溢执教大学,二十多岁被打成右派,遣返回乡改造以卖豆腐谋生。王老师观看谢晋导演的《天云山传奇》,见孩子们向右派罗群掷石子时,在影院大庭广众中竟至痛哭失声,情难自禁。他刚平反,到了中学教书。王老师对我的境遇大抱不平,拉着父亲要去省城讨说法。他们去了哪里,找了什么人,都讲了些什么话,父亲始终没有详细告诉我,只说王老师坚持自己买票住店,说什么也不肯用父亲的一分钱。前几年曾读过王老师写的一本小册子,他忍受不了有所谓"学者"在电视上对《论语》的歪解,又据理力争。我知道,年逾古稀的王老师视力不济,无法查阅资料,他的考证与辩驳都依凭着幼学功底。而正是这样的精神功底,让他一生都活在高贵者的行列。

王老师没讨到说法,我的大学也没了说法。同学里,考上的走了,没考上的去补习复读了。我干什么呢?开始时,同院里还有个没考进大学也不愿补习的伙伴可以聊聊天,过不了多少时间,一同去参加银行招干、工厂招工,他欢天喜地去上班了。而我每次的结局都一样,成绩第一,体检刷下。如此接二连三,我连报名也懒得去了。一天到晚,真是感到空落落的,像是赵本山小品中唱《小草》的老太,自个儿在那儿吆喝:上学的走了吗?走了。上班儿的走了吗?走了。都走了,得,就一人儿自吟自唱,等春风吹绿、阳光照耀吧。

失了学,也就不了业,用当时的词汇,叫待业青年。待业其实是蛮好的词儿,比失业提神得多!虽然同是没有职业,但待业那是处在就业的等待期、蓄势期,哪怕就业遥遥无期,但总归有希望在前头让你待着!这样说来,单身人士而又未抱定独身主义者,其实都可以称之为待婚青年,总比叫剩男好得多。

待吧！联合医院门诊部前的堤岸旁有一大片白杨，秋日里树叶飘落，地上一片枯黄。萧索的林中，几堆黄沙，几条水泥板，人们管这里叫"杨树行"。学不给上，书不能不给读吧！这地方清静，早早起来，到杨树行里独坐、读书。可能商洛是一个文人辈出的地方，平凹、京夫他们一"文"成名天下知的奇迹总能激发文人的梦想。这样的境况中，写小说就自然成了最先选择。提笔写吧，熬了两个月，终于有了厚厚的一本儿，算个中篇。妈妈是我忠诚的读者，哪怕我的小说计划在别人眼里无异于痴人妄想，她也会欣赏地望着做梦的儿子。她从不怀疑我的能力，始终相信儿子发表作品是迟早的事。我常想，一个人在生活中可以风雨交加，四处碰壁，但只要能在母亲眼里看到期许、读到欣赏，整个生命一定会阳光普照、温暖如春。是啊，母亲是儿子精神的太阳，是儿子自信的最后一道防线！

> 一个人在生活中可以风雨交加，四处碰壁，但只要能在母亲眼里看到期许、读到欣赏，整个生命一定会阳光普照、温暖如春。母亲是儿子精神的太阳，是儿子自信的最后一道防线！

早晨读书，午后写作，我的生活日渐充实了。有一天，我正在杨树行诵读《古文观止》，一个慈眉善目的老太太走了过来，也许是对我读古文有些好奇，便过来问话。她属于那种睿智的女性，是北京的作家，写报告文学的，来乡间采风。她的气质言谈中有一种让人难以抗拒的力量，可以让你打开心扉倾诉自己的遭遇与梦想。她的话不多，只安静地听你讲，偶有提问，也提醒你要将话题始终集中于未来、人生。邂逅又分别之后，我们开始了书信往来，我也满怀期待地寄去了作品。此后，一封封寄自北京朝内大街署名"理召"的信函中，除了恳切、热情的鼓励，又委婉地提醒我怀揣梦想需面对现实。也许是见我过于执着，她不得不明示：写作只能是爱好，很难成为专门的职业，坐在家里当作家是要饿晕的。应该先找个职业，自立谋生，然后继续发展爱好。妈妈说，这样也好，反正以后还可以当作家。（补注：前些天，有热心的读者告诉我理召老师依然活跃在文坛,想来也近百岁了。想去拜见,又怕叨扰老人的安静,还是在此祝福!)

可敬的作家,昭示了我生存的真理,把我从虚幻的云端揪回大地,又给我出了个生存的难题。正常的就业岗位还不够身健体壮的人去拼争,我又能找到什么职业呢?家就住医院里,周围不乏名医,人们说"秀才学医、笼里抓鸡",建议我最好去学中医,安排不到工作,也可以自己开诊所,还说,有哪个老中医是上过大学的?也恰好有颇具声名的老中医在带徒,对收我为徒也十分中意。就这样,捧起医书,从汤头歌诀背了起来。可还未开始阴阳配伍,母亲的两位同事就郑重其事地劝我放弃。他们从名牌的医科大学毕业,也在省里的中心医院待过,以不容置疑的专业理性否定了我的选择:职业医师的资格是不可能靠自学来获得的。解剖学可以自学吗?病理学可以自学吗?都什么年代了,你总不能再选择当江湖郎中吧!

那么,干什么呢?有着良好的大学教育背景的医生们认为,大学中文系的课程适合自学,外语也可以自学。他们给出了自学的路径,也给我以希望。那就自学中文课程吧,反正上大学我也是预备读中文系的。至于学完了干什么,妈妈似乎想得很开,学完了再说学完的事,只要学到真本事,以后的事情不用愁。父亲也有这个想法,游国恩的《中国文学史》,王力的四大本《古代汉语》,早已预备在那里。兄长江涛在宁夏当兵,知道了我的计划,也搜购了一些大学教材寄回。自学,对我来说不是太困难的事,高中复习迎考,已经形成了逐日计划安排学习内容的习惯,更重要的是我有读书的定力,能够专心向学。我排了自修的课程进度表,"念终始典于学"。一年多的时间,就这些教材,一字一字地读,一页一页地啃,做摘录,记笔记。不去刻意追求什么,只是我的生命需要用学习来充实,心灵的荒原需要用知识来绿化。

> 不去刻意追求什么,只是我的生命需要用学习来充实,心灵的荒原需要用知识来绿化。

还有一门科目,收听中央人民广播电台的"阅读与欣赏",这也是我从高中起每周必修的功课。那些著名播音专家以极富魅力的声音呈现出一篇篇千古名作,而讲解的鉴赏文稿也多出自大家手笔,真是珠联璧合,让人难忘。至今仍能记起夏青先生读"六王毕,四海一。蜀山兀,阿房出"的那一派王者气概;至今仍能记起臧克家先生所写的解说,"这四句突兀有力,如泰山压顶,直让人想起《蜀道难》的开端。秦帝国一统天下的气概,阿房宫宏伟的规模、营造的艰辛,时代的形势,帝王的奢侈与野心,一齐跃然而出。作者不知花了多少心血,费了何等匠心,才锤炼出这十二个字来",从夏青磁性的声音里,你简直可以听到臧克家品咂回味的声响与击节称绝的赞叹了。这是怎样的一种享受啊!久违的广播节目,不知今天是否仍留有这样的精品?

虽然衣食无虞,但还是揽来了刻写钢板的活计,为学校刻讲义。2角3分一张,最多时一天刻过17张。这点薄酬实在改变不了什么,更吸引我的是讲义的内容,整套的语文复习资料,那是张银德老师无论如何也编不出来的,我更是从未见过。这样,几百张蜡纸刻下来,就系统学习了一遍语文基础知识,从字音、字形到语法、修辞,再到文言。我会边刻蜡纸边做题,有几次竟连我的答案也刻了上去,连忙熔了蜡烛去涂改。还有件常干的事,帮父亲改学生的作文,我只是改,父亲会在后面写上评语。也许出于偏见,也许因受张银德老师的影响太深,我总觉得那些评语有点儿不痛不痒,但父亲总是说,眉批、总评都是需要的。考完试,父亲抱了试卷回来,父子俩先讨论答案,再制订评分标准,我批改,父亲审查。妈妈说,儿子成你的助教了。谁承想,这无意间的帮忙,竟为日后当语文老师做了预备。人的命运就是如此,许多事情难以预料,当不知路在何方时,无妨先把眼前的事做好,谁知道哪天哪根柳枝会成荫。

> 人的命运就是如此,许多事情难以预料,当不知路在何方时,无妨先把眼前的事做好,谁知道哪天哪根柳枝会成荫。

下面的事也是如此,在浑然不觉中改变了我命运的走向。自学待业时,几位高考落榜的好友也常陪我说说话、聊聊天。他们都在学校里补习,都是文科学生,我希望他们常来,又担心误了他们的课业,就多把话题靠近功课复习。当时政治、历史、地理的复习,还是以记忆为主,这应是我的强项。就着某门功课某个章节,随便提一些问题,他们多回答不出,然后告诉他们应该怎样记忆,甚至把我总结的那些荒诞的记忆绝招全抖出来。他们一定感觉颇有收效,看我的次数愈加频繁了。过了没多久,索性排出计划、定好内容,知道他们要来,我也预先准备——简直是在"备课"了!还有一些高中、初中的学生来,多半是修改作文,或是问语文的作业。父亲学校的周校长,也让他上小学的女儿拿了作文给我改。有一些学生把经我改过的作文誊清交上,他们的老师也多有赞誉,甚至作为范文当众诵读,这倒替我传播了极好的影响。状元的名头与大落的际遇在发酵着舆论,那情形,我仿佛是偏方在握的游医,自有屡见奇效的灵验,且秘而不宣,只凭口耳相传才找得到门径。其实,我不过是辅导了几个学生,仅此而已。

接下来的时间里,遭遇了突发的灾难。妈妈去世了,一位用双手迎接了无数新生命的产科医生,却没能留住自己的生命。从查出有病到离开,前后也就几个月时间。

我生了场大病,在17岁时。

挺起身想看点书,但心灵的神经似已禁不起文学作品的搅扰。慢慢地,视线移到那些风平浪静的文字上面,天天去翻《辞海·语词分册》,找一种面对沧海的感觉。

是舒婷的诗行吧,几乎没有一次能读完;三十年多过去了,依然如此……

> 你苍白的指尖理着我的双鬓,
> 我禁不住像儿时一样
> 　　紧紧拉住你的衣襟。
> 呵,母亲,
> 为了留住你渐渐隐去的身影,

虽然晨曦已把梦剪成烟缕,
我还是久久不肯睁开眼睛。

我依旧珍藏着那鲜红的围巾,
生怕浣洗会使它
　　　失去你特有的温馨。
呵,母亲,
岁月的流水不也同样无情?
生怕记忆也一样褪色呵,
我怎敢轻易打开它的画屏?

为了一根刺我曾向你哭喊,
如今戴着荆冠,我不敢,
　　　一声也不敢呻吟。
呵,母亲,
我常悲哀地仰望你的照片,
纵然呼唤能穿透黄土,
我怎敢惊动你的安眠?
……

叙说指引者

有时不禁感慨,生命的遇见中如果缺失了这样的一些人、一些事,那么人生的叙说又会是怎样的版本?人生不可假设,但假设的比照又总能让人从亲历的过往中品咂玩味出叙说的意义。

1

1980年10月的秋阳里,家乡洛南县教育局张松智局长的一张条子开始了我的教育叙说。

叙说的背景是,老局长知道前一年高考我的成绩是全县第一,也痛惜我因身体受限进不了大学,又了解到我在家辅导学生成绩也还不错,便拍了板:这样的人能在家里教,为什么不能到学校里教?大笔一挥:

王校长:把唐江澎安排到你们学校算了。月薪28元。

老局长作古多年了,那张纸条仍旧珍藏,常常从字里行间体悟老局长的口吻、神态与风格,应该有不同声音吧?应该有"毕竟……""万一……"吧?估计他没想那么多,也不会顾忌那么多,一语"算了"就是决定了,"月薪28元"——后来我知道局长用了最大权限,定了民办教师的最高待遇给我。

纸条里的王校长,是洛南中学的王维鼎校长,一位银发如雪、肤色如雪、慈眉善目的长者。在我的记忆中,他始终微笑,温文尔雅,怎么也想不出他动怒的样子。

报到第一天,王校长找我谈话。先从自己的夹子里拿了些饭票、菜金给我,说一会儿领你去食堂打饭。接着问,在家里刻钢板?我点点头。他说,见过你钢板刻的讲义,字刻得不错,整整齐齐的,没错误,不错的。我以为接下来他会安排我去刻讲义,便说,我会好好刻的。他笑了笑,没有接话,然后边擦眼镜片边慢条斯理地说:娃儿呀,到学校来工作就要学教书,当个好老师。这么小就刻钢板,一辈子就只能做个职员了。顿了顿,又重复了一遍:到了学校就要当教师,当个好教师。

后来我知道,王校长已经为我安排好了工作,并设计了职业发展的路径,先到高考复习班里去当辅导老师,以后根据情况再教语文或者历史。

随和的王校长,也有较真的时候。大约是在1984年,当时商洛地委的领导,一位非常关心教育、重视人才且有着诗人气质的老革命,在大会上激情洋溢地讲,商洛的升学率这么低,不存在片面追求升学率的问题,当务之急是狠抓升学率,让山里更多的孩子上大学。这样的话语颇有感召力,即使到现在也常能听到类似的激昂慷慨。但,王校长没有激动,写了一封长信给地委书记,冷静地提醒"片面追求升学率"有具体所指,升学率再低,也必须坚决反对"片面追求升学率",教育必须坚持全面贯彻方针,全面培养人才,全面提高质量。

后来,地委书记下乡,校长晚上还专门去县委,等了很长时间与书记做了深入沟通。王校长的举动,我那时实在无法理解,想着若是换了别人,谁会为领导的一个提法如此较真?现在领悟了,教育在王校长这样气质的教育家那里本来就是天大的事,就必定要守着天大的原则。那个场景现在越来越给我以坚守的力量感,每每想起,心中就涌起一股热流:夜晚,招待所甬道里,银发纯洁如雪的王校长,为了教育的信念与原

> 教育在王校长这样气质的教育家那里本来就是天大的事,就必定要守着天大的原则。

则,耐心等待。

听王校长讲起这个场景似乎轻描淡写,他说,白书记人很好,我是尊重他才去说说。

2

第一次上讲台——严格点儿说是偷上讲台的场面,应该这样叙说。

给学生辅导有一段时间了,也跟着听了一些语文课,一直念着王校长的话,想试着上课,便备好《桃花源记》等待时机。一个冬夜,校园里厚积着雪,学校组织老师去看电影了,办公室黑着灯——机会来了。在心的狂跳中走上讲台,威严地喊了声:上课！学生齐刷刷地起立致敬。第一次面对五六十个学生,从他们眼里读到信任的瞬间,少了些许惶恐。

那节课讲了些什么内容,基本忘记了,只记得后排有一个学生多次举手提问,问的是词义。好在自学王力《古代汉语》时,对那1080个常用实词还有些了解,没被问住。课后这个学生向我道歉,说是梁校长一直站在窗外,顶风听了大半节课,不让他声响,而让他举手发问。听到这话,我真惊出一身冷汗！天哪,分管教学的梁礼周校长是校园里出了名的"凶神",黑面阔额,不怒自威,学校里的名师多出自他的门下,再调皮的学生看见他也要乖顺。平日他天天巡查自修,但雪夜大家看电影他怎么也留守校园？若是知道他老人家在,我怎敢冒此风险？一旦那晚发现梁校长在窗外听课,我还真不敢想象那节课会上成什么样。

实在没有胆量见他,只是在惴惴中观察。梁校长似乎并无特别的不满意,对我的工作略作一些调整,晚上继续辅导,白天则去初中教语文。没多长时间,叙事的版本又有改变,高中毕业班的语文老师病了。当时,能上毕业班课的就那几位名师,但人人课务繁重,新进岗的大学生还都在初中磨炼。两位老校长排兵布阵,无将可点,情急之下,准备走一步险棋,"超擢"我去顶岗。

这次,是梁校长谈的话,他破例夸了我几句,还说已经调查了我给高中辅导的情况,学生喜欢我,反应不错,接着告知了决定。我退缩了,毕竟只有18岁,毕竟只有高中毕业那点底子,更何况在初中的教学中我刚刚找到了一点儿感觉。

我怯怯地说,不行,我不行,您派别人吧。我就在初中,我不去。"你敢?"梁校长的眉毛竖起了,"你以为是开玩笑啊?几个人商量好几天了,还都看好你。你不去,你给毕业班开天窗啊?"我的头低下了,他的决心与威严不容挑战。"你不去?你试试看,今天我就是用教鞭赶,也要把你赶上讲台。"我的头低得更下了,几乎伏在膝上。重点中学的文科毕业班,又没有平行班,这实在不是我能够独立承担的任务啊!

看到我不再推辞,他嘿嘿地笑了几声,掏出钥匙,开了有好多个抽屉的办公台上的锁,摸索出一撮儿葡萄干,放进我掌心。"新疆的老学生回来看我带来的,好货!不锁起来,老早给我们家小子吃光了。"梁校长老来得子,儿子还刚上小学,正处在调皮的时期。缓了缓,我提出了担心,可我实在是不会教啊。"我就知道你不会教,你一时半会儿也学不会人家的办法。"他开始热情鼓励,并成竹在胸地面授机宜,"你有你的优势,你要动脑子走出你的路。这样,只要把你怎么学的告诉学生,让他们都达到你的水平,你就是最成功的老师了。"

> "把你怎么学的告诉学生",这句话算得上经典的教育理论,它指出了教师学习经验的教育价值,一个成功学习者的学习经验就是重要的课程资源。

这段故事,在当时商洛教育圈里也传为美谈。后有人来求证,我说,我上高中讲台是梁校长用一撮葡萄干哄诱的。梁校长朗然大笑,说,他是怕抽,是让我用教鞭赶上讲台的。再后来,向华东师大崔允漷、王建军等几位专家朋友叙说这段经历,他们也对梁校长表达了十分的钦敬,说梁校长是个教育家。

"把你怎么学的告诉学生",这句话算得上经典的教育理论,它指出了教师学习经验的教育价值,一个成功学习者的学习经验就是重要的课程资源。

3

洛中的叙说就这样开始了,王校长安排我住在会议室东边南向的半间屋子里。一墙相隔的北屋里住一位女孩,大学刚毕业教数学,漂亮,傲气,常看见她和那伙大学生一起打球,也常听见她拨弄四弦琴。

虽然都是上课教书,甚至我还教毕业班,但和大学生们毕竟不同,我的身份在民办教师和代课教师之间转换,待遇差别甚大。以至以后的五六年间,每月都要小心地回避领工资的尴尬与煎熬。这种郁积的不平,有一次莫名其妙地发泄在一张档案的表格中。还好,歪七扭八的表格落在慈祥的王校长手中。他换上老花镜,一格一格地改,自言自语地说:"学历,高中毕业就填高中毕业,不丢人。学历不等于学问,学历填在表格上,学问装在肚子里。一个人不怕人说没学历,就怕人说没学问。工资,28元就填28元,不丢人。钱多少不代表水平高低,工资高低也不显出贵贱。不要总想着工资对不起你,只要你对得起工资就好。娃呀,路长着呢,你不要急!"

说是不要急,但老校长也甚为急切,他私下里联系主事商洛师专的老友,推荐我去大学工作。这件事最后没能办成,还是因学历太低跨不过大学用人的门槛。师专领导深以为憾时,把王校长的推荐函递给我看,意味深长地说,无负厚望啊!我知道王校长素来严谨,信函的话语并非对我的赞赏,而是对晚辈的期许,是必须珍藏于心并激励自己努力奋斗的人生目标!

4

梁校长是不会荐我去师专的,他骨子里固守着名牌大学高贵的血统。梁校长是20世纪40年代西北大学化学系的高材生,大学时代就是校学生会主席,出席过全国学联大会。整个西北能入他法眼的大学,"一只手能数得过来"。林语堂评"元气淋漓"的苏东坡"不可无一难能有二",梁校长就是洛南中学建校近百年"不可无一难能有二"的名师校长,他以卓尔不群的见识、才情与豪气,指引着大山里的年轻人抬眼望天、抬头思考。

梁校长一般不大顾及你的面子、感受,也不大辩证全面地谈观点,总是痛快淋漓地直抵要害。1982年开始,我自学收听电大课程,他说,收音机里能听大学知识,上不了大学。大学是什么?大学是缸,要去泡,要去熏。他对我的要求是考研究生，到好的大学里泡。他说，这些年来，他看一个人是不是胸有大志，关键看学不学英文。我说，在学日语。他说，你学日语是想混文凭，太功利了，眼界窄了！必须承认，百年以来，科技、教育的发展主要在英美，你要看世界必须学英文。梁校长是有底气讲这些话的，他们那一辈大学生，英文与国学的底子不是后来几代人能望其项背的。

遗憾的是，当时又要抓学生成绩，还要考能改变待遇的文凭，实在难以兼顾。现在想来，也并非一点儿挤不出时间，只能甘心接受梁校长的训斥：胸无大志！

拿了文凭他照样训，只有学没有游，二十多岁还没有走出陕西，你见过什么世面？你认识语文界的几个名家大师？躲在门后称大王，不行！后来，我出来闯了，他又告诫我，好好干，当名师，不要当校长。我知道，他一生最骄傲的是当过十几届班主任而不是当校长，他一贯认为：校长没有亲学生，校长很难成为学生一生铭心刻骨的恩师。对于当校长，也独有高见：当校长关键是识人用人，人才用人才，庸才用奴才。名师越是学问大越是脾气大，但越是名师多才越是好学校，校长的本事就是容得下名师办名校。

40年过去了，这些景仰的导师已经走远了，但他们一直存在于我的叙说中，无论是今天叙说往事，还是未来叙说今天，他们一刻也不会缺席。"夫指引者，师之功也"，离开他们，我的叙说会是另外的版本。

需要补叙一笔，人生叙说的另一主角，隔墙北屋教数学的女孩也老了，不过依旧漂亮，傲气，这会儿正在和我们孙女拨弄四弦琴。

> 当校长关键是识人用人，人才用人才，庸才用奴才。名师越是学问大越是脾气大，但越是名师多才越是好学校，校长的本事就是容得下名师办名校。

附：多视角的观察

走进现场

好的中学教育是什么样
——江苏省锡山高级中学的探索

◎苏 雁

3月16日上午9点30分,江苏省锡山高级中学(以下简称"省锡中")的大课间活动时间,同学们纷纷来到匡园街区。烘焙小屋门口排起了长队,4名学生志愿者套上红马甲,麻利地向同学们售卖糕点;匡园学生银行内,5名"工作人员"正在盘点款项;匡园邮局、朗读亭、诚信超市里,学生们各司其职,街区运转井井有条。

匡园街区宛如一个微型社会,由学生们自主管理。这也是省锡中培养"问题解决者"的一个有力抓手。

"好的教育,应该是培养终身运动者、责任担当者、问题解决者和优雅生活者。"今年两会期间,全国政协委员、江苏省锡山高级中学校长唐江澎在第二场"委员通道",回答记者提问"什么是教育的真谛"时,引发强烈共鸣,多次全网刷屏。

"我们看到了省锡中除分数和录取率之外的价值点。一所高中承受着巨大的升学压力,校长和老师还能给学生足够的成长空间,引导他们寻找到自己的兴趣点和人生方向。"省锡中家长李荣华告诉记者,她的女儿毕业于省锡中,如今在清华美院就读。她表示,分数之外,家长希望孩子成长得更幸福,能够怀揣梦想,知道自己想要什么、将来要去往何方,而省锡中恰恰做到了这一点。

省锡中86%的学生来自无锡市惠山区的乡镇和街道,学校里还有大量外来务工人员子女。这样一所中学,既要参与高考竞争,又要在高考与未来的大考、专业与兴趣爱好等看似对立的两者之间找到平衡,需要极强的耐心和定力。"好的教育"究竟长什么样?近日,记者走进江苏省锡山高级中学,试图寻找到答案。

高考和未来的大考,孰轻孰重

"学生没有分数,就过不了今天的高考,但孩子只有分数,恐怕也赢不了未来的大考。"唐江澎说,育人的目标里就应该含有分数,没有分数的育人目标是空洞的,是不能够被社会接受的。但学生除了学习,还有生活,还可以得到其他各方面的充分发展。教育要追求的目标是,让学生成绩很好,但是也能唱歌、奔跑,还有时间投入到社会关怀中去。

"培养终身运动者"被唐江澎放在了"好的教育"之首。走进省锡中校史博物馆,面积不大,但是史料翔实。这所学校的前身是匡村中学,创办者所订立的训育主旨是"养成健全人格 发扬个人才能",训育标准的第一条即是"锻炼健康强壮之体魄"。

在当时极其简陋的办学条件下,匡村中学开设了医疗课、戏剧课、演讲课等。从博物馆展板上,能看到当时语文的评价方式有口语训练、演讲、讨论、辩论等;体育还有专门的成绩单,除了体育运动项目评分,还有出席情况、体育精神等综合评价。

"所有的教育是围绕着人展开、建构,且评价十分多元。"唐江澎说,发黄的照片不仅显示着学校久远的历史,更能从中感知到育人的温度。透过这些照片,我们获得了培养什么人、怎样培养人的历史性启发。

下午第八、第九节课,省锡中的操场上、专业场馆里,一个年级的几百名学生都动起来了,他们选择的都是自己感兴趣的运动项目。在省锡中,包括高三年级的学生在内,每天保证有一节体育课。学校还根据学生需求,在传统运动课程以外,增设了游泳、击剑、跆拳道、瑜伽、太极等16个运动项目。击剑馆和游泳馆等运动场地向社会开放、共享,学校不收租金,但要求租用场地的专业培训机构给学校提供课程服务,这就解决了各个运动项目的专业师资问题。

有时间运动的前提是高效学习。省锡中建立了科学的课程管理模式,为每一个科目的学习划定格子,要求学生在有效的时间里完成这个格子的能力和分数目标,不能占用其他科目如体育的格子。学校鼓励学生找准自身学习节奏,在规定时间里完成学习任务,每天晚上 9 点 55 分必须熄灯睡觉。同时,要求教师从教学上加以改进,上课讲什么内容,作业就留什么题,课上练习了的题,作业就不用再留了。

高效学习挤出来的时间,被引导投入到更多为未来奠基的能力储备之中。比如阅读,省锡中要求学生在高中阶段完成 600 万字的阅读量,学校把图书馆搬进教室,每个教室后面都有一个书房,常年保持 500 本书的数量。这些书是老师和学生共同筛选的,到第二年会更新。再比如,在语文考试中纸笔测验所不能体现的口语部分,省锡中通过系列课程和诗歌朗诵会、辩论赛等活动,把学生的口头表达能力逐步提升起来。

素质的养成在生活中得以充分体现。在匡园街区,记者随机和匡园学生银行的工作人员、高一年级学生诸高霖聊了起来。他向记者介绍了该银行的职责,是为同学们兑换零钱以及保管钱物。在和记者聊天的七八分钟时间里,诸高霖始终表现得落落大方,表述简洁清楚。

专业和兴趣爱好,如何兼顾

"为了考试牺牲太多,这不应该是教育本来的样子。好的教育应该是孩子不仅仅获得知识,他还要获得能力、获得各方面的发展,他要寻找到自己的兴趣点和未来的方向,这就是我们所说的职业规划中的'五业'贯通。"唐江澎告诉记者。

匡园街区一号,进门左手有一张"五业贯通 为爱而学"的展示表。高中的学业、大学的专业、未来的职业、一生的事业以及这辈子想为人类所做的志业,都有相对应的方向。其中,"专业"一栏设置了专业探索课程,其中一项课程就是"面向专业大类的研创式大任务课程"。

"我们强调建构了面向大学专业大类的课程体系,实际上是想把大学里典型的学习方式引入高中。通过这种学习,让学生们对大学专业有一定的了解,使他们从'为分数而学'这种单一的学习动机转变为'为爱而学'。当一个人明确了为什么而学习、今后想做什么的时候,学习的动机是强大的、持续的。"唐江澎说。

2020年10月,省锡中开设了量子计算课程,共有10名学生报名选修。这是量子计算首次进入我国中学课堂。中国科学技术大学核与粒子物理专业博士陈明为学生们上了一堂"基于NV色心的量子计算"课。

"对中学生来说,这门课的挑战是比较大的。"陈明告诉记者,在这门课上,他主要从历史、现状包括未来的展望,给学生们讲关于整个量子力学以及量子计算的大框架。这些内容对数理知识的要求相对低很多,可是即使是这样,让学生们建立起对量子计算形象的物理图像,还是有一定的难度。

学生的反馈让陈明很有成就感。"他们上课具有强烈的好奇心,浓烈的兴趣。两堂课连着上,中间给一点儿休息时间,他们会主动要求我再多讲一些相关的内容。"陈明说,未来还有一些其他的关于量子计算的探究性课程规划。这些探究性工作,与大学研究生的一些科研工作有很大的关联性,基于科学仪器和通用的实验室条件,能够指导高中生做出类似于科创比赛这样的探究成果。

本学期,省锡中开设了56门研创类大任务课程,涉及新工科、数理、文科、医科、农科等专业领域,量子计算也将继续开课。学生们可以自主选择感兴趣的课程。

现就读于北京电影学院的吴逸萱,2017年从省锡中毕业。她从小对音乐很感兴趣,从高一开始选择微电影制作、合唱等研创式大任务课程。当时的课程指导老师是学校的美术老师,他和信息技术老师一起研究微电影的拍摄和制作,吴逸萱是他们带的第一届学生,师生一起摸索学习影视制作。其间,她和指导老师合作拍摄了一部纪实性的短片,详细展示学校的课程改革情况。纪录片反响很好,这也给了她足够走下去的信心。

高考前夕,吴逸萱决定报考北京电影学院声音学院艺术与科技专业。"回望高中生涯,是研创式大任务课程让我对自己的兴趣爱好和专业选择有了明确的目标,在不同的工种里选择了跟自己兴趣爱好最合拍的专业。"吴逸萱告诉记者,今年她即将毕业,准备往音乐制作方向发展。"我从来没有后悔过自己的选择,一直对这个专业保持着浓厚的兴趣。"吴逸萱说。

"教育的终极目标,是促进人的幸福。"唐江澎说。老百姓所要的好学校、好的教育,一定是既能让孩子有良好的学业成绩,又能获得终身发展的能力和品格。

江苏省教育学会名誉会长杨九俊认为,江苏省锡山高级中学的教育理念,其核心就是以人为本。在这里,每个学生都受到了应有的尊重和直抵心灵的关爱,激活了学生的发展潜能,并为他们的潜能发展尽可能创造条件。在我国已经实现了全面建成小康社会,开启全面建设社会主义现代化国家新征程的这样一个关键历史时期,省锡中培养的是契合时代要求、具有核心竞争力的人才。

(原刊于 2021 年 3 月 22 日《光明日报》)

把理想一步一步"做"出来!
——"火了"的唐江澎校长和他在锡山高级中学的"四个者"实践

◎陈　洁　纪树霞　郁　芬　马　薇

江苏省锡山高级中学校园内,有一家"诚信超市"。

这里没有收银员,没有摄像头。学生选购学习和生活用品后,在出口处自助投币,边上的零钱盒里自主找零。3 月 15 日下午,校长唐江澎走进超市数了数,零钱盒里有 107 枚硬币。

"不行,这钱肯定会被拿光……""诚信超市"开设之初,面对这样的担心和质疑,唐江澎只说了一句话:"信任是道德产生的基石。如果不做,永远不行;你要做了,就行了。"

开"诚信超市"是这样,办教育亦是如此。在今年全国两会上"出圈"的唐江澎,推行"四个者"教学理念——好的教育应该是培养终身运动者、责任担当者、问题解决者和优雅生活者。他就是要朝着这个方向,把理想一步步"做"出来。

校园是一座"城市",学生是优雅的"问题解决者"

全国两会期间,唐江澎成了"明星校长"。来到他所执掌的省锡中探访,才知道这里真正的明星是莘莘学子，而这所学校的"主人"，也是学生自己。

9点10分，大课间来了。位于教学楼一楼的"匡园街区"开张营业。锡中的学生们，也从这一刻起"摇身一变"，成为从事不同职业的"市民"。

在写着"为人民服务"的"市民中心"旁边，银行、超市、邮局……各种业态的窗口前，探出学生们的小脑袋。

银行"开市大吉"：收来的班费、超市进账等大额现金"存"了进来，学生设计明信片等文创产品，没钱购买材料，可以来这里"贷款"，此外还有零钱换整钱、整钱换零钱等服务。这些交易全部是"真金白银"，一年流水近20万元。

边上的邮局同样热闹。师生们订阅的报纸、杂志以及从邮政走的各种信件都在这里分拣后送出。20个穿着绿马甲、背着绿邮包的"邮递员"按照自己的专线，履行着下雨天"人湿了信也不能湿"的"使命必达"。严格说来，这里是最早和省锡中学子产生关联的地方——每年的录取通知书都从这里邮出，送达新生手中。

转个弯，新媒体中心的同学们正在码字筛图。省锡中的微信公众号上，阅读量最高的文章，就出自他们之手。

文创公社、广播站、烘焙小站、社街展厅……这里的一切场景，都是城市生活的真实体验。事实上，"匡园街区"只是省锡中打造的"模城"（模拟城市）的一个载体，学生自主管理模式渗透在校园生活各处，让孩子们在一件件小事中成为"问题解决者"。

比如，食堂的工作人员每天把样本送到食品检验检疫中心，"检验员"穿上白大褂，对酱油、肉类以及蔬菜等进行黄曲霉素、瘦肉精以及农药残留等检测。已毕业的钟晧隆曾经是食检中心首席检验员，当年连续两个月对蒜类的检测给他留下了深刻印象："有一段时间，凡检测的蒜类几乎都不合

格,我们积极上报,多次反映后,食堂停止了蒜类进购。"

又如,在宿舍被命名为"礼舍"前,同学们只知道这是一个地名,对礼舍了解甚少。首任公寓"居委会主任"周雨蕾同学和居委会成员利用周末时间自发前往礼舍古村实地考察,搜集了大量素材,获取了不少创作灵感,养初堂、居善堂、德修堂……如今这些楼层的名字均取自于礼舍古村的名门大户、书香门第。

"从寻找超市的供货渠道,到如何'真刀真枪'地运营银行,都是学生们自己去外面'跑'出来的。"学生工作处教师王晓建介绍说,一开始孩子也常常碰壁,超市的同学因为只在标签上写了"金额",而未标注"单位",造成错买错卖的情况。而银行的"创始人"们张罗着把银行开起来了,却发现保险箱无处可放。当办公室、会计室等一一拒绝了他们之后,"行长"脑中灵光一闪,保险箱就这样"躺"在了一间过去专门存放保密试卷、如今已废弃的学校保密室里。

尽管这样的"变身",每天只有40分钟,大课间一结束,孩子们就要恢复到学业中去,但弥足珍贵的40分钟,让孩子们乐此不疲。

高中学业繁重,如此"不务正业"是不是本末倒置,会不会耽误学习?

刚刚当选为省锡中第九届模拟城市"市长"的高二女生习馨元坦言,自己的父母也曾有过顾虑,但最终她以优异的成绩证明了自己。在高二的顾家澄同学看来,这样特别的体验是一种受益匪浅的人生历练,"协调好几件繁杂的工作,是对组织管理能力的锻炼,而觉得痛苦恰是处于上升的攀缘,一条路慢慢走肯定要轻松些,但是也看不到更多的风景"。他说在"模城"各处留下了身影,也在各处刻下了责任与担当。

"孩子都有粗心大意的毛病,但从我们学生银行、超市出来的孩子一定会特别细心,要考虑方方面面的事情。"王晓建语带骄傲,他认为孩子往往在解决遇到的新问题时,也反过来促进他们解决了自己身上的问题。

分数和全面发展,有这么一个理想的存在

下午4点35分,下课铃声响起,前一秒还在为一道数学题抓耳挠腮的习馨元丢下书本,飞快地向操场跑去。

"体育课就要开始了。"习馨元的声音渐行渐远。

在省锡中,不论是刚刚入校的高一年级还是将面临人生大考的高三年级,每天一节体育课是恒定不变的课程设置。校园建筑中约有四分之一为体育运动场所,除了篮球、排球、足球等传统课程,还有游泳、击剑、太极……一共16个运动项目,总有一项是学生喜欢的。缺老师?学校用体育场馆经营权换资源,从社会上引入B级足球教练、德国击剑教练等21位专业"老师"。

"要培养终身运动者",就是在这一个又一个安排中落地。然而,这一教育理念在收获大片赞誉的同时,却也引来了一些"要分数还是要全面发展"的不同声音。

面对质疑,一些已毕业或在读的高中生以各种方式为母校鸣不平。"我们就是唐校长教育理念的受益者。"网名"振翅飞扬"的网友去年刚从省锡中毕业,如今正在复旦大学读大一。"参与体育锻炼,并不代表会影响学习,我就是一个活生生的例子。"正读高二的金潇睿面对这样的质疑也很诧异:"不能一直学习吧,总要换换脑子的,我觉得运动后学习效率会更高。"

高一级部教师李含进则以事实为省锡中"每天一节体育课"正名。从事一线教学工作18年的他表示:"孩子学习一天,本就该撒欢去跑,精神头好起来,学习效率自然也就高了。"

外界的诸多议论,并没有给唐江澎带来困扰。唐江澎认为,总有一个点可以平衡学业成绩提高和全面素质发展的问题。只要找到这个合理的点,认定有这个理想的存在,就可以朝着目标去奋斗。

唐江澎强调，"哪块田里出了问题，就在哪块田里找原因"，如果一个学校的高考没考好，那一定是语数外学科出了问题或学校的整体管理体系出了问题，绝不会是因为上了一节艺术课或一节体育课，而导致整个高考不行了。"以高三学生每天 8 节课为例，一周算 5 天，共计 40 节课，用 39 节课瞄准高考开一节艺术课，如果开了一节艺术课后，高考成绩反而下来了，我想问的是，艺术有这么大的杀伤力吗？"

作为一所寄宿制高中，省锡中每晚 9 点 55 分准时熄灯的制度，让很多外校孩子和家长艳羡不已，而每门课留的作业不得超过半个小时的"奇葩"规定，更让不少人百思不得其解。唐江澎表示，当学习成绩和休息时间发生碰撞时，不论是教育者还是家长，都应该守住底线。而让高中生保证 8 小时睡眠时间，就是不能触碰的底线。

"睡眠不足，必然导致记忆力下降，后面还会引发一系列的恶性循环。"唐江澎认为，处理这一问题时务必要抓住一个核心，即将作业量的概念限定为作业完成的时量。如果没有对作业量的严格限制，就会导致作业泛滥，结局很可能就是学习效率低下。"所谓'自留地里得高产'，我们不要求老师每天出几道题，而是要求老师每天精选最切合孩子需要的题，科学计算后确保学生有充足的睡眠时间。"

唐江澎坦言，任何事情都有边界效应，当学生已在学习上付出全部努力，这时就相当于达到了边界。若还继续增加时间，换来的只会是"负增加"。"曾经在一个学校考察时发现，他们一周有 20 节数学课，但高考成绩却很差，你能说他们没有付出吗？事实上是效率太低了。"

对寄宿制学校来说，班主任是平衡学生作业量和负担的关键性人物。在唐江澎看来，如果班主任能够把整体作业量控制好，这个班最后的考试成绩定然不会太差。反之,若放任一个学科、两个学科"大水漫灌",学生苦不堪言,最后成绩只会一塌糊涂。"树立起科学培养观、教学效率观,坚持为学生的终身发展负责,使他们的身心健康不至于为学业成绩付出代价,我想我们是可以做到的。"

事实也证明,作业上做"减法"的省锡中,高考成绩一直在做"加法"。去年,无锡市考上北大清华的学生中,超过一半来自省锡中。

校长是社会的"改造家",教育要有国家情怀

"我只不过说了一些常识,怎么就火了?"唐江澎近日在接受中央电视台《面对面》专访时感叹。

来到省锡中,在和师生们深入交流之后,记者才明白校长为何有此一问。"学生没有分数就过不了今天的高考,但只有分数,恐怕也赢不了未来的大考""体育就是养成终身以运动为娱乐之习惯"……事实上,这些频频"出圈"的"金句",都蕴含在省锡中人日常的话语体系中。在这样的氛围里,主科老师抢占体育课、超量布置作业等,都是被"鄙视"的事情。

"教育目前最大的问题是,无论是家庭还是学校,大多用我们所臆想出来的现实残酷的语意来告诉孩子:你今天不学习,你就找不到好工作;找不到好工作,将来就生存困难。如果我们所有话语都是如此,我们能培养出什么样的人?"关于什么是好的教育,唐江澎最近的观点输出很多,而要真正读懂他的话,恐怕要放在一个更大的格局、更长远的视域上去看。

在省锡中,有许多"非常规"的做法。比如,5月停课的高三学生,他们高中的最后一堂课都是艺术课。"每周一节艺术课,一开始也有高三家长不理解,学校就换个思路,从一学期开一次课,到一个月上一次,再到一周一节。"王晓建称之为"精微改革"。

在这所学校,高中生们最"逃"不掉的就是关于未来对职业的思索和考量。学生一进校,首先要接受的,就是霍兰德职业性格测试。

已毕业两年的季珺奕,是省锡中首届食品检验检疫中心的检验员。她很爱动手操作,她的测试结果是技术型、研究型和社会型,比较适合潜心于科学技术的研究型职业，比如化学技师、生物工程；或帮助他人、服务社会的社会型职业，比如医生等。于是，在"模城"招聘时，她毫不犹豫选择了新成立的食品检验检疫中心。

"很多学生一开始没有人生目标，对于读什么专业也完全没有想法，我们将专业分为 7 个大类，让孩子自主报课体验这个专业大类典型的学习方式，从而找到自己的兴趣爱好。"李含进说，学业、专业、职业、事业、志业的五业贯通，让孩子变"为分而学"到"因爱而学"，培养出担当未来使命的一代新人，探索出高中转型发展的道路。

"当大家还在讨论分数的问题时，我们的孩子在关心什么？他们在关注阿富汗女童问题，谈论去斯里兰卡支教的问题，研究环太湖骑行的问题。我们要求每个高中生 3 年要完成 600 万字的阅读，今天他们在读《身份的焦虑》《偏见的本质》……"说起这些"非常操作"，唐江澎充满自豪。

16 年的坚持，一天改一点，每当唐江澎看到一些优秀的孩子有兼济天下的胸怀就会非常感慨，校长也是社会的"改造家"，更大的体会是，教育必须要有国家视野、国家情怀。

"从某种程度上说，学校的'唯升学率'和过去'唯 GDP'的观念是一脉相承的，但中国特色社会主义进入新时代，我国社会主要矛盾已经转化为人民日益增长的美好生活需要和不平衡不充分的发展之间的矛盾，教育观念也亟待升级。"唐江澎表示。

江苏是教育大省，形成了名校林立的高中发展格局，避免了一枝独秀所带来的优质资源过度集中的问题，在育人模式转型的实践路径上各校都在进行积极的探索。扛起"争当表率、争做示范、走在前列"的新使命，也是江苏教育者应有的使命和担当。

2020 年 9 月 22 日，唐江澎参加了习近平总书记主持召开的教育文化卫生体育领域专家代表座谈会,现场聆听了总书记的讲话,"总书记提出来努力培养担当民族复兴大任的时代新人。我觉得我们培养的一代新人一定要有担当心、担当感、担当力。"

采访结束,记者在省锡中的墙上,看见一张"省锡中2020届蹭饭地图",是孩子们自己动手设计的,北京大学7人、清华大学3人、复旦大学8人、南京大学25人……被一些学校高高挂起的"光荣榜",在这里以轻松有趣、极富创意的方式表达了。

(原刊于2021年3月17日《新华日报》)

转变育人方式,促进学生全面发展、多样发展

◎朱卫国

在今年两会上,唐江澎校长在"委员通道"上的一席讲话引起全国极大反响,网络点击率超过10个亿,唐校长成为名副其实的"网红"。江苏省锡山高级中学再度成为全国关注的学校。其实,唐校长只是讲了真话、实话,讲了大家早已想讲而没有讲出来的话语。因此,与其说唐校长成为"网红",不如说中国教育再一次成为全社会关注的热点,迎来进一步深化改革的新机遇。唐江澎现象引发我们思考:教育如何落实立德树人根本任务,做好"五育"并举,培养社会主义建设者和接班人;如何深化教育教学改革,转变育人方式,推进教育的高质量发展;如何处理好当下考试分数和未来国家竞争力的关系等等。多年来,省锡中致力推进育人模式转型,他们的成功经验我以为可以归结为五句话,就是坚守教育理想信念,传承优秀教育传统,自觉实践教育要求,努力变革育人方式,心无旁骛坚持改革。

习近平总书记指出:人民有信念,国家有力量,民族有希望。这句话用在教育上一定是,教师有信念,学校有力量,教育有希望。省锡中校长、教师的信念体现于家国情怀,就是我们培养的学生不仅要迎接高考,而且要迎接未来的大考;

不仅要有高考的分数,而且还要有未来的国家竞争力。体现于教育情怀,他们把教育情怀充分体现到对教育规律的遵循和探索上,他们把坚持立德树人,贯彻党的教育方针,培养德智体美劳全面发展的社会主义建设者和接班人的目标,创造性地表达为具有自身特点的毕业生形象目标,这就是终身运动者、问题解决者、使命担当者、优雅生活者。这种表达使得培养的目标更加具体,更有个性,更有利于老师、学生理解和接受。

省锡中很好地传承了匡村教育传统,从中找到了立德树人、"五育"并举的学校根脉,并在新的时代下发扬光大。他们自觉实践教育要求,不折不扣地在实践中执行国家课程改革方案和标准,实实在在地让我们认识到实践出真知,实践变现状,实践展未来。坐而论道不如付诸行动,不去实践,连半点马克思主义也没有;不去实践,无益于解决教育问题。他们努力变革育人方式,实现"精微变革",努力在教育价值追求的宏观视野内,致力于专业地探索变革的技术路径,争取在一个个具体的、细分的领域内寻求可操作的实施步骤与方法策略,让教育终极价值的追求光照每一个教育细节。他们心无旁骛坚持改革,不管外部环境如何变化、困难有多大,都能够朝着既定目标方向数十年坚持改革,积小成为大成。他们围绕着育人方式转变这个主题,坚持探索建立校本课程、高中课程基地,实现教学做相结合,促进学生全面发展、多样发展。他们改变学校管理方式,创新学校运行机制,努力办好的教育、好的学校,等等。这些都彰显学校的改革勇气和责任的担当。

教育应当因材施教,循序渐进,顺势而为,不能无的放矢,急功近利,拔苗助长。转变育人方式任重道远,教育改革永远在路上。我们热忱地希望各位专家献计献策,贡献智慧;我们热情地欢迎各位来宾相互交流,取长补短;我们热切地期盼省锡中继续探索,再创辉煌。

(朱卫国,江苏省教育学会会长)

一位中学校长怎么就变成了 10 亿点击量的"网红"?

◎李运生

唐江澎校长是一个"有故事"的人,是一个会"讲故事"的人,是一个会运用"讲故事"来做成事的人。

这次见到唐江澎校长是在江苏省区域课程教学改革现场会上,唐校长就江苏省锡山高级中学育人方式改革作了"以毕业生形象('四个者')涵育推动育人方式转型"的报告。与以前不同的是,这次唐校长已经是点击量过 10 亿次的"网红"了。

唐校长成为"网红",是因为他在全国两会"委员通道"上接受采访时说了大家耳熟能详的几句话。对于成为"网红",他说,"我说的不过是一些常识",没想到引起这么大共鸣。

成为"网红"的原因很多,但因为说出"常识"而"红",而且"红"得这么"狠"的,独此一家。

之所以"红",是因为他回应了党和国家对培养什么样的人的关切;是因为他戳到了家庭和社会教育"焦虑"的痛点;是因为他描画了大家希望见到的教育的理想状态;是因为在唐校长所在的江苏省锡山高级中学已经看到了许多人认为当前不可能做到的"精微变革"……10 亿点击量说明了一切。

为什么是唐江澎校长说出了这些话?这些话为什么能使人成为"网红"?答案是,因为是唐江澎。

听过唐校长多次报告,这一次与以往不同,我突然冒出一个感慨,唐江澎校长是一个"有故事"的人,是一个会"讲故事"的人,是一个会运用"讲故事"来做成事的人。

我体会,唐校长有三个"故事":"人生故事""学校故事"和"教育故事"。

一是"人生故事"。唐江澎的人生可谓励志、传奇,他自幼因病致残,高考高分而不能被理想的学校录取,成为他青年期遭受的重大挫折。当然,是不是因此激发了他更加进取的精神,塑造了坚毅的品格,以及引发他对教育乃至高考有更加深刻的理解,尚未向他求证。他因为学习好成为民办教师,从最低起点开启了高中语文教师的职业生涯。偶然的机遇,当然也是因为他的才华,从西北来到江南水乡无锡从教。因为来到历史悠久而又教育积淀深厚的省锡中,也正值课改的机遇,成就了他教育事业的辉煌。

二是"学校故事"。到过省锡中的人,都能看到这所学校20世纪二三十年代的办学历史资料。这里边有当年的校训,有当年的教育理念,有当年课程的设计,有记录学生生活的大量资料。不得不佩服,这所学校历经百年,仍能传承这些文脉。当然,也要说,若不是唐江澎校长,也不会把学校的历史"挖"得这么深,更不会把过去的"办学故事"讲得这么好。唐校长说,面对20世纪初叶的办学理念,今天的教育者都应该感到汗颜。

办学史,是唐校长每次必讲的"故事"。由这些"故事",他找到了教育变革的根,找到了他教育主张的底气。总之,借势借力,这个"学校故事"成为他推进学校课改的动力和资源。

三是"教育故事"。办教育要从对教育的追问开始,这使唐校长从一开始就抓住了办学的根本。从20年前对课程的梳理建构,到研制"学科宣言"开启学科建设的工程,再到研制学校培养目标,到今天的推出"四个者"的学生形象……唐校长一直在讲"办什么样的教育,怎样办教育"的"故事"。江苏省教研室董洪亮主任评价说,这是教育应然的样态,是教育本来应该有的样子,是对教育的回归,但在现实中,又是理想教育所追求的。唐江澎,几十年来讲着理想的"教育故事",凝聚学校合力,感召一批专家来支持,坚持做学校内涵建设,他成功了。

就是这三个"故事",唐校长反复地讲。在研究中不断充实"故事"的脚本,使"故事"越来越精彩。每次听他报告,都有不同,都会有新的启发。

他是会"讲故事"的人,既得益于他是语文老师,文采不在话下,名言掌故信手拈来,也得益于他专注的研究,站得高,挖得深,拓得宽,还得益于他宽厚的知识背景,丰富的实践经验,因而他驾驭教育改革得心应手。

"讲故事"就是价值引领,是理念宣示,是教育主张的具体化。过去的"故事"启迪后人,现实的"故事"增添动力,未来的"故事"凝聚人心。有人说,成功人士都是"讲故事"的能手。唐江澎也"讲故事",无疑,他也是成功的。

没有对教育的全身心投入就没有"故事"素材,没有对教育的深入研究、对教育本质的洞察就没有"故事"的深度和精彩。会"讲故事"需要逻辑思维和表达的能力,"讲好故事"还需要传播理论和演讲技巧,这些都是好校长的素养要求。

在他的"故事"里,有对学校教育实践活动的细节、情节的关注和描述,体现了校长的专注力和洞察力;有学生、有老师每天发生的"小事",体现了他以人为本的自觉,让学生和老师站在了学校的中央;有思考、有观点,体现了他的学养和研究能力。

其实,"讲故事"不是全部,用"讲故事"带来的影响力、推动力把事情做成,才是"讲故事"的意义所在。

讲好"故事"需要智慧和能力,办成事情更需要智慧和能力,需要对教育的信仰和情怀。当省锡中校长这十多年,他用三个"故事"作引领、作动力,团结一批人,潜心做事,专注教育,办理想的学校,从具体可见的事做起。受他"故事"影响,教师在变,学生在变,学校也慢慢在变。教育做成了未来的样子,学校成为令人羡慕的榜样。

无锡有的教育人曾说,我们现在要做的教育现代化,就是做 30 年后整个中国教育的样子。目标明确,很有雄心抱负。我们看到,唐校长已经开启了未来教育实践的大幕,让我们看到了未来教育的现实模样。

其实,唐校长的"红"早有"征兆"。一段时间以来,省锡中因为课程建设成果,吸引了不少来学习的同行。许多与教育有关的重要会议,都邀请唐校长代表全国基础教育界参会,这次他的"爆发"也在意料之中。他作为教育界的代表发声,说出了当代教育人的"常识",说服了社会。这次去省锡中,眼见的过来学习、正在联系来学习的人越来越多。

唐江澎校长在当今校长中是突出的课程专家,是办学有作为的校长代表,能赶上他的,在教育发达地区也不多见。所以,这次我们会问:"为什么是唐江澎?"下一次可能还会说:"还是唐江澎?"或者说:"又是唐江澎!"相信我们不会问:"为什么只有唐江澎?"因为,我们处在教育大变革的年代,这是需要教育家的时代,也一定是教育家不断涌现的时代。

(李运生,徐州市教育局二级调研员)

大报社评

唐江澎校长的教育观让人看到常识的魅力

◎南向歌

"分数不是教育的全部内容,更不是教育的根本目的。""好的教育,应该是培养终身运动者、责任担当者、问题解决者和优雅生活者,给孩子们健全而优秀的人格,赢得未来幸福,造福国家社会。"……今年全国两会上,全国政协委员、江苏省锡山高级中学校长唐江澎在"委员通道"的发言"火"出了圈。最近,在接受媒体回访时,唐江澎表示,自己只不过说了一些常识。

唐校长的这番发言,倒不是他"卑之无甚高论"的谦虚。作为一名多年从事一线教育工作的教育家,他引发"刷屏"的言论,确实是教育界熟悉和认同的"常识"而已。不过,尽管这些常识并不是多么新颖的教育理论和教学技巧,却依然因其现实稀缺性,引发公众和教育工作者的强烈共鸣。

理解常识,要尊重常识的韧性和张力。一般来说,常识是非极端的,不做"二选一"式的判断。比如,唐校长说分数不是教育的全部内容,但并不是说分数一点也不重要。他解释说,不关注学生的学业成绩,对任何学校来说都是不负责任的。事实上,他领导下的锡山高级中学,无论是在中考的录取分数线上,还是在高考成绩上,都在当地名列前茅。

一些对常识的误解和偏见,就体现在片面地理解常识,只看到常识的一个指向,而忽视了常识的平衡性与多面性。当前,社会上对"唯分数论"的反思,形成越来越集中的共识。学校受到以升学率、分数为主的考核压力,家长产生过重的分数焦虑,学生更是把分数视为"命根",这无疑是不正常的、违背常识的。当然,分数作为一种衡量学生学习能力的工具,并非毫无意义,而是如唐校长所说的,"分数不是教育的全部"。

在很多人看来,常识是"平庸"的,它不因花言巧语而被人铭记,而存乎朴实无华的言语之间。正因如此,尽管常识是多么简单,一些人却常常遗忘常识,转而追求一些看似"高大上"实则空洞无物的东西。在一些教育培训机构的教学方案里,各种声称能够让学生短时间内掌握的"诀窍"大行其道。过度强调技巧,而忽视日常的积累和必要的磨炼,即便学生取得好看的分数,也难以掌握真正的素养。

从根本上说,常识的魅力离不开实践。如果把常识说在口上,而没有落实到具体行动中,那么常识就仅仅是教条。唐江澎在接受采访时反复申明教师要全面关怀关心学生的成长,这无疑是教育界奉为金科玉律的常识。但是,在教学实践中,一些教师对学生的关心究竟有多少,又有多少关心到了点上,恐怕要打个问号。正因为知行合一,唐校长亲力亲为地关爱学生成长,才赢得了人们的尊重和信赖。

同样,常识的魅力在于持之以恒的坚守。唐江澎说:"我不认为教育需要多少个改革,只要把我们所认定的常识坚持做下去就可以了。"尽管时代在变,教育的内容在变,但围绕培养人才的核心观念不会轻易发生变化。尊师重教深深地根植于中国传统文化,那些千年以来流传下来的有益的常识经验也不会轻易发生改变。与其今天一个方法,明天一个模式,不如踏踏实实沿着一条常识之道走下去。

"校长把镜头对准谁,教育就在哪里聚焦。"在执行和贯彻教育常识上,管理者所发挥的作用举足轻重。一所学校办得好不好,处在关键岗位上的校长很重要。唐江澎校长的所作所为,以及他和他的学校所培养教育出的优秀学生,让人看到了什么是"好的教育",也再一次让人们见证了常识的魅力。

(本文刊于2021年3月17日《中国青年报》)

追求"好的教育",不妨多听听唐江澎们的意见

◎《南方都市报》社论

什么是"好的教育"?对于这个问题很难有一个完美的答案,可饶是如此,还是让人着迷。在全国两会上,不少代表、委员就教育话题提建议,全国政协委员、江苏省锡山高级中学校长唐江澎在"委员通道"上的发言颇受关注。近日,在接受《南方都市报》专访时,唐江澎委员道出了不少犀利的观点,他认为,现在的考试只能够评价人的一部分素质,而不是全面的素质;教育不能排斥分数,也不应止于分数。

在此前的"委员通道"上,唐江澎委员曾表示,"孩子如果只有分数,恐怕赢不了未来的大考;教育如果只关注升学率,国家恐怕也就没有核心竞争力。分数是重要的,但分数不是教育的全部内容,更不是教育的根本目标。"这段话可视为他对目前教育问题症结的概述,在他接受专访的过程中,仍然不乏对目前存在的单纯追求分数现象的批评,但其发言并非局限于此,作为一线的教育工作者,从他对部分问题的作答不难发现,其针对教育领域的热点问题已经有了深入的思考。

比如说,对于教育均衡发展问题,他认为,优质高中资源越集中,优质资源的供给就越稀缺,升学的竞争就越剧烈,社会的教育焦虑就越浓烈,一个地区的教育资源均衡化程度越高,它整体的教育质量就越高,所以他主张聚焦县域中学;对于学生的均衡发展,他认为达到这个目标先要解决课程设计的基本问题;对于高中的使命,他认为,高中阶段的一个重要任务是认识自我和定义自我,因此他建议在高中阶段开出面向高等教育专业大类的体验式课程。

如此种种,显然非局内人很难有如此深刻的体会。唐江澎委员的一家之言可能还有很多值得探讨的地方,但他的诸多论述既有宏观角度的犀利观点,又有微观视角的建设性意见,可以说,对于教育问题的探讨,他提供了一个很好的思路。

教育牵扯的东西太多,其影响渗透到每一个家庭,因此对于什么是"好的教育"这样一个门槛并不高的话题,可能很多人都可以给出自己的答案,甚至不少

人能给出让人信服的回答。从这个角度上说,对教育问题进行批评并不会有太大的障碍,但是宝贵的是提出具体的解决方案,尤其是提供有长远思考、理想情怀以及能转化为实际操作的建议。像高考、高中阶段的课程设计等,这些方面的改革可能需要各个层面做好准备,短期内难以实现,但对于那些影响甚深且迫在眉睫的问题,社会上可能意见很大,而且并不乏解决的办法,显然可以优先解决。

比如教育资源配置不均衡的问题,如今并非仅仅发生在城乡之间,在城市内部甚至城市之间都存在。优秀高中野蛮生长,以致教育资源配置越来越不合理。几乎每年高考期间都会经历一轮有关"超级中学模式"的讨论,但遗憾的是,对于这样的问题至今都难以获得共识,原因无他,每个人处的位置不一样,总会倾向于做出对自己有利的判断,但于一个地方乃至整个国家层面而言,其利弊影响已经显而易见。教育领域并非所有问题都积重难返,有的是近年来才逐渐出现的,问题既然已经出现,而且现实证明弊端非常明显,何不及时予以纠正?

关注教育需要有大视野,唐江澎委员的那些观点,从建议高中课程设计改革到主张聚焦县域中学,如今可能还不是主流,但从他的那些发言所引发的舆论反响不难看出,大众对此已经不乏共鸣。每个人心目中都有一个关于"什么是好的教育"的答案,在让教育变好的过程中,离不开宏观层面的改革,也有赖社会教育理念的革新与进步。经济的发展必然带动社会的教育投入需求,而经历了盲目的教育投入风潮后,必然有不少人因为过度竞争而陷入迷茫,之后想必就会真正追求"好的教育",这个时候,不妨多倾听一下唐江澎们的思考。

(本文刊于 2021 年 3 月 10 日《南方都市报》)

愿教育常识得到真落实

◎张贵勇

唐校长火了,火的原因不只是他以真挚的情感描述了理想教育的样子,还在于他以学校管理者的身份,直面当下的教育难点问题,展现了难得的责任担当。

因此，虽然说的都是常识，但因为情真意切，设身处地，推己及人，所以打动了广大家长们，毕竟一旦心灵被打动，情感被点燃，常识的传播效应势必被放大。

然而，让唐校长真正"爆出了圈"的，与其说是他两会期间的发言，不如说是他的教育履历和教育实践。比起那些常年刷题的学校，唐校长的学校可谓另类。唐校长把常识践行到日常办学之中，做到了把常识真正落实，值得我们致敬。很多时候，常识大家都知道，教育规律也都略知一二，但能不能数年如一日做下去，才是分水岭。

如果每所学校、每个家庭都能坚守常识，不被功利的、短视的教育观所影响，相反用责任和智慧去平衡孩子的身心发展，教育难题便不再不可解，教育生态也有望真的变好。

（本文刊于2021年3月16日中国教育报微头条）

名家评说

央视名嘴评说"好的教育"

白岩松（央视主持人）：当我听完这段话（唐江澎在委员通道上的讲话）的时候，我的第一反应是一个人的口才好和表达好有多么重要。他会把我们很多人都意识到的问题，以最让人印象深刻和打动人的方式传播出去，并且迅速地传播出乘法效应。因此这位校长不仅是一位好校长，同时具有成为"网红"的重要潜质。其实，他今天就已经成为"网红"了。但这是一个轻松的言语，更重要的是他说到了我们教育当下的一些痛点。有时我们会想，教育培养什么人？我们有各种各样的说法，但是非常重要的一点：培养未来的中国人。那么，当教育是培养未来的中国人时，我们对未来的中国人有怎样的一种期待呢？我们只会在意他会考试吗？如果你是家长，你期待你的孩子未来身体不好吗？未来他不敢承担责任吗？未来他不会解决问题吗？其实相比这三点，我更喜欢今天这位校长谈到的优雅生活者。因为这一点意味着将来他的人生有顺境有逆境，但是他的心理是强大的，他的生活中有很多乐趣，他的幸福指数会很高。那我对未来的中国人会感到非常欣慰，虽然可能我的后代或者说孩子的亲属是很少量的，但是更多的中国人是这样的。其实唐校长还提到了很多问题，也是我们现在正在面对的。我印象非常深的是去年教育部的王登峰司长跟我有一个约定，就是我们现在要公布一个中小学健康的指标，可能比我们想象的都糟糕。因此，意识到了短板也是要去改变的，我们不应该只把唐校长的极棒的表达和让我们印象深刻的话语当成一时的乐，别只"网红"一会儿，更重要的是在我们心里留下印记，推动教育朝着这个方向去前进,未来的中国人应该是德智体美劳全面发展的人。

(央视新闻频道 2021 年 3 月 7 日《两会 1＋1》)

海　霞(央视主持人):今天,教育部发布了"睡眠令",明确了三个重要时间,保障学生睡眠。"学生何时上床睡觉",现在有了明文规定了。当然了,在解决学生的睡眠问题之外,如何缓解家长的竞争焦虑,还有学校的分数崇拜,我们还有很多工作要做。用江苏省锡山高级中学校长唐江澎的话来说就是:好的教育应该是培养终身运动者、责任担当者、问题解决者和优雅生活者,要注重培养孩子们健全而优秀的人格。让我们为此共同努力吧!

(央视综合频道 2021 年 4 月 2 日《新闻联播》)

刚　强(央视主持人):今天的《新闻联播》报道了一位政协委员,他同时也是一位中学校长,他叫唐江澎。被问到什么是"教育的真谛",他的回答刷了屏。唐校长提到,他们学校一个年级的新生开学的时候,有上百人引体向上一个也拉不上,经过锻炼之后,今年元旦有千人成功挑战一分钟 50 个俯卧撑。他说,孩子只有分数,赢不了未来的大考,好的教育应该是培养终身运动者、责任担当者、问题解决者和优雅生活者。这话说得太好了。听了校长这番话,我相信很多人都会认同他的理念。我也是一个新科家长,唐校长说让孩子养成整理东西的习惯,比早识字更重要,这一点也让我印象深刻,今天回去就这么要求。好的教育要帮助学生成为更好的自己。习近平总书记昨天强调,有高质量的教师,才会有高质量的教育。所以我想为这位校长点个赞。说到这,我想问个问题,你现在一口气能做几个俯卧撑?来,马上放下手机,试一试。

(央视新闻频道 2021 年 3 月 7 日《主播说联播》)

王春潇(央视主持人):今年上两会去采访,一场委员通道让我印象特别深刻,我想也让很多人印象深刻,还催生出了一位"网红"校长,他就是全国政协委员、江苏省锡山高级中学校长唐江澎。那天在委员通道上,他谈到"好的教育是什么"的问题,一句话瞬间刷屏。他谈到的是:培养终身运动者、责任担当者、问题解决者和优雅生活者。

沙　晨(央视主持人):最近呢,我们总台的记者就来到了江苏无锡,探访这位"网红"校长所在的学校——江苏省锡山高级中学。接下来我们来看一看这样的"网红"校长,他治理的学校什么样。

【旁白】

在江苏省锡山高级中学的操场上,正在进行一场千人俯卧撑挑战赛,每名学生都要做完50个俯卧撑。比赛不以竞技为目的,人人皆可参与。举办比赛的原因还要说回到去年,高一新生体能测试,许多同学连一个引体向上也做不了。如何提高孩子们的上肢力量呢?在教练的建议下,学校决定从练俯卧撑开始。无论是高一还是高三,每天一节体育课雷打不动。除了开设篮球、足球、排球等传统课程外,学校还有游泳、击剑、太极等16个运动项目,可供学生自由选择。为了解决教练不足的问题,学校用场地换课堂,从社会上请来外援,引入了足球教练、击剑教练等21位专业老师。

此外,每个班级都有专属的多声部班歌,哪怕是高三年级,也有合唱必修课,让孩子们能快速提升对美的体验和感受。

王春潇:在江苏省锡山高级中学里,不仅有学生银行、学生邮局、诚信超市等,还有学生市民代表大会和学生市长、学生菜农。

沙　晨:在这儿,校园就像一座城市,学生就是这个城市的主人。这当然也体现着校长治校的思路。

【旁白】

在江苏省锡山高级中学的校园里,有一家不大的诚信超市,超市里没有收银员,也没有摄像头。学生们买完了自己需要的学习用品之后,会通过一个自助投币找零的箱子来完成购买。这个超市24小时营业,无人值守,只有两名学生负责进货、补货。在学生银行工作的学生会定期来这儿取存营业款和准备找零的硬币。

除了超市,学校里还有为同学们提供各种服务的市民中心,比如一年资金流水达20万元的学生银行,以及承担全校邮件分发投递的邮局等等。每天上午的大课间,下课后的学生们摇身一变,就成了不同职业的市民。

一件件具体事务让学生们找到感觉,更找到方向,成为自己生活的问题解决者和责任担当者。这样的学生自主管理模式已经渗透在校园生活的方方面面。

(央视新闻频道2021年3月27日《24小时》)

大家名流评说"四个者"

胡金波(南京大学党委书记):

毕业生形象教育聚焦未来、培养未来、引领未来,是省锡中新时代贯彻党的教育方针、办人民满意教育的积极探索和生动实践。毕业生形象教育,围绕学生"终身运动、责任担当、问题解决、优雅生活"四个维度,在内涵上注重"魂",在价值上彰显"正",在结构上致力"美",在形式上突出"新",是一次思想与价值的熔铸、教书与育人的熔合、德育与美育的熔炼,体现了新时代学校立德树人的新担当、新作为,必将激励锡中毕业生未来成为全面发展的明德之人、仁爱之人、至善之人、美美之人!

顾月华(江苏省教育厅副厅长):

匡园毕业生形象是江苏省锡山高级中学在新时代向党和人民递交人才培养的一份沉甸甸的答卷。生命旺盛、身心健康者,精神高贵、使命担当者,智慧卓越、终身学习者,情感丰满、优雅生活者,这是匡园教育人的理想,更是每个毕业生终身成长的目标。

杨九俊（江苏省教育学会名誉会长）：

省锡中的毕业生形象是省锡中主政者、老师们以及学校其他关系人对时代新人的合理性想象。这种想象的空间维度是成全人，时间维度是未来人。这种想象是学校文化沃土里生长的，而又蕴含了教育的本质，具有普遍意义。"我们来到这个世界，为了看太阳！"省锡中和省锡中的弟子们一定拥有灿烂的"诗与远方"！

崔允漷（华东师范大学课程与教学研究所所长）：

毕业生形象是学校全面贯彻党的教育方针、落实立德树人根本任务的宗旨所在，是学校对培养什么人、为谁培养人的形象表述。新时代匡园毕业生形象根植百年树人传统，凝练未来新人素养，汇聚家校教育合力，统筹课程规划实施，推动学生自我教育。匡园毕业生形象的刻画必将开创普通高中教育新局面，引领育人方式变革新样态！

成尚荣（国家督学）：

匡园毕业生的形象设计，是母校馈赠给每一个同学最珍贵最幸福的礼物，带着走，照耀自己，让我们生命灿烂、精神明亮，永远唱一首来自古老而又年轻匡园的青春之歌。她是匡园的，又是大家的，具有普遍意义，因为她来自全国高品质示范高中；她深酝召唤性结构，深情地鼓舞我们，从匡园走向远方和未来，担当起中华民族伟大复兴的时代重任。同学们，铭记，努力，践行，匡园，永远是你们的家园和力量的泉源。

柯　政（华东师范大学教育学部科研部主任）：

真正负责任的教育必须是有引导、有预设，那种溜哪儿算哪儿的教育，无论理由多么美好、冠冕堂皇，都是不负责任的。要有引导、有预设，第一点就是提出学校的毕业生形象。所谓毕业生形象，简单说就是当我们听别人讲起我们的毕业生时,我们最喜欢听到的几个概念和词汇是什么,以此来作为我们的努力方向和目标。道理很简单,但真正做起来很困难。省锡中抱着对学生负责的态度,迎难而上、勇立标杆,要为省锡中点赞,也为我们省锡中的学生感到高兴,因为你们选择了这样一所负责任的学校。

王佐书(第十一届、十二届全国人大教科文卫委员会副主任委员):

教育的着力点不一样,作用力不一样,教育的效果自然不一样,省锡中唐江澎校长提出的"四个者",让孩子们养成健全而优秀的人格,并因此赢得未来的幸福,造福国家与社会,实际上就是教育要富民强国的另一种表述。

"四个者"是唐校长在教育理论的指导下,结合国家的教育政策方针和教育的本质,结合自身和学校的教育实践,根据学生成长、成才的规律,总结出的通俗易懂的教育理念。它是对人才成长、成才规律的一种表述,更是对良好教育的要求与实践。大家很清楚,任何事业都是一个体系,这要求人们要研究体系、优化体系,充分利用一个健全的、良好的体系来培养出优秀的人才。党的十九届五中全会,明确了建设高质量教育体系的政策导向和重点要求,唐校长的"四个者"就是构建学校高质量教育体系的一种描述和实践。

单霁翔(故宫博物院原院长):

"四个者"是一个很全面的阐述。立足当今世界,培养未来有责任、有担当、有贡献的社会主义事业的建设者和接班人,这是我们教育的义务和职责。"四个者"是对建设者、接班人全面发展的描述,因此,"四个者"的教育实践不会只关注分数,不会只关注某一个学科,而是有一个培养人的全面发展的教育计划。这恰是我们教育事业发展的方向。

吴为山(中国美术馆馆长):

"四个者"是相辅相成的整体。我们培养的一代新人,首先要敢于担当,担当就是家国情怀,就是一种责任感;"问题解决者"不仅要发现问题,还要有解决问题的本领、技巧;"终身运动者"会拥有一种力量,会对生命价值充满自信,会激发出生命活力;"优雅生活者"是中国人的生活方式,胸怀天下才是真正的优雅。

谢　军（国际象棋世界冠军）：

如何成为"问题解决者"？我们经常会面对很多问题,如何去解决问题,需要我们不断地提高,需要自强不息、不断学习的精神;需要动力、勇气、好奇心,需要我们不断探索方法,需要坚持不懈地努力,最重要的是态度和行动。今天来到省锡中,特别钦佩唐校长把学校办得这么好,他把一所学校从默默无闻带到这样的一个水准。

陈一冰（体操世界冠军）：

"四个者"是时代对新一代人的要求。这个时代需要我们变得更加完美、更加健全、更加有责任。中国发展到这个地步了,需要新一代人让我们的国家在国际上更有影响力,需要新一代人担当国家甚至是世界的责任。

毕业生记忆

我的三年匡园生活

◎谢以成

我是江苏省锡山高级中学2020届毕业生,目前就读于复旦大学自然科学试验班。看到知乎上的朋友对母校唐江澎校长教育观念的讨论,不禁想要向大家介绍一下,唐校长是如何在省锡中的日常教育教学管理中贯彻他的教育观念的。

省锡中是江苏省高中教育的领军者,在国内享有盛誉。别的先不说,单说高考成绩:2020年高考中400分以上超百人。这里有必要说明一下:2020年是江苏省高考独立命题的最后一年;"江苏模式"的高考总分480分,物理化学等选修学科不计入总分,而是以ABC等等第作为单独评判标准。因此400分已经是高分,大约可以考上南京大学一档的高校。一所学校400分超百人,在江苏省内足以傲视群雄!

我说说自己在江苏省锡山高级中学的学习生活情况。

1.体育教学

"每天运动一小时"在省锡中并不是一句口号。省锡中每天一节体育课涵盖所有年级:从高一入学一直开到高考前夕,绝不为文化课让步。每天一到体育课时间,所有人都必须到操场和体育馆去。每天都会有巡查老师专门来"抓"留在教室自习的同学去运动。

省锡中开设的体育课程采用学生自主选项制,而不是以行政班为单位统一锻炼。我们高中除了操场以外,还有篮球场、网球场、排球场、教学楼下与体育馆内的两个乒乓球室等等,可选项目十分丰富。在我看来,省锡中体育课的招牌应该是"现代五项"(跑步,游泳,击剑,马术,射击),校内不但有温水和露天两个游泳池,甚至还开了一个击剑馆和一个练习跆拳道的"武馆",听说将来还要增加马术和射击俱乐部。这些大家公认的"高雅"运动,往往只出现在电视剧里,而在省锡中,任何一个学生都可以免费使用学校的硬件,并在体育课上接受系统训练。不管怎样,这样的素质教育办得越多,中国学生的能力和素养就会越来越高。

我个人选修了击剑和自由搏击这两个项目,回头看,那时真是痛并快乐着。省锡中击剑馆有16条剑道。我选的剑种是重剑,当时有一个老兄天天拉着我打实战(那可真的是击剑啊)。大夏天的,虽然击剑馆里有空调,但是击剑服实在不是空调能拯救的……每次打完头盔都是湿的,身上中剑的地方都会有直径约10厘米的瘀青。最后高三时我选修了自由搏击,自由搏击是和跆拳道在同一个大房间上课的,因此我们就常听跆拳道那边拉韧带的声音,当然,他们也会听到搏击这边抗击打的"哀号"。另外,上课主要练空击,有时候打沙袋,那鞭腿真的不好受,致使我整个脚背又是青的,加上我韧带又不行——那可真是噩梦啊!每周五都要上擂台"打架","打架"的痛就和击剑又不太一样了,击剑上完主要是大腿绵软,上个楼梯感觉是"冯虚御风";搏击课上完主要是手臂无力,写作业的时候手臂颤抖。

2.艺术教学

从匡园走出来的人都知道,省锡中的校本课程十分丰富。高一、高二每周三下午只有一节主课,然后都是校本课程时间。到了高三,校本课程统一上合唱课和美术鉴赏,合唱课的主要任务是让大家能够分四声部在毕业典礼上全体合唱一首"级歌"——我们这一届的"级歌"是《当你老了》。

说到合唱课,就不能不说省锡中学生团体中专业水平最高的天馨合唱团,我有幸也是其中一员。省锡中不招音乐特长生,几乎所有的团员跟我一样在合唱方面都是零基础。不过,在指导兼指挥艾薇老师和高年级学长学姐的帮助下,合唱团的同学都可以快速成长,达到较高水平。

在天馨合唱团歌唱的时光绝对是我在省锡中最美好的时光。在我印象中,除了参加两次全国中学生艺术汇展评比，天馨合唱团最大的"壮举"就是在无锡大剧院举办专场演唱会，以及受邀参加维也纳和平合唱节并获得银奖。仅高一这一年，我在合唱团排练了近20首作品。当时演唱会的日子正好在期末考试之前，所以那场考试也连带着印象特别深刻。我们在无锡大剧院的歌剧厅里一连唱16支歌，这样的演出机会于我而言可能再也不会有了！高一期末考试后，备战维也纳，留在学校里又排练了两个礼拜。

出国后，我们在巴黎凯旋门下玩过快闪，在茜茜公主的美泉宫流连忘返，在斯图加特欣赏南瓜田里的日出，在萨尔茨堡古老的教堂唱响莫扎特编写的和声，在金色大厅与来自全世界的合唱团同台竞技——在当下教育环境下，像省锡中这样，能把憧憬艺术的少年送去神圣的维也纳，踏上金色大厅的舞台，这样的高中又有几所呢？

很多人都会有这样的疑虑：唱歌不妨碍考试吗？省锡中这些年的高考实绩已经很好地回答了这个问题。就我来说，参加天馨合唱团，不但没有影响我的学习成绩，而且还成全了我：2020年的江苏高考作文题说到"同声相应，同气相求"，我就写了一篇关于交响乐的小故事，语文成绩进入江苏当年高考的极高分行列。如果我没有在省锡中受到良好的美育，绝对不可能有底气在高考作文卷上大谈巴赫与亨德尔。

3. 校园文化建设

省锡中的学生会称为"模拟城市"，比较像大学的学生会。我有幸在"模拟城市"中担任社团中心负责人。我记得有一年，申报成立的社团就有50多个。期末时，社团中心还会组织成果展示。我们的活动很多，还曾在无锡最热闹的南禅寺举行过公益演出，节目有相声、朗诵、街舞等，对于高中生来说，还是不错的经历。另外，校内有一学生自主经营的诚信超市，超市盈利会存入学生银行。

省锡中的主要文体活动有运动会、科技节、合唱节、艺术节等，其丰富程度在高中学校数一数二。

新年音乐会是学校最重要的一项文艺活动，所有学生团体，比如舞蹈团、民乐团、交响乐团都会参加演出。每次新年音乐会都会早晚各演一场，高一参加上午场,高二看上午录播,晚上是高三专场,毕竟高三学生还有半年就要上考场了。到我这一届,不知是什么缘故,突然说新年音乐会晚上不演了,让高三看录播。当时我第一个就来劲了,立马大笔一挥写了3000字的公开信,洋洋洒洒论述为什么一定要让高三看现场演出。写完我直接拿到宿舍管理委员会,用公共打印机复印了三十几份,每个行政班发一份请大家签名,最后收集了全年级的签名。"请愿信"送到唐校长那里,唐校长最后答应晚上为高三同学再演一场。现在想来,这绝对是壮举啊!

令我印象颇深的一项活动是"烽火锡流"长途徒步。省锡中的前身是匡村中学。清末,无锡的实业家匡仲谋先生在家乡创办了匡村小学与中学。在日本侵华后,无锡的知识分子主动汇成"锡流",从匡村中学向大后方迁移,现在举行的每年一次徒步远足就是为了纪念当年的爱国运动,培养同学们的爱国主义精神。每次活动结束后,校园电视台的同学还会用无人机拍摄的影像剪辑成一段纪录片。这样的活动既锻炼身体又塑造精神,还重温了学校的悠久历史。可以说,唐校长在文化传承方面十分用心。

4. 日常作息

省锡中的作息制度保证了学生的身体健康——学生严格遵守每天6点05分起身,9点55分熄灯的作息制度。每天的早锻炼都会在6点45分开始,如果你吃完早饭来到操场,还会看到全校学生在操场上早读的奇观。无论严寒酷暑,四季皆然。夏天的早锻炼是做广播体操,冬天则是一套称为《阿拉伯之夜》的自编魔性舞蹈。上午在大课间还会有一次出操,夏天为广播体操,冬天为列队跑步。

更加值得一提是省锡中优越的食堂和宿舍条件。省锡中的食堂是顺应苏锡帮特殊甜味需求的,非无锡本地人估计不太能承受那特别的含糖量。宿舍呢,我就这么说吧,国内90%以上的公办高中住宿条件和省锡中相比,那就是"汉庭"之于"白金汉爵"。光是每间宿舍都有独立卫浴这一优势,估计就可以超出一大片公办高中了吧。

当然我也不是为了吹嘘食宿条件,但这样的作息制度的确体现出唐校长对学生健康的重视。

我看到,许多网友都不认同摒弃高考分数谈素质教育的做法,实际上这是对唐校长的观点产生了理解偏差。唐校长的原话是:"学生没有分数,就过不了今天的高考,但孩子只有分数,恐怕也赢不了未来的大考。"他认为,高中教育应该在保证高考分数的前提下,尽可能促进学生的全面发展,而不是认为分数无用或分数不重要。

网上有这样那样的质疑声,其实也很正常。它从一个侧面说明教育环境的复杂,以及唐校长和省锡中的难能可贵。

作为省锡中曾经的学子,我的一个深切感受是:在大学之前培养出各种素质确实是一件幸事、美事。带着这样的"素质"或是烙印,省锡中学子进入大学之后往往能够成为"关键角色"。我个人就在复旦大学担任班长,其他进入学生会、领导社团活动的省锡中校友更是不计其数。省锡中学子将永远铭记唐校长对我们的教诲,永远感恩母校的悉心培养。在此,我也衷心希望有条件的地方能够多办几所这样的"高品质示范高中"。

(作者为省锡中 2020 届毕业生)

在匡园体验教育的温度

◎张　晗

为了让更多的学生在肯定与鼓励中闪烁光彩,在省锡中每学年的开学典礼上,学校为学生铺上长长的红地毯,搭起高高的领奖台,请学校优秀教师、职员、工友代表、家长代表等为受表彰的学生一一颁奖。我至今仍然清晰地记得自己走上红地毯上时激动不已的心情。长这么大,我是第一次走上为我而铺的红地毯,那种被人肯定的幸福感是难以言表的。很感谢唐校长当初提出这一设想并将它付诸行动,无论是多少年之后,无论省锡中的学子走到何方,心中一定都会记得走上母校红地毯领奖时的感受。

唐校长是一个有着强烈的生命意识和悲悯情怀的人。在2008年5月15日晚上,学校组织全体师生为汶川地震灾区举行烛光悼念仪式暨赈灾捐款活动。那天夜晚,唐校长的演讲、凝重的人群、扑闪的烛光、决堤的眼泪、心灵的震撼成为我们在母校三年最深刻而难忘的记忆。我的一位学兄,在毕业离校前找到唐校长,他说:"唐校长,作为学生,我没有什么东西送给您,这是我从笔记本上撕下的六页日记,留给您做个纪念吧,感谢您让我接受了一次极为重要的精神洗礼。"这六页日记记述的就是2008年5月15日这个让众多学子铭记一生的夜晚。

唐校长的大爱更多地体现在生活细节上。在我的同学中,那些家庭贫困的学生,他们都有过这样的经历,就是他们的饭卡里的钱总是用不完。一开始他们感到困惑,有人甚至问过餐厅里打饭的师傅,师傅说不知道,问学校财务处的会计,会计笑而不答。时间长了,他们才知道,原来是唐校长将学校资助他们的钱让人悄悄地打在他们的饭卡里。唐校长不但帮助贫困学生,而且他还鼓励社会贤达人士或成功校友,以汇款的形式,资助特困生的家庭。这些感人的故事,我都是在毕业后听说的,因为省锡中为了保护困难学生的自尊心,从不张扬资助活动,从不公开接收资助学生和家庭的任何信息。

跟其他学校一样,省锡中在政策允许的情况下曾经也有过少量的借读生,不同的是,同学之间并不知道彼此的"身份",所有的老师无论是人前还是背后从不提"借读"二字。高中三年,我唯一真切地感到借读生存在的,是在离校前的一次表彰大会上,唐校长亲自给高考考分过大学录取线的借读同学颁发学业进步奖,他说,这些同学在中考时因发挥不佳,无法取得省锡中的学籍,三年来,他们自强不息,勤奋学习,取得了可喜的成绩,他们无愧为省锡中学子。一个校长做到这样爱生如子,一视同仁,令人感佩。

(作者为省锡中2011届毕业生)

匡园的温情与智慧

◎肖　和

唐校长走委员通道火出圈之后，我不禁回想，省锡中是什么样的，她又给了我什么。

她是富有涵养的。600多万的阅读量不一定成就状元，但造就终身阅读者。推荐书目从笔锋犀利的时评到柔肠百回的诗词，从民国往事到西方文化……阅读，让我们面对不同的话题都能侃侃而谈，从容不迫。我们跟着《带一本书去巴黎》走进塞纳河畔的伏尔泰咖啡馆，仰望协和广场的卢克索方尖碑，对话消失了的雅各宾派；跟着那位穿着风衣叼着雪茄的男神加缪去品味他笔下荒诞的世界；跟随宫泽贤治，不畏风，不畏雨，也不畏冬雪和酷暑，成为我想成为的人。《岛》提醒了我们，在这个浮华的年代，我们有多久没有为了一个感人的故事潸然泪下。省锡中的学生在浓厚阅读氛围的氤氲之下有着细腻的情感、敏锐的洞察力以及良好的思辨力。个人都各有特点，不管高考结局如何，走出省锡中校门的那一刻，他们都是温文尔雅、落落大方的。

她是瑰丽多彩的。她明白，孩子不是图画纸，不要着急画上你喜欢的颜色。在省锡中，我搭过投石机，玩过机器人，奏过爵士鼓，吹过萨克斯，我也上过跑道，演过《雷雨》，刻过印章，画过壁画……每周的电影从《星际迷航》《火星救援》到《狮子王》《疯狂动物城》，从《滚蛋吧，肿瘤君》《赛德克·巴莱》到《绿皮书》《海上钢琴师》，几乎涵盖了所有类型，每一部或是令人捧腹，或是耐人寻味；高三的艺术课上有伦勃朗的自画像，也有扬·凡·艾克的《阿尔诺菲尼夫妇像》，有达·芬奇的《岩下圣母》也有罗丹的《地狱之门》。高三最快乐的时光就是考完数学抱着球冲向球场，酣畅淋漓地打上一场。多元的世界才是瑰丽多彩的，在这里，不管你是小象艾米，还是海鸥乔纳森，都能找到自己的位置。

她是充满温情的。语文老师会对着你稚嫩而又跑题的文章莞尔；数学老师会在钥匙串清脆的撞击声中走进教室，指指一塌糊涂的卷子露出父亲般慈祥的微笑,叹道"简直是……";英语老师会在办公室与你促膝长谈,探索人生;物理老师会在课前激情播放 Bahor Kuz,用跳拖拉机的故事告诉我们动量定理;化学老师会摘下老花镜,然后慢悠悠说"这个地方有点儿问题";地理老师会在考前辅导时给我们放《我们不一样》,慨叹:"我多希望,来生还能相遇。"高考前夕,校长们会在食堂亲自分发免费的营养汤,亲手端给你并叮嘱"多吃点";考试当天老师都会穿上吉祥的"中国红",给你一个大大的拥抱。省锡中像母亲一样呵护着顽皮的孩子,用智慧启迪学生,用温情去感化学生。

毕业一年多,回想省锡中,她如同那片樱花林,风中轻启,温婉绚丽,她一直都在,不需要明说。

(作者为省锡中 2019 届毕业生)

匡园阅读记忆

◎莫润冰

在匡园里,我所体会到的阅读从一种任务转变为自觉,进而演化为享受。

高中三年,唐校长常挂在嘴边的,是那句"做终身的阅读者",初听时不以为意,这还不简单?然而被自媒体碎片化的阅读裹挟着跟跑了几步,才发觉坚持终身阅读需要对自我提高有着坚定的追求。

初入匡园之前,学校便开出了暑假书单。然而我逍遥了一个假期才觉得于心有愧,抓了一本林语堂先生的小说《京华烟云》便读了起来。这一读,我就着了迷。书里描绘的民国时代让我深深沉醉其中,我捧着书不肯放下。直至期末,我有感而发写下的一篇读后感获得了表扬,初尝甜头的我在心中种下了阅读的种子。

那时,我的阅读或是被任务驱使着,或是有同学将某种高级素材运用到了作文中,心生艳羡而跟风阅读。那些艰深的词句简直让人抓狂,内容进入脑子似乎又不留痕迹地飘走,于是我决定转向自己的兴趣。《世说新语》《史记》是我一开始决定啃的古代文学著作，凭着对古代轶事和人物传记的兴趣，我在注释的帮助下啃下了相当一部分的古文。英语的原版小说也是我的心头好，时常一下课就掏出来读，直至上课还恋恋不舍。乐在其中而精细化的阅读潜移默化地影响着我，那段时间不仅我的古文、英语大有长进，还培养了我对古代文化的兴趣。每到一座新的城市，我便去逛博物馆，精美的馆藏增添了对古代文化的敬畏。

除了自己的阅读之外，学校也举办许多有关阅读的活动，贯彻终身阅读的理念。令我印象深刻的有《雷雨》话剧展演，"妈妈的书柜"等，更棒的是每个教室都配有小书柜，闲时可以随意翻阅。数不清多少午休和课间，我就躲在小书柜前惬意阅读。

进入高三，紧张的学习生活让阅读的功利性逐渐增强，一摞又一摞的素材积累杂志，一篇又一篇的精选好文，似乎长时间的兴趣阅读被应试性阅读所取代。鉴于在家上网课的特殊情况，我关注了许多新闻时评、人物传记的公众号，企图从只言片语中窥见事物全貌，了解人物一生，进而灵活运用素材。然而这种婴儿式投喂的素材大多如流水般散去无痕，应试时记不起来，生活中无法实践。这时我才发觉，阅读兴趣与精细阅读是多么重要，我们能记住的，往往不是高大上的作文素材，而是书中那些猝然击中我们，使我们感同身受的阅读记忆。

如今进入大学已半载，我时常问自己，我还愿意随着兴趣自由阅读吗？环顾书架，满是厚厚的专业书、习题集，电脑里更是存了一篇又一篇的论文，学业几乎填满了我的每一寸时间，这时我才发觉"做终身阅读者"这句话的分量。在高中没有繁多自媒体的影响，我们得以静下心来阅读，进入大学便多了许多诱惑。我相信走出校门、走入信息洪流的匡园学子所接受的教育是阅读习惯的培养，我们有信念做终身的阅读者。

（作者为省锡中 2020 届毕业生）

为人生奠基的教育,都必须指向未来

◎谢朱宁馨

回想起在省锡中的生活,1050天的旅途已然落幕,但经历过3年的点点滴滴,从这里走出的每一个学子都拥有了独特的匡园气质。自高一起常挂在嘴边的"生命旺盛、精神高贵、情感丰满、智慧卓越",这16个字从口号逐渐变成了我所追求的一个目标。除却做到学业水平上的出类拔萃,在匡园我更能感受到那种超脱于应试,试图唤醒真正的全面素质,将每一个学生都培养成全面发展的新时代青年的尝试。

我一直觉得省锡中是一所特别的、令人喜欢的学校——我可以在课余时间做很多喜欢的事情:积极参加社团,和同学一起创办翻译社、朝暮文学社,加入天馨合唱团和匡园广播站;和朋友互相推荐中意的作家,在大课间去上新的书店闲逛;在体育课上尽享肆意挥洒汗水的快乐。

还有很多微小而细碎的片段,如今回味起来倍加感动:比如每年表彰大会都会评选的校长特别提名奖与匡园之星等,几乎每一个人都有属于自己的闪光点;比如下课了语文老师说"这几天的作业是写一篇小说",然后收获全班的欢呼;比如食堂大爷在认出熟悉的面孔后会来一句"哎,你今年高三了吧",并多加一勺酸汤肥牛。

所以我特别感谢在匡园的每一个人、每一件事,是他们造就了今天的我,让我有勇气做出一个个决定,奔赴自己的理想,从而决定去南京大学,去看更大的世界。

我还记得唐校长在毕业典礼上说,"任何为人生奠基的教育,都必须指向未来",其实我的很多同学已经在高中确定了自己未来的职业规划。进入高中以来,我也一直在寻找自己未来的人生方向。高中阶段,我在老师的影响下阅读了很多纪实性的非虚构作品,也逐渐明白"真实自有万钧之力",开始关心各类社会问题。最终选定社会学作为专业方向,也是因为社会学能够给我提供很多看待社会与审视自我的方式,从而去提出新的问题,探寻世界的全貌,尝试用自己的力量去改变社会。

如今,我有幸进入南京大学社会科学试验班学习,过往那些与南京、南大有关的因缘际会都变成了成长旅途中的美好故事——曾经憧憬着在杜厦图书馆里阅读学习,在方肇周体育馆挥洒汗水,在天文台上观测星空,这些都正在变为现实。正如南大宣传片《向南》中一直重复的那句:"所以,你相信天空吗?"作为一个新南大人,我希望自己能够带着省锡中给予我的勇气和力量,永远怀着心中的热爱与对知识的渴求,找到适合自己的方向,潜心向学,去为了所谓的"无用"奋斗。

(作者为省锡中 2020 届毕业生)

后　记

前几天,央视新媒体中心邀约录制跨年祝福视频,提的第一个问题:2021年,你最想感谢谁?

说实话,面对这类"最"什么的追问,从不作正面回答,因为这实在是一个很容易挂一漏万、顾此失彼,很难分出轻重、理出次序的难题。难怪颁奖大典的许多获奖感言里,都有一长串需要感激的名字。的确,每一个对生活、对他人心存感激的人,常常无法悉数列出所有的感谢对象,有的只能珍藏心底,铭心刻骨。

而这一次不同,在深思之后这样回答:2021年,最感谢的是关注我在两会"委员通道"发言的亿万观众、网友,因为大家的观看、转发与点赞,"好的教育应该培养终身运动者、责任担当者、问题解决者和优雅生活者"成为全社会热议的教育话题,"四个者"成为人们关注的时代新人形象。

一个关于教育问题的4分钟发言,能够引发全网关注、全民热议,达到近百亿次的媒体触及量,能够列入央视"时空国庆特稿·中国故事"七位讲述人之中,能够被《人民日报》辑录在"2021最难忘的声音"里,这确实是一个"现象级"事件。这一"教育现象"的形成,不仅是由一个重要场合下的一次声音引发,更重要的推动力量,在于人们对教育现状的高度关注、深度思考;整个社会群体的教育焦虑与教育期待,将一个教育话题延展开来,形成一场关于教育目标、教育价值、教育方法的追问与碰撞时,它的意义与价值也许就在现象本身,在于全民参与的触及教育本质与使命的讨论与思考，却在常识层面铺展开来。

事实上，每一次关乎常识的讨论，总能在思想解放中解放思想，总能在常识澄清中普及常识，中国教育的改革也需要在这种讨论中澄清与坚守教育常识，汇聚眺望前方、走出困局的力量，让中国教育的深度关系人在内心憧憬与功利牵拉中反思教育价值时听到常识的声音，让"什么是好教育"的定义多一些明亮色彩。因此，对推动和参与讨论的人们，必须表达真诚的感谢！

感谢的另一层原因，是关注与热议直接促成了《好的教育》编辑、出版。两会委员通道之后，络绎不断的记者采访传递了明确的信息，人们希望更多了解答问背后的思考，希望看到4分钟发言的"加长版""展开式"。说实话，长期在学校一线，虽有一些思考、一些探索，但都没有整理成书，我的著述内容都集中在语文学科教学领域，没有一本书集中表达办学育人的教育主张，没有一本书可以作为阐释通道发言教育观点的读物呈现。其中原因，一方面是自身写作怠惰，更多的是我对自己教育观点的判断，我所理解、所表达、所坚守的无非是一些教育常识。比如，教育的终极目的在于整体成全人的生命，要努力促进学生学业与学术、品性与品位、适应力与胜任力均衡而充分的发展；教育要重视个人价值实现，也要重视社会价值的实现，学生的全面素质事关未来个人幸福、社会美好、国家强盛；办教育要尊重人的成长规律、学习规律；把握平衡不仅是改革方法更是教育原则等等。比如，我一直说，教育就是要培养学生用善良和智慧为世界贡献一个问题解决的行动，让世界因我们的担当发生向善、向上的变化，变得更加温暖，更加美好。

这些主张，在校史阅读与现实反思中形成并坚守，在哲学层面的追问与操作层面的探索中确立并践行；这些常识，在学校的不同教育场合分散表达过，向不同教育对象反复表达过，多以即席讲话、现场演说方式呈现，表述的语言形式和阐释的角度侧重也前后不一，但保持着内在体系和基本主张的稳定。这种稳定，既引领了我数十年始终如一的教育追求，也在无意间遮蔽了表达常识的意愿。直到这一次，在日常教育活动中说过无数遍的句子，突然间被聚焦、被传播、被放大的时候，我才真正意识到表达教育常识的必要，这也是我答应江苏凤凰教育出版社选题出版的重要原因。

但真要把"说常识"的即席讲话、现场演讲汇编成书，如何架构全书逻辑框架，如何选定章节文章，如何尽可能保持"在场性"的语言风格，又适当规范口语表述，可都是专业的活儿，都需要"焚膏油以继晷"，毕竟从决定出书到付梓首发也只有短短两个月时间，江苏凤凰教育出版社的编辑们创造了"凤凰传奇"！出版半年，重印四次，销量过十万，数次登上好书榜，这些可能是比编辑们获奖更好的表彰。匆匆之间难免遗憾，最大的遗憾是书中没有一段文字，向编辑与读者致敬、致谢，于是有了这一篇增订版的《后记》。

央视跨年祝福的第二个问题：2022年，你的祝福是什么？

我回答：祝福所有的学生全面发展，健康成长！这是对孩子们的祝福，也是对未来的祝福；是对教育的祝福，也是对民族的祝福。为把祝福变成美好现实，也要给自己加油，深入思考，勤于写作，争取2022年完成本书序列的第二本——《好的教育：把理想做出来》，在"说"常识之后更多分享把理想"做"成校园生动现实的路径与方法。提前感谢您一如既往的关注！

新年的钟声就要敲响了，不知央视是否会播出这次录制的跨年祝福视频，能否送达我的感谢和祝福。无论如何，您都在我心底感念的名字里，是我鞠躬致谢的对象，为《好的教育》，更为"好的教育"！

唐江澎

2021年12月31日